NZZ **LIBRO**

Markus Freitag und Adrian Vatter (Hg.)

Politik und Gesellschaft in der Schweiz

Band 1:
Markus Freitag (Hg.)
Das soziale Kapital der Schweiz

Band 2:
Thomas Milic, Bianca Rousselot,
Adrian Vatter
Handbuch der Abstimmungsforschung

Band 3:
Markus Freitag und
Adrian Vatter (Hg.)
Wahlen und Wählerschaft in der
Schweiz

Band 4:
Fritz Sager, Karin Ingold,
Andreas Balthasar
Policy-Analyse in der Schweiz

Band 5:
Fritz Sager, Thomas Widmer,
Andreas Balthasar (Hg.)
Evaluation im politischen System
der Schweiz

Band 6:
Markus Freitag
Die Psyche des Politischen

Band 7:
Adrian Vatter (Hg.)
Das Parlament in der Schweiz

Band 8:
Markus Freitag, Pirmin Bundi,
Martina Flick Witzig
Milizarbeit in der Schweiz

Band 9:
Adrian Ritz, Theo Haldemann,
Fritz Sager (Hg.)
Blackbox Exekutive

Weitere Bände in Vorbereitung

NZZ Libro

Markus Freitag, Pirmin Bundi, Martina Flick Witzig

Milizarbeit in der Schweiz

Zahlen und Fakten zum politischen Leben in der Gemeinde

NZZ Libro

Bibliografische Information der Deutschen Nationalbibliothek

Die Deutsche Nationalbibliothek verzeichnet diese Publikation in der Deutschen Nationalbibliografie; detaillierte bibliografische Daten sind im Internet über http://dnb.d-nb.de abrufbar.

© 2019 NZZ Libro, Schwabe Verlagsgruppe AG

Lektorat: Thomas Heuer
Umschlag: icona basel, Basel
Gestaltung, Satz: Claudia Wild, Konstanz
Druck, Einband: CPI books GmbH, Leck

Dieses Werk ist urheberrechtlich geschützt. Die dadurch begründeten Rechte, insbesondere die der Übersetzung, des Nachdrucks, des Vortrags, der Entnahme von Abbildungen und Tabellen, der Funksendung, der Mikroverfilmung oder der Vervielfältigung auf anderen Wegen und der Speicherung in Datenverarbeitungsanlagen, bleiben, auch bei nur auszugsweiser Verwertung, vorbehalten. Eine Vervielfältigung dieses Werks oder von Teilen dieses Werks ist auch im Einzelfall nur in den Grenzen der gesetzlichen Bestimmungen des Urheberrechtsgesetzes in der jeweils geltenden Fassung zulässig. Sie ist grundsätzlich vergütungspflichtig. Zuwiderhandlungen unterliegen den Strafbestimmungen des Urheberrechts.

ISBN 978-3-03810-400-1
ISBN E-Book 978-3-03810-448-3

www.nzz-libro.ch
NZZ Libro ist ein Imprint der Schwabe Verlagsgruppe AG.

Inhalt

Vorwort	9
Kellers Erben – eine kurze Geschichte über das lokale Milizsystem	11

1 Einleitende Bemerkungen 23
    1.1 Milizarbeit als Goldstandard der politischen Beteiligung 24
    1.2 Milizarbeit zwischen Freiwilligen- und Erwerbsarbeit 27
    1.3 Funktionen und Grenzen der Milizarbeit 29
    1.4 Milizarbeit in Zahlen 32

2 Politische Milizarbeit in der Gemeinde. Einblicke in die Rahmenbedingungen 39
    2.1 Zeitliche und inhaltliche Belastung der Milizarbeit auf lokaler Ebene 43
    2.2 Entschädigungen der Milizarbeit auf lokaler Ebene 52
    2.3 Unterstützung durch Arbeitgeber und Bewertung des Umfelds der Milizarbeit 59
    2.4 Zusammenfassung 64

3 Profile von Miliztätigen in Schweizer Gemeinden 67
    3.1 Soziodemografische Merkmale von Miliztätigen 68
    3.2 Soziale und politische Einbindung von Miliztätigen ... 81
    3.3 Charakterliche Profile von Miliztätigen 90
    3.4 Zusammenfassung 97

4 Motive, Ansichten und Überzeugungen von Miliztätigen in Schweizer Gemeinden ... 101

- 4.1 Motive der Milizarbeit in den lokalen Behörden 103
- 4.2 Anstösse zur Milizarbeit in den lokalen Behörden 113
- 4.3 Schwierigkeiten in der Milizarbeit in den lokalen Behörden 115
- 4.4 Anerkennung und Wertschätzung der Milizarbeit in den lokalen Behörden 120
- 4.5 Vorzüge der Milizarbeit in den lokalen Behörden 123
- 4.6 Zufriedenheit mit der Milizarbeit in den lokalen Behörden 129
- 4.7 Soziodemografische Merkmale und Zufriedenheit mit der Miliztätigkeit 130
- 4.8 Soziale und politische Einbindung und Zufriedenheit mit der Miliztätigkeit 130
- 4.9 Rahmenbedingungen und Zufriedenheit mit der Miliztätigkeit 131
- 4.10 Belastung, Anerkennung und Zufriedenheit mit der Miliztätigkeit 135
- 4.11 Anstösse, Motive, Vorzüge, Karriere und Zufriedenheit mit der Miliztätigkeit 136
- 4.12 Zusammenfassung 138

5 Gemeindeorganisation und Miliztätigkeit 141

- 5.1 Gemeindeführungsmodelle in der Schweiz 143
- 5.2 Das CEO- oder Geschäftsführermodell der Gemeindeführung 144
- 5.3 Das Delegiertenmodell der Gemeindeführung 146
- 5.4 Das operative Modell der Gemeindeführung 147
- 5.5 Das Geschäftsleitungsmodell der Gemeindeführung 148
- 5.6 Führungsmodelle in ausgewählten Gemeinden der Schweiz 150
- 5.7 Organisation der Gemeindeführung und Einschätzungen der Miliztätigkeit 153
- 5.8 Zusammenfassung 157

6 Die Zukunft der Miliztätigkeit. Reformvorschläge aus Sicht der Beteiligten 159
6.1 Einstellungen zu Reformvorschlägen der Milizarbeit ... 165
6.2 Das Milizamt der Zukunft 176
6.3 Zusammenfassung 189

7 Zentrale Befunde und mögliche Handlungsfelder 193
7.1 Mögliche Handlungsfelder zur Belebung des Milizwesens 199
7.1.1 Handlungsfeld «Zwang» 200
7.1.2 Handlungsfeld «Anreiz» 202
7.1.3 Handlungsfeld «Organisation» 204
7.1.4 Handlungsfeld «Information» 207
7.1.5 Handlungsfeld «Ausbildung» 209

Anhang 213
Abbildungsverzeichnis 215
Tabellenverzeichnis 220
Literaturverzeichnis 221
Teilnehmende Gemeinden und Rücklaufquoten 232

Vorwort

Nehmen wir an, das politische System der Schweiz wäre ein Stuhl. Lange Zeit liess es sich dort bequem Platz nehmen. Politische Stabilität, wirtschaftlicher Erfolg und gesellschaftlicher Zusammenhalt wurden nicht zuletzt durch die den Stuhl tragenden Beine der direkten Demokratie, des Föderalismus, der Konkordanz und des Milizsystems garantiert. Inzwischen sitzt es sich nicht mehr so bequem wie auch schon. Das liegt weder an der Volksmitsprache noch an der staatlichen Architektur. Während diese beiden Institutionen die Schweizer Demokratie nach wie vor als unverrückbare Säulen tragen, bringt eine zunehmende Polarisierung das gütliche Einvernehmen unterschiedlicher Interessen ins Wanken. Weit mehr noch schränkt die ausbleibende Beteiligung der Bürgerinnen und Bürger an den öffentlichen Aufgaben und Ämtern den Komfort in der Eidgenossenschaft ein.

Die landauf, landab feststellbaren Ermüdungsanzeichen in der Beteiligungsbereitschaft der Schweizerinnen und Schweizer und die beklagten Rekrutierungsschwierigkeiten, Aufgabenlasten und Motivationsdefizite animierten uns zur vorliegenden Studie. Wir untersuchten die Rahmenbedingungen der Miliztätigkeit in 75 ausgewählten Gemeinden der Schweiz zwischen 2000 und 30 000 Einwohnerinnen und Einwohnern und interessierten uns für die soziodemografischen und charakterlichen Profile der Behördenmitglieder ebenso wie für ihre Motive, (Un-)Zufriedenheit und Verbesserungsvorschläge im Spannungsfeld zwischen Ehrenamtlichkeit und Professionalisierung.

Zahlreiche Personen haben dieses Forschungsvorhaben fortlaufend begleitet und trugen massgeblich zur Realisierung der vorliegenden Studie bei. Allen voran sind Nathalie Hofstetter und Alina Zumbrunn zu nennen, denen der ganz besondere Dank für eine exzellente Forschungsassistenz gilt. Zudem unterstützten Mila Bühler, Facia Marta Gamez und Eros

Zampieri das Projekt in unterschiedlichen Stadien wirkungsvoll. Wir danken darüber hinaus Kathrin Ackermann, Martin Beglinger, Marcel Kaeslin, Simon Lanz sowie Fabienne und Michael Strebel insbesondere für ihre wertvollen Rückmeldungen zum Fragebogen. Dank der Hilfe von Maya Ackermann fand das angewandte experimentelle Verfahren einen reibungslosen Eingang in unsere Befragung. Stefan Güntert gewährte uns unbürokratisch und sehr kollegial Einblick in seine Erhebungen, was unsere Befragung bereicherte. Christoph Niederberger und Reto Lindegger haben dankenswerterweise ihre Expertise aus praktischer Warte in unser Vorhaben einfliessen lassen. Andreas Müller hat uns mit seinem Fundus an Wissen über das Milizwesen in der Schweiz immer wieder beeindruckt und damit Unzulänglichkeiten in unserer Analyse verhindert. Adrian Vatter hat mit seinem unvergleichlichen Auge für die Zusammenhänge der Schweizer Politik viele Gedankengänge systematisiert. Tamara Angele danken wir für die reibungslose und unbürokratische Abwicklung der französischen und italienischen Übersetzung des Fragebogens. Nicht zuletzt ist all den Miliztätigen zu danken, die an der Befragung teilgenommen haben. Ohne ihr Engagement und ihre Auskunftsbereitschaft wäre die vorliegende Studie nicht entstanden.

Finanziell wurde das Projekt in grosszügiger Weise vom Schweizerischen Gemeindeverband, vom Institut de hautes études en administration publique (IDHEAP) und von der IMG Stiftung gefördert. Dank ihrer Unterstützung konnte das Vorhaben in nützlicher Frist umgesetzt werden. Herzlichen Dank dafür.

Bern, im März 2019

Kellers Erben – eine kurze Geschichte über das lokale Milizsystem

von Markus Freitag

I

Stellen wir uns einmal vor, es gäbe den Milizpolitiker Benno. Sein Dorf liegt auf einer Anhöhe und zählt rund 2000 Seelen. Vergangenes Jahr wurden etwa 350 Arbeitsplätze registriert. Im Ort gibt es noch einen Volg, zwei Beizen, eine Coiffeuse und einen Bäcker. Die letzte Metzgerei wurde vor fünf Jahren geschlossen. Besonders stolz sind die Einwohnerinnen und Einwohner auf das frisch renovierte Schulhaus, in dem noch immer genügend grosse Primarschulklassen unterrichtet werden. 22 Vereine kümmern sich um den gesellschaftlichen Austausch in der Gemeinde, von den Platzgern über den Landfrauenverein und die Schützengesellschaft bis hin zur Umweltgruppe und zum Fussballverein. Vor 20 Jahren waren es noch über 30. Nachwuchsprobleme und fehlendes Engagement führten aber beispielsweise bei der Männerriege oder beim Jodelklub zur Vereinsauflösung. Nichtsdestotrotz prägen die Vereine mit ihren Festen und Aktivitäten nach wie vor das soziale Miteinander im Dorf. Bereits seit einiger Zeit leiden auch die lokalen Parteien unter Personalmangel. Niemand mehr möchte politische Knochenarbeit an der Basis leisten.

Neben den gerupften Parteien bestimmen der fünfköpfige Gemeinderat, die Gemeindeversammlung und die sieben Kommissionen (Bau, Finanzen, Jugend, Sport und Kultur, Rechnungsprüfung, Schule, Soziales) das politische Leben in der Gemeinde. Verkehrstechnisch ist Bennos Heimat mit Bahn, Bus und der nahe gelegenen Autobahn sehr gut erschlossen. Diese vorteilhafte Infrastruktur ist Fluch und Segen zugleich. Zwar lässt sich damit eine Landflucht im grossen Stil vermeiden. Allerdings lockt die nahe Stadt mit ihren attraktiven Freizeitangeboten Jung und Alt und fordert das Miteinander im Dorf zunehmend heraus.

II

Die Legislaturperiode neigt sich dem Ende entgegen, und in rund einem halben Jahr stehen Gesamterneuerungswahlen für den Gemeinderat an. Vier von fünf verdienten Mitgliedern beenden ihre Milizkarriere und treten nach zwölf gemeinsamen und teilweise intensiven Jahren aus dem lokalen Entscheidungsgremium zurück. Sie wollen Platz für frische Kräfte schaffen und die letzten Jahre auf dem Weg zur Pensionierung stärker dem Beruf und der Familie widmen. Aber die Rekrutierung neuen Personals für die Exekutive verläuft harzig. Dieses Schicksal teilt Bennos Gemeinde mit gut der Hälfte der Schweizer Kommunen.

Am einzig verbliebenen Stammtisch der Gemeinde werden Abend für Abend die Namen valabler Nachfolgekandidatinnen und -kandidaten in den Ring geworfen. Führungserfahrung sollten die Personen mitbringen, im Beruf schon etwas erreicht haben, am besten noch unternehmerisch tätig sein. Wirtschaft und Politik sollten Hand in Hand gehen und sich nicht voneinander entfremden, so des Volkes Meinungskanon. Die Parteizugehörigkeit spielt nur eine nachrangige, bisweilen sogar vernachlässigbare Rolle, eine Verwurzelung im Dorf sollte allerdings gegeben sein. Auch Frauenkandidaturen im bislang von Männern dominierten Gremium würden sich viele wünschen. Für die einen sollten die neu zu Wählenden ferner die Fusion mit der Nachbargemeinde vorantreiben, andere bevorzugen Kandidierende, die aus ihrer Ablehnung der Zusammenlegung keinen Hehl machen.

Benno ist gegen die anvisierte Gemeindefusion. Was würde denn dann noch von der lokalen Identität übrig bleiben? Und wohin mit all den örtlichen Brauchtümern wie dem Speckbrotessen bei der jährlichen Holzgant am Berchtoldstag? Benno möchte im Gemeinderat als dessen Präsident verbleiben. Seine Wiederwahl im kommenden Herbst ist so gut wie sicher, nicht nur in Ermangelung anderer geeigneter Personen. Auf seine langjährige Miliztätigkeit angesprochen, leugnet er nicht, dass seine Familie zurückstecken musste. Dabei kommt er auf die Rahmenbedingungen seiner Laientätigkeit zu sprechen. Wie der Grossteil seiner Kolleginnen und Kollegen der lokalen Milizpolitik übt er seine Tätigkeit seit je ehrenamtlich aus. Hauptberuflich ist er vollzeitlich als Finanzchef bei einer Versicherungsfirma in der nahe gelegenen Stadt beschäftigt. Sein Arbeitgeber unterstützt ihn immer mit den nötigen Freiräumen, die es für die Ausübung der Milizarbeit braucht. Benno weiss aber von seinen Kollegen, dass nicht alle Unternehmen der Ausübung eines politischen Milizamts derart wohlwollend gegenüberstehen. Für seine Milizarbeit erhält er eine einkommenssteuerpflichtige, aber sozialversicherungsbefreite Entschädigung und ist im personalrechtlichen Sinn kein Angestellter seiner Gemeinde. Alle zwei Wochen trifft Benno seine Gemeinderäte, sein Pensum als Gemeindepräsident beläuft sich auf etwa zwölf Stunden in der Woche. Spasseshalber hat er einmal seinen durchschnittlichen «Stundenlohn» auf der Grundlage aller Bezüge (Jahrespauschale, Sitzungsgelder, Spesen, Honorare usw.) errechnet und kam dabei auf rund 27 Franken.

Benno hat gehört, dass seine Amtskolleginnen und Amtskollegen aus der Gemeindeexekutive im Kanton Luzern teilzeitlich von der Gemeinde angestellt sind, mit einem Beschäftigungsgrad zwischen 20 und 50 Prozent. Ein solches Teilamt wird mit einem regulären Arbeitslohn vergütet, ist einkommensteuerpflichtig und untersteht der Sozialversicherungspflicht. Eine anderweitige Tätigkeit im angestammten Beruf ist dort in der Regel nur im verbliebenen Teilzeitpensum möglich. Sachkundige vermuten in dieser Amtsstruktur mithin einen Grund für den im Vergleich zur Restschweiz höheren Frauenanteil in den lokalen Exekutivämtern des Kantons Luzern.

Noch einen Schritt weiter gehen manche Gemeinden in der Ostschweiz, wie Benno bei einer Tagung des Schweizerischen Gemeindeverbands vernommen hat. Im Kanton St. Gallen werden beispielsweise rund drei Viertel aller politischen Gemeinden von Präsidentinnen und Präsidenten im Vollamt geführt. Diese Kolleginnen und Kollegen müssen ihre berufliche Tätigkeit für das fix bezahlte Politisieren in der Gemeinde aufgeben. Ungeachtet der Anstellungsart und der Höhe der Vergütung ist für Benno ohnehin sonnenklar: «Jemand zahlt immer für die Milizarbeit. Sei es der Partner, die Familie oder das Auskommen, wenn man wegen eines zeitintensiven Ehrenamts nur Teilzeit arbeitet.»

III

Benno ist 61 Jahre alt, verheiratet und Vater zweier erwachsener Töchter. Die beiden interessieren sich zwar durchaus für die lokale Politik, haben ihre Lebensplanung aber erst einmal auf Studium und Beruf ausgerichtet, Auslandsaufenthalte eingeschlossen. Schon sein Vater war Gemeindepräsident des Orts und Benno damit quasi von Haus aus in die Miliz hineingeboren. Er ist im Dorf angesehen und dazu Präsident des lokalen Platzgervereins, der wiederum ein hohes Renommee weit über die lokalen Grenzen hinaus geniesst und die vergangene Wettspielmeisterschaft für sich entscheiden konnte. Benno hat eine langjährige Führungserfahrung vorzuweisen, gilt als entscheidungsfreudig und stressresistent und ist im Dorf sehr gut vernetzt. Noch mehr als die Diskussionen um den möglichen Zusammenschluss mit der Nachbargemeinde machen ihm die ausbleibenden Kandidaturen für die anstehende Gemeinderatswahl zu schaffen.

Benno weiss, welchem Profil der typische Gemeinderat entspricht. Zumeist männlich, um die 50, gut gebildet, seit Längerem in der Gemeinde verwurzelt und sozial eher bessergestellt. In der Vergangenheit nahmen noch vergleichsweise viele Bauern Einsitz in das Gremium. Der letzte dieser Spezies, kinderlos, scheidet zum Ende der Legislaturperiode ohne Aussicht auf eine Nachfolge gleicher Berufsgattung aus. Auch schon, weil es gar keinen bewirtschafteten Hof mehr in der Gemeinde gibt. Benno ahnt, dass Aufrufe und Inserate im Gemeindeblatt (neudeutsch: Newsletter) die Malaise des Kandidatenmangels nicht werden beheben können. Die Rekrutierung über die örtlichen Parteien und Vereine wird angesichts deren verblassenden Bedeutung wohl ebenso erfolglos verlaufen. Stattdessen möchte Benno mögliche Kandidatinnen und Kandidaten direkt ansprechen und persönlich überzeugen. Das Amt wie einen Staubsauger an der Tür verkaufen. Canvassing für Milizionäre. Zumindest versucht er es einmal bei dreien, die er vom Leben in der Gemeinde kennt und mit deren Familien er seit Jahren gut bekannt ist.

Da wäre zunächst Karin. Sie ist 45 Jahre alt und Mutter zweier Buben (zehn und zwölf). Seit der Geburt ihres ersten Kindes arbeitet sie Teilzeit und steht zudem dem Frauenchor des Orts vor. Ihr Vater war zusammen mit Benno im Gemeinderat aktiv, als dieser noch nicht Gemeindepräsident war. Im örtlichen Gemeinderat selbst waren die Frauen nie stark vertreten. Benno mag sich gerade einmal an zwei Frauen erinnern, die in den letzten Jahrzehnten im Gremium waren. Ein Abbild der lokalen

Schweiz. Vor 30 Jahren lag der Frauenanteil in den Schweizer Gemeinderäten noch deutlich unter 10 Prozent. Über 60 Prozent der Kommunen hatten damals überhaupt keine Frau in der Exekutive. In den 1990er-Jahren stieg der Frauenanteil, vor zehn Jahren lag er dann bei gut 23 Prozent. Dennoch berichteten immer noch 15 Prozent der Gemeinden, keine weibliche Vertretung im Gemeinderat zu haben. Frauen seien zu harmoniebedürftig, heisst es hie und da.

Der zweite Kandidat ist Marcel. Er ist zwar erst 28 Jahre jung, in den Augen von Benno aber ein politisches Talent. Nach der Berufsmaturität hat er Betriebswirtschaft studiert und arbeitet nun seit knapp zwei Jahren im selben Unternehmen wie Benno. Seit Kindsbeinen spielt Marcel im lokalen FC. Dort trainiert er auch die Junioren, die kurz vor dem Aufstieg in die Coca-Cola Junior League stehen. Der Götti von Marcel, der jetzt als Gemeinderat abtritt, hat seinem Patenkind das Einmaleins der lokalen Politik beigebracht. Sein extrovertiertes Agieren und Argumentieren in den Gemeindeversammlungen legt hierfür ein eindrückliches Zeugnis ab. Benno ist sich bewusst, dass er grosse Überzeugungskünste an den Tag legen muss. Die Statistiken sprechen gegen ein Engagement von Marcel: Exekutivmitglieder unter 35 Jahren kommen in den Schweizer Gemeinden beinahe ebenso selten vor wie Gemeinderätinnen und Gemeinderäte im Pensionsalter.

Nichtdestotrotz wird Benno auch seinen langjährigen Freund Erich aufsuchen, mit dem er seit je durch dick und dünn gegangen ist. Erich wurde vor drei Jahren pensioniert. In früheren Jahren war er ein gewissenhaftes Mitglied der ortsansässigen Rechnungsprüfungskommission und amtet noch als Kassier des Platzgervereins. Vor eineinhalb Jahren hat das Schicksal Erichs Ruhestandspläne durchkreuzt, als seine Frau Hannelore plötzlich und unerwartet verstorben ist. Könnte Benno wenigsten zwei dieser drei von einer Kandidatur überzeugen, blieben sie zumindest beschlussfähig und das Damoklesschwert des kantonalen Sachverwalters verkäme zur Pflugschar. Umstrittene Wahlen sind ohnehin Wunschdenken.

IV

Benno hat den Eindruck, dass die Verantwortungsbereiche auf Gemeindeebene in den letzten Jahren immer mehr abgenommen haben. Bund und Kantone weisen in vielen Bereichen den Weg, und Kooperationen mit anderen Gemeinden engen den Spielraum zusätzlich ein. Obschon die Lokalpolitikerinnen und Lokalpolitiker eigentlich gar nicht mehr so viel zu entscheiden haben, nimmt die Vielschichtigkeit ihrer Aufgaben und damit der Ruf nach einer Professionalisierung der Miliztätigkeit zu. Das alles macht es nicht einfacher, mögliche Kandidatinnen und Kandidaten von einer Übernahme eines politischen Amts zu überzeugen. Aber es gibt auch einige Vorteile, die das Milizamt mit sich bringt. Viele Beteiligte schwärmen von ihren vielfältigen und spannenden Tätigkeiten und berichten von einem durch ihre Milizarbeit vertieften Politikverständnis. Von manchen Amtsinhaberinnen und Amtsinhabern hört Benno gar, dass die Miliztätigkeit zu ihrer Lebenszufriedenheit beiträgt, zumindest aber das Leben in der Gemeinde angenehmer macht.

Für Benno war es schon immer eine Ehre, weitgehend unbezahlt ein politisches Amt auszuführen. Vor seiner Tätigkeit im Gemeinderat und als Gemeindepräsident amtete Benno bereits acht Jahre in der Schulkommission der Gemeinde. Es war die Zeit, als seine Töchter noch die Schulbank drückten. Mit seiner Miliztätigkeit möchte er der Gemeinde, in der er aufgewachsen ist, etwas zurückgeben. Doch nicht alle ticken so wie Benno. Aus Gesprächen mit seinen Kolleginnen und Kollegen vernimmt er, wie vielfältig die Beweggründe zur Milizarbeit ausfallen können.

Marlies aus der Schulkommission übt ihre Tätigkeit beispielsweise schlichtweg aus, weil sie gerne zusammen mit anderen etwas bewegt. Hans-Ruedi aus der Baukommission hat Benno einmal gesagt, die Hilfe für andere Menschen sei ein zentraler Aspekt seines politischen Engagements. Wieder andere betonen, dass sie sich in die Gemeinde integrieren und dort aber auch mitbestimmen möchten. Bei zwei «jüngeren» Miliztätigen (45 und 47) aus der Sport- und Kulturkommission stellt Benno wiederum fest, dass sie ihre eigenen Kenntnisse und Erfahrungen erweitern möchten. Und manch einer mit höheren Ambitionen hofft insgeheim auch darauf, dass die lokale Miliztätigkeit als Sprungbrett für eine politische Karriere auf höheren Staatsebenen dient. Benno ist es einerlei, Hauptsache er findet überhaupt jemanden für den Gemeinderat.

V

Benno ist immer gerne zu seinen Sitzungen gegangen, die Zusammenkünfte waren für ihn jeweils weit mehr als ein distanzierter und rein sachbezogener Austausch. Der Gemeinderat ist für Benno beinahe zur Zweitfamilie geworden. Dabei ging es ihm immer auch um die Gemeinschaft, nicht nur um die Gesellschaft mit den Kolleginnen und Kollegen, mehr um ein natürliches und nicht nur kalkuliertes Zusammenleben in der Institution. Vielleicht lag in dieser Verbundenheit mit dem Amt aber gerade die Krux, schleichende Probleme im Milizwesen und seinem Umfeld nicht mehr erkannt zu haben.

Seit die Mitarbeit in der Gemeinde nicht mehr als selbstverständlich und Ehrensache deklariert wird, schätzen und unterstützen beispielsweise die Arbeitgeber das zeitintensive Engagement im lokalen politischen Leben nicht mehr so wie auch schon. Früher sei es für einen Betrieb eine Ehre gewesen, Milizler in den eigenen Reihen zu haben. Entsprechend gerne wurde für das Amt auch Arbeitszeit zur Verfügung gestellt. Heute hingegen wird von milizwilligen Mitarbeitenden erwartet, dass sie ihr Pensum auf eigene Kosten reduzieren. Benno gelangt je länger, je mehr zur Einsicht, dass der Zeitgeist der Individualisierung nicht recht zu einem längerfristig gebundenen Engagement mit vielen fixen Terminen passt. Die Menschen im Dorf suchen vermehrt nach Engagementformen, die zu ihrer Biografie passen, absehbar sind und mitunter spektakuläre Erlebnisse oder die Lösung aktueller gesellschaftlicher Probleme versprechen. Aber auch der wachsende Wohlstand und die Mobilität fordern die Zivilgesellschaft heraus, indem sie Freizeitangebote bezahlbarer, erreichbarer und verlockender machen. Die Identifikation mit der Wohngemeinde leidet zusätzlich darunter. Dazu werden vermehrt Ruhepausen von der als stresshaft wahrgenommenen Erwerbsarbeit verlangt. Arbeitsprozesse verlagern sich in die Abendstunden und ins Heimbüro und treten dort in Konkurrenz zu abendlichen Sitzungen der Milizbehörde und zur Familie. Die Grenzen zwischen Erwerbsarbeit und Freizeitleben verschwimmen zunehmend. Zeit ist in unserer 24-Stunden-Gesellschaft insgesamt zum Luxusgut avanciert, und man überlegt sich sehr genau, wofür man sie einsetzt. Erst recht, wenn es dabei um regelmässige Verpflichtungen geht.

Aber natürlich waren da auch die Klagen einzelner Exekutivmitglieder über die zu grosse zeitliche Belastung und die Konflikte im privaten

Umfeld wegen etwaiger Entscheidungen im Gemeinderat. Vereinzelt wurde auch über Probleme innerhalb des Kollegiums geraunzt. Schon öfter, gerade in jüngster Vergangenheit wahrnehmbarer als auch schon, wurden Stimmen laut, die sich über die geringen Entscheidungsspielräume auf der lokalen Ebene und die allzu kritische Öffentlichkeit mokierten. Benno zuckte daraufhin meistens mit den Schultern, die seinem breiten Rücken aufsitzen: «Ein Gemeinderat tut gut daran, sich als Laternenpfahl zu verstehen, der oben leuchtet und unten angepinkelt wird.»

VI

Es wird Herbst. Wer jetzt kein Gremium mehr zusammenbringt, hat keines mehr. Benno ist es unwohl. Es bleiben nur noch wenige Tage bis zum Nominationsschluss der Kandidatinnen und Kandidaten für die anstehenden Wahlen. Von den lokalen Parteien und Vereinen hat er bislang keine konkreten Namen vernommen. Informationsveranstaltungen liefen ins Leere. Benno gibt ungern zu, dass er womöglich Entwicklungen verschlafen hat, das Milizamt interessanter zu machen. Der Widerstand gegen die Fusion mit der Nachbargemeinde ist das eine. Immer wieder hat er in den letzten Jahren aber auch von möglichen Organisationsformen zur stärkeren Trennung von operativen und strategischen Tätigkeiten gehört, die den Gemeinderat von Ersteren entlasten und das Exekutivamt überschaubarer machen können. Um ein adäquates und zeitgemässes Führungsmodell zu erörtern, haben manche Gemeinden gar eine dafür spezialisierte Beratungsfirma aufgesucht. Im Angebot werden diverse Organisationsstrukturen geführt: vom CEO-Modell mit einer bezahlten Geschäftsführerin oder einem bezahlten Geschäftsführer der Verwaltung über vollamtliche Gemeindepräsidentinnen und -präsidenten, die als Delegierte der Exekutive walten, bis hin zu Geschäftsleitungsmodellen, in denen den Gemeinderatsmitgliedern Verwaltungsangestellte zur Seite gestellt werden. Benno kennt Gemeinden, die bei Einführung des Letzteren, einer Art Tandemmodell, die Zahl der Gemeinderatssitzungen halbieren konnten. Aber es müssen ja nicht immer gross angelegte Reformen sein, um dem wachsenden Unbehagen im Milizwesen Herr zu werden.

Benno sitzt im Gemeindehaus und blättert in einem Magazin, das Empfehlungen zur Attraktivitätssteigerung der Milizarbeit in den lokalen

Behörden präsentiert. Natürlich wird davon gesprochen, die Entschädigungen anzuheben. Bennos Gemeinde hat die Vergütungen in den letzten Jahren auch zweimal angehoben, allerdings ohne nachhaltigen Erfolg beim Bewerberkarussell. Eine Reduktion der Gemeinderatssitze ist auch kein Thema. Damit würde die Aufgabenlast für die einzelnen Mitglieder nur noch grösser. Diskutiert wird auch die Überführung der ehrenamtlichen Milizarbeit in ein Angestelltenverhältnis mit Teilpensum und einem fixen Jahressalär. Benno zieht es den Bauch zusammen. Höhere Entschädigungen? Festanstellungen? Wen würde das denn anziehen? Wäre das nicht ein ganz anderer Typ Mensch als seine bisherigen Kolleginnen und Kollegen?

Viele der aufgeführten Empfehlungen liegen auch gar nicht im Einflussbereich der Gemeinde, etwa wenn es um die Anrechnung der Miliztätigkeit als zertifizierte Weiterbildung geht, die beim Arbeitgeber vorgelegt werden kann und einer alternativen betriebsnahen Fortbildung gleichgestellt wäre. Oder wenn die Förderung der politischen Bildung auf den Plan gerufen wird, um Fertigkeiten zur Fällung politischer Urteile einzuüben. Denkbar wäre allenfalls die Einführung von Schulungen für Einsteigerinnen und Einsteiger. Diese könnten von der Gemeinde angeboten werden, nicht zuletzt um den Sachverstand vor den ersten Entscheidungen sicherzustellen und der zunehmenden Komplexität der Aufgaben Rechnung zu tragen.

In Bennos Augen kratzen viele dieser Massnahmen am Ideal seines Milizprinzips. Höhere Entschädigungen überführen die Milizarbeit mehr und mehr in die Erwerbsarbeit. Die Entlastung von Aufgaben bringt eine gewisse Sinnentleerung der Tätigkeit mit sich und lässt das Engagement zur Folklore verkommen. Qualifizierungserfordernisse und anspruchsvoller Aufgabenzuwachs wiederum entwerten das hochgelobte Laienwissen und schmälern das Rekrutierungspotenzial.

Benno nimmt sich vor, mit den Kolleginnen und Kollegen der neuen Legislaturperiode fürs Erste einmal einen anderen Weg einzuschlagen. Damit ist für ihn keinesfalls die Aufhebung der Wohnsitzpflicht gemeint. Auswärts wohnen und in seiner Gemeinde mitbestimmen? Das ist für Benno unvorstellbar. Was für die Verwaltung noch praktizierbar sein mag, geht für das Milizamt nicht. Hier braucht es die Bindung zum Ort. Auch der in der Öffentlichkeit immer wieder geforderte Amtszwang ist für ihn keine Lösung, selbst wenn dessen Anwendung der Gemeinde theoretisch offenstehen würde. Was in der zweiten Hälfte des 19. Jahrhunderts in beinahe allen Kantonen gang und gäbe war, ist für Benno deswegen noch lange kein Rezept für das Hier und Heute. Soll denn jemand zur Milizarbeit gezwungen werden, wenn er partout nicht will? Leidet dann nicht die Qualität der Arbeit darunter? Erledigen wir nicht alle unsere Aufgaben besser, wenn wir sie freiwillig statt unter der Knute der Verpflichtung ausführen?

Benno denkt fortschrittlicher. Seit einigen Jahren steht es den Gemeinden des Kantons nämlich frei, Ausländerinnen und Ausländern das passive Wahlrecht in Gemeindeangelegenheiten zu erteilen. Das wäre gewiss eine Stellschraube, um das Rekrutierungsproblem zu bewältigen. Benno kennt viele Zugewanderte, die seit Jahren, wenn nicht seit Jahrzehnten im Ort wohnen, in den Vereinen mitwirken und geschätzt werden. Manche von ihnen würden sich gerne im Milizwesen engagieren, das haben sie Benno immer wieder einmal zugetragen. Und das nicht nur, weil sie das Gemeinwohl mitfinanzieren, sondern weil ihnen etwas an ihrer neuen Heimat liegt.

Ob sich die Gelegenheit zu einer solchen Debatte überhaupt ergibt, steht aber noch in den Sternen, noch gibt es kein Gremium. Am Wochenende steht für Benno ein Treffen mit seinen drei Auserwählten an, bei dem er sie von seinen Visionen überzeugen möchte. Das wird nicht einfach. Doch Benno ist optimistisch. Seit je sieht er in einem Problem eine Aufgabe. Nicht so wie der Pessimist, der in jeder Aufgabe ein Problem erkennt.

VII

Wir sitzen im Gemeindehaus. An der Wand hängt Gottfried Keller in Öl. Mit Ingrimm blickt Benno aus seinem Arbeitszimmer zum Fenster hinaus auf den schmucken Dorfplatz, dessen Kopfsteinpflaster erst kürzlich restauriert wurde. Der Brunnen soll nächstes Jahr folgen. Doch wer soll das beaufsichtigen? Karin, Marcel und sogar der alte Kumpan Erich haben abgesagt. Keiner von ihnen steht für ein Exekutivamt zur Verfügung. Benno hat alles versucht, sie zu überzeugen. Hat ihnen geschmeichelt und an ihr Verantwortungsbewusstsein appelliert. Ohne Erfolg. Zu schwer wiegen die individuellen Prioritäten.

Karin möchte sich um ihre Familie und die zwei Buben kümmern und kann sich sehr gut vorstellen, in die Schulpflege einzutreten. Als Gemeinderätin sieht sie sich freilich nicht. Marcel fühlte sich wegen der Anfrage geschmeichelt, plant aber nicht zuletzt seiner Karrierechancen wegen einen längeren Aufenthalt im Ausland. Zu einem späteren Zeitpunkt würde er aber gerne einmal zur Wahl antreten. Erich hätte Benno eigentlich nicht im Stich gelassen. Allerdings hat er vor knapp zwei Monaten eine Frau aus der Ostschweiz kennengelernt, die ein ähnliches Schicksal mit ihrem langjährigen Ehemann durchlebte wie Erich mit seiner Hannelore. Zusammen mit seiner neuen Partnerin möchte Erich jetzt erst einmal Abstand vom Gewesenen gewinnen und zumindest die Hälfte der Woche bei ihr am Bodensee verbringen. Da bleibt keine Zeit mehr, die Gemeinde zu führen. Alternative Kandidaturen zu Bennos sind bis gestern 17 Uhr nicht eingegangen. Den Notnagel, geeignete Personen per Amtszwang einzusetzen, möchte Benno nicht schlagen. Der Gemeinderat kann nicht besetzt werden. Es lässt sich kein beschlussfähiges Gremium mehr aufstellen.

«Wer an den Dingen der Stadt keinen Anteil nimmt, ist kein stiller, sondern ein schlechter Bürger, ein *idiótes*», bemüht Benno in seinem Verdruss die Worte des Atheners Perikles. Ich weise Benno darauf hin, dass der uns geläufige «Idiot» sich zwar vom altgriechischen «idiótes» («Privatmensch») ableitet, ursprünglich aber nicht negativ behaftet war. Benno zuckt ein letztes Mal mit den Schultern.

Das Telefon klingelt. Der kantonale Sachverwalter erkundigt sich, wann er antreten soll.

1 Einleitende Bemerkungen

Das Milizwesen gilt neben der direkten Demokratie, dem Föderalismus und der Konkordanz als zentrale Säule der Schweizer Beteiligungsdemokratie. Während die Volksmitsprache, die staatliche Architektur und das Verhandlungssystem in der einen oder anderen Ausprägung auch in anderen politischen Systemen anzutreffen sind, fungiert das weit verzweigte bürgerstaatliche Prinzip als identitätsstiftentendes Alleinstellungsmerkmal der Schweizer Demokratie. In nahezu unvergleichlicher Weise bieten sich den Bürgerinnen und Bürgern hierzulande zahlreiche Gelegenheiten, sich in politischen Entscheidungsgremien und Kommissionen bei der Ausführung der Politik einzubringen. Geht man beispielsweise von rund 100 000 Personen in den kommunalen Exekutiv-, Legislativ- und Kommissionsämtern aus, dürfte jeder 50. Schweizer Stimmberechtigte lokalpolitisch engagiert sein.

Das Milizsystem beschreibt ein im öffentlichen Leben der Schweiz verbreitetes Organisationsprinzip, das auf der republikanischen Vorstellung beruht, dass befähigte Bürgerinnen und Bürger öffentliche Rollen zu übernehmen haben (Kley 2009). Es «ist die nur in der Schweiz übliche Bezeichnung für die freiwillige, nebenberufliche und ehrenamtliche Übernahme von öffentlichen Aufgaben und Ämtern. Zumeist nicht oder nur teilweise entschädigt, gehört Miliztätigkeit zum weiteren Bereich von Arbeit, die nicht auf Erwerbsziele gerichtet ist» (Linder und Mueller 2017: 90). Die vorliegende Studie widmet sich den Miliztätigen der Exekutive, Legislative und der Kommissionen in ausgewählten Schweizer Gemeinden und analysiert deren Profile, Motive und Meinungen.[1] Dabei kommen neben Bewertungen lokaler Rahmenbedingungen auch Beurteilungen

---

1   Eine Übersicht über die ausgewählten Gemeinden findet sich im Anhang dieses Buchs. Exekutivmitglieder werden im Folgenden auch als Gemeinderätinnen und Gemeinderäte geführt.

öffentlich diskutierter Reformideen zur Sprache. Die Analysen liefern Einblicke in Leben, Charakter und Denkweise von Miliztätigen, vermitteln Wissenswertes zum Milizamt der Zukunft und erarbeiten praktische Hintergrundinformationen für Politikerinnen, Politiker und Gemeinden.

Mit dem Milizprinzip soll die Beteiligung der Schweizer Bürgerinnen und Bürger an der Gestaltung der Öffentlichkeit garantiert werden, indem der beruflichen Qualifikation zur politischen Mitsprache bewusst Schranken gesetzt werden (Ketterer et al. 2015a: 223).[2] Insbesondere die lokale Milizdemokratie lebt vom Zusammenspiel zwischen hauptamtlichen Angestellten und ehrenamtlich besetzten Politikbehörden, die gemeinsam die Dienstleistungsversorgung in der Gemeinde sicherstellen.

Die in dieser Studie im Vordergrund stehende politische Milizarbeit ist heute auf allen Ebenen des politischen Systems der Schweiz anzutreffen, von Parlamentsmandaten in Bund, Kantonen und Gemeinden über einen erheblichen Teil der lokalen Exekutivämter bis hin zu den Kommissionen in den Gemeinden, Kantonen und auf Bundesebene.[3] Richterämter auf Stufe Bezirk und Kanton und ein grosser Teil der leitenden Positionen und Ämter in politischen Parteien und Verbänden können ebenso dazugerechnet werden (Linder und Mueller 2017: 91).

1.1 Milizarbeit als Goldstandard der politischen Beteiligung

Nach republikanischem Verständnis setzt das Funktionieren des Gemeinwesens das öffentliche Engagement der Bevölkerung voraus. Im Sinn eines Beteiligungsimperativs können und müssen die Bürgerinnen und Bürger «administrative Dienstleistungen selbst produzieren und dürfen sich

---

2   Auch wenn der Milizgedanke sowohl die Wehr- als auch die Staatsverfassung der Eidgenossenschaft prägt (Riklin 1982a), steht in der vorliegenden Studie einzig das politische Milizprinzip im Mittelpunkt des analytischen Interesses. Hierbei beschränken wir unsere Auswahl auf Miliztätige in den lokalen Exekutiven, Legislativen und Kommissionen. Feuerwehrleute, die staatliche Aufgaben ebenfalls milizförmig übernehmen, finden keinen Eingang in die Untersuchung.
3   Neuere Studien machen freilich deutlich, dass es sich bei der Bundesversammlung weniger um ein Milizparlament, sondern eher um ein nicht offizielles Berufsparlament handelt (Sciarini et al. 2017).

nicht auf eine passive Publikumsrolle zurückziehen. Das Milizsystem schafft für die Bürgerinnen und Bürger Beteiligungsgelegenheiten, -rechte und -pflichten, die durch Teilnahmebereitschaft und -fähigkeit ausgefüllt werden müssen» (Kussau et al. 2007: 6).[4] Obschon nicht in der Strenge Gottfried Kellers, findet das republikanische Ideal der Beteiligungspflicht seinen Niederschlag als politisches Signal in Artikel 6 der Bundesverfassung, in dem der milizförmigen Mitwirkung der Bürgerinnen und Bürger in den Behörden und Gremien normativer Richtschnurcharakter zukommt (Häberle 2014: Rz 13, Rz 16; Rhinow 2000: 175–177): «Jede Person nimmt Verantwortung für sich selber wahr und trägt nach ihren Kräften zur Bewältigung der Aufgaben in Staat und Gesellschaft bei.»[5]

Zu den politikwissenschaftlichen Minimalkriterien der politischen Beteiligung gehören nach van Deth (2014) deren Handlungscharakter, die Freiwilligkeit der Aktivität, deren Ausführung in der Rolle einer Bürgerin oder eines Bürgers und die Verortung der Tätigkeit in der politischen Arena. Führt man sich diese vier Kriterien vor Augen, kann das Engagement in den Milizbehörden durchaus als Form politischer Beteiligung verrechnet werden. Zunächst einmal ist die politische Milizarbeit eindeutig in der *staatspolitischen Sphäre* angesiedelt. Im Gegensatz zu politischen Meinungen oder Werthaltungen ohne hinreichenden Handlungscharakter ist die Ausübung eines politischen Milizamts mit der Teilnahme an Versammlungen, dem Studium von Akten, dem Gespräch mit Bürgerinnen und Bürgern und vielen anderen Tätigkeiten auch als *politische*

---

4   Die republikanische Idee setzt nach Kussau et al. (2007: 6) im Gegensatz zum Liberalismus nicht beim Individuum als Bezugspunkt politischen Handelns an, sondern rückt kollektive Bedürfnisse und Notwendigkeiten in den Vordergrund. Während Partizipation aus liberaler Sicht als Akt des freien Wahlhandelns angesehen und das Milizengagement «als sozialmoralische Zumutung» etikettiert werde, erkenne das republikanische Denken in Letzterem den «Ausdruck von Freiheit in Übereinstimmung von individuellen Interessenlagen mit dem Gemeinwohl».

5   In den Tagebuchaufzeichnungen von Gottfried Keller im Jahr 1848 lesen wir noch: «Aber wehe einem Jeden, der nicht sein Schicksal an dasjenige der öffentlichen Gemeinschaft bindet, denn er wird nicht nur keine Ruhe finden, sondern dazu noch allen innern Halt verlieren und der Missachtung des Volkes preisgegeben sein, wie ein Unkraut, das am Wege steht [...] Nein, es darf keine Privatleute mehr geben» (Andermatt 2016: 264).

Aktivität zu verstehen. Darüber hinaus sind gemäss Kriterienkatalog Verhaltensweisen auszuschliessen, die äusserem Zwang unterliegen. Dabei kann es sich um rechtliche Verpflichtungen, Zwangsaufgaben oder auch soziale beziehungsweise ökonomische Zwänge handeln (van Deth 2014: 354). Milizarbeit wird in der Schweiz überwiegend als eine *freiwillige Tätigkeit* ausgeübt. In der Regel geht der Übernahme des Amts (beispielsweise als Exekutivmitglied in einer Gemeinde oder als Mitglied einer Schulpflege) eine freiwillige Kandidatur voraus. Ausnahmen vom Grundsatz der freiwilligen Amtsausübung können in acht Kantonen aufgrund des dort mehr oder weniger stark geltenden Amtszwangs auftreten. Lehnt eine gewählte Person hier die Übernahme eines Amts ab, droht eine Busse, die sich auf bis zu 5000 Franken belaufen kann (Leuzinger 2017).[6] Die Anwendung des Amtszwangs ist allerdings selten und beschränkt sich zumeist auf sehr kleine Gemeinden, da diese im Verhältnis zu ihrer Einwohnerzahl eine grosse Anzahl an Milizämtern zu vergeben haben. Allerdings muss davon ausgegangen werden, dass der Amtszwang über seine faktische Anwendung hinaus eine indirekte Wirkung erzeugt: Mitunter werden Personen eher zu einer «freiwilligen» Kandidatur bereit sein, wenn sie um die mögliche Verpflichtung wissen (Leuzinger 2017). Allerdings ist dieser Effekt nur schwer messbar, sodass in der Regel von der Freiwilligkeit der Amtsübernahme ausgegangen werden kann.

Gemäss van Deth (2014: 354) werden weiterhin Aktivitäten von Politikerinnen und Politikern, Beamtinnen und Beamten, Amtsträgerinnen und Amtsträgern, Journalistinnen und Journalisten, Beraterinnen und Beratern, Lobbyistinnen und Lobbyisten und ähnlichen Gruppen nicht als Formen der politischen Partizipation definiert. Die Beschränkung auf Aktivitäten von *Bürgerinnen und Bürgern* soll die unbezahlte und laienhafte Natur der politischen Beteiligung unterstreichen (van Deth 2014:

---

6   In den Kantonen Luzern, Uri, Nidwalden und Appenzell Innerrhoden sind sowohl kommunale als auch kantonale Ämter dem Amtszwang unterworfen. In Solothurn, Zürich und im Wallis betrifft er nur Ämter auf Gemeindeebene. Im Kanton Bern steht es den Gemeinden frei, einen Amtszwang einzuführen. Ausnahmen vom Amtszwang sind in allen genannten Kantonen vorgesehen. So ist meist eine Altersgrenze von 60 oder 65 Jahren definiert, oberhalb derer ein Amt nicht übernommen werden muss. Zudem gelten eine bereits länger andauernde Amtsausübung oder gesundheitliche Gründe in der Regel als Ausnahmegründe (Leuzinger 2017).

356). Obschon Miliztätige als Amtsträgerinnen und Amtsträger eine Entschädigung für ihre Tätigkeit erhalten, hat diese in den meisten Fällen den Charakter einer Aufwandsentschädigung, mit der der Lebensunterhalt nicht bestritten werden kann. Der beziehungsweise die Miliztätige bewegt sich nach Riklin (1982a: 41) vielmehr zwischen Honoratiorentum und Berufspolitik. Während der Honoratior im weberianischen Sinn «für die Politik», jedoch nicht «von der Politik» lebt und für seine Dienstleistung nicht bezahlt wird, aber zeitlich voll abkömmlich ist, leben Berufspolitikerinnen und Berufspolitiker für die Politik und werden dafür entsprechend entlohnt. Miliztätige hingegen leben überwiegend weder für die Politik noch von der Politik.

Vor dem Hintergrund des Dargelegten kann deshalb festgehalten werden, dass die Miliztätigkeit die vier Minimalkriterien zur Definition der politischen Partizipation nach van Deth (2014) grundsätzlich erfüllt. Es handelt sich demnach um eine freiwillige Aktivität von Bürgerinnen und Bürgern im staatspolitischen Bereich. Ausnahmen hiervon können bestehen, wenn die Miliztätigkeit aufgrund des Amtszwangs ausgeübt wird oder wenn sie den Charakter einer hauptberuflichen Tätigkeit annimmt, wie dies beispielsweise bei vollamtlichen Gemeindepräsidentinnen und Gemeindepräsidenten der Fall ist. Eine gewisse Sonderstellung unter den politischen Partizipationsarten erreicht die Miliztätigkeit allerdings insofern, als dass sie im Vergleich zu anderen Formen (wie dem Engagement in einer sozialen Bewegung oder der Teilnahme an Wahlen, Abstimmungen oder Demonstrationen) ein erhöhtes Mass an Verbindlichkeit, Dauerhaftigkeit und Verantwortung einfordert und damit zum *Goldstandard* der politischen Beteiligung avanciert.

1.2 Milizarbeit zwischen Freiwilligen- und Erwerbsarbeit

Im weiteren fachwissenschaftlichen Diskurs oszilliert die Milizarbeit konzeptionell zwischen Freiwilligen- und Erwerbsarbeit (Ketterer et al. 2015a, b; Kussau et al. 2007; Müller 2015a). Verkürzt gesprochen umfasst die Milizarbeit im Vergleich zur Freiwilligenarbeit in Vereinen oder in der Nachbarschaft die nebenamtliche Tätigkeit für den Staat (Müller 2015a: 19). Im Gegensatz zur Erwerbstätigkeit dienen weder die Freiwilligen- noch die Milizarbeit der Sicherung des Lebensunterhalts. Auch wenn für die Laientätigkeiten geringfügige Entschädigungen ausbezahlt werden, entsprechen diese in keiner Weise dem Standard eines Erwerbseinkommens. Miliztätige aber sind in ihrem Tun, ähnlich den Erwerbstätigen, stärker an bürokratische Regelungen und administrative Verpflichtungen gebunden als Freiwillige, die ihre Tätigkeit zu einem gewissen Grad autonomer vollziehen können.

Mehr als die Freiwilligenarbeit unterliegt die Miliztätigkeit ferner den Normen der Effizienz, der Output- und Leistungsorientierung, wie sie typischerweise die Erwerbsarbeit charakterisieren. Während der gewerbliche Arbeitsmarkt seine Kandidatinnen und Kandidaten nach fachlichen Fertigkeiten und Expertenwissen selektioniert, bedarf es jedoch keiner besonderen beruflichen Qualifikationen und formalen Bedingungen für die Aufnahme einer Miliz- oder Freiwilligentätigkeit (Bütikofer 2015).

Ferner hängt der Eintritt in die unbezahlte Freiwilligenarbeit in erster Linie von der Teilnahmebereitschaft und der Motivation der Einzelnen ab. Bei der Miliztätigkeit treten zusätzlich die Kriterien der Teilnahmeberechtigung (Staatsbürgerschaft und mitunter Parteienproporz) hinzu. Zudem wird der Zutritt zum Milizsystem durch Nominierungsverfahren und Wahlen geregelt.[7] Diese Art der Besetzung kennt die herkömmliche institutionalisierte Freiwilligenarbeit in Vereinen und Organisationen allenfalls beim Ehrenamt. Im Gegensatz zur Freiwilligenarbeit existiert im Milizwesen mancherorts auch noch die oben dargelegte gesetzliche Verpflichtung zum unbezahlten Dienst an der Gemeinschaft. Ein erzwungenes Engagement ist im Rahmen der Freiwilligenarbeit höchstens noch bei informellen Tätigkeiten in Form moralischer Verpflichtungen zu Unterstützungsleistungen im familiären Umfeld denkbar (Musick und Wilson 2008: 23 f.).

Darüber hinaus bestehen bei der Milizarbeit örtliche Abhängigkeiten bezüglich der Ausführung der Tätigkeiten. Auch wenn die allgemeine Freiwilligenarbeit innerhalb und ausserhalb von Vereinen zu einem überwiegenden Teil ebenfalls vor Ort ausgeführt wird, differenzieren sich in jüngster Zeit flexiblere und ungebundener handhabbare Formen des Engagements aus (beispielsweise Voluntourismus, Eventfreiwilligkeit, Onlinefreiwilligkeit) (Neufeind et al. 2015).[8] Schliesslich gilt es festzuhalten, dass das kollegiale Umfeld im Milizwesen oftmals zur Zwangsge-

---

7   Je nach Bedeutung der lokalen Kommission werden deren Mitglieder nicht immer vom Volk gewählt, sondern von der Exekutive auf Vorschlag ernannt.

8   Unbestritten liesse sich die Digitalisierung auch zur Flexibilisierung der Milizarbeit nutzen (Müller 2018: 80).

meinschaft mutiert, weil es sich nicht selbst bestimmen und auswählen lässt. Anders verhält es sich bei der allgemeinen Freiwilligenarbeit. Hier erscheint der Ort der Tätigkeit vielmehr als Ergebnis einer persönlichen Auslese und vereint noch öfters Gleichgesinnte.

1.3 Funktionen und Grenzen der Milizarbeit

Im Lauf der Jahrhunderte erarbeitete sich das Milizwesen diverse Leistungsmerkmale (Bühlmann 2014; Geser 2007; Linder und Mueller 2017). Das Milizsystem fördert und stärkt beispielsweise die politische Mitsprache. Milizgremien eröffnen für zahlreiche Bevölkerungsgruppen und Organisationen die Gelegenheit, ihre Interessen und Standpunkte in den politischen Prozess einzubringen und aktiv an der Ausführung der Politik teilzuhaben. Diese dem Milizsystem eigene Partizipationskultur trägt zur Verringerung der Distanz zwischen politischer Elite und Bürgerschaft bei und schafft einen fruchtbaren Nährboden des politischen Vertrauens: «Nirgends ist die Identität von Regierten und Regierenden so stark wie in einer auf dem Milizwesen beruhenden Demokratie» (Widmer 2007: 182). Das Milizwesen wird zum politischen Kapital.

Des Weiteren kommt dem Milizwesen eine besondere Bedeutung für die Rekrutierung und Sozialisation des politischen Nachwuchses zu. Vor allem die lokale Ebene eignet sich für Jungpolitikerinnen und Jungpolitiker, ihre politischen Begabungen auszutesten. Nicht selten dienen diese ersten Erfahrungen auf dem lokalen Parkett als Sprungbrett für die spätere politische Karriere (Bundi et al. 2017; Ohmura et al. 2018).[9]

Das Milizsystem befördert ausserdem die Legitimation politischer Entscheidungen. Im besten Fall fungieren die Milizbehörden unter der Maxime des gütlichen Einvernehmens. Die Einbindung der wichtigsten politischen Kräfte stellt die Ausgewogenheit und breite Verankerung der Entscheidungen in der Bevölkerung sicher und führt zur Stabilisierung des politischen Lebens in der Gemeinde. Werden die Entscheidungen darüber hinaus in einem kollektiv operierenden Gremium getroffen, schützt dieser Mechanismus vor der Parteilichkeit einzelner Personen und der

---

9 Mit Viola Amherd (CVP) und Karin Keller-Sutter (FDP) gelang erst jüngst zwei Politikerinnen der Einzug in den Bundesrat, die ihre politische Karriere auf der kommunalen Ebene lanciert hatten.

diesbezüglichen Vorteilsnahme einzelner Interessen: «In kollegialen Entscheidungsgremien können derart ‹Befangene› jederzeit in den Ausstand treten, während die jeweils ‹Unbefangenen› nach wie vor handlungsfähig sind» (Geser 2007: 5).

Das Milizprinzip ermöglicht es ferner, eine breite Palette an gesellschaftlichen Wissensbeständen und individuellen Fertigkeiten für öffentliche Zwecke zu nutzen. Mit anderen Worten: Im Milizwesen bringen die Behördenmitglieder Erfahrungen und Ideen aus ihrem Privat- und Berufsleben in das politische Leben ihrer Gemeinde ein. Angesichts zunehmender Vielfalt, Komplexität und Dynamik der Vollzugsaufgaben bietet die milizförmige Organisation der Politik die Chance, etwaige Qualifikationslücken des Verwaltungsstabs wirkungsvoll mit innovativem und unverbrauchtem Gedankengut zu ergänzen. Dazu gehören auch die Fähigkeiten, sich «sprachlich gewandt auszudrücken, Sitzungen zu leiten, Protokolle zu erstellen, Mitarbeiter zu führen oder Finanzbuchführungen zu verstehen» (Geser 2007: 6).

Im Vergleich zur Einführung beruflicher Rollen eröffnet das Organisationsprinzip der Miliz grössere Freiheitsgrade hinsichtlich der organisatorischen Flexibilität. Fixe Besoldungskosten für Berufspolitikerinnen und Berufspolitiker begrenzen nicht selten den finanziellen Handlungsspielraum einer politischen Gemeinschaft. Darüber hinaus unterliegen vollamtliche Organe oft einer gewissen institutionellen Starrheit und bieten nur begrenzte Möglichkeiten zur Reform oder zum Rückbau. Es wird auch vermutet, dass sich nebenberufliche Entscheidungsträgerinnen und Entscheidungsträger im Milizwesen stärker auf die Sachpolitik und weniger auf ihre Wiederwahl konzentrieren, da dank der Verankerung in der ausserpolitischen Berufswelt keine Einkommensverluste mit der vermeintlichen Abwahl einhergehen. Diese finanzielle Unabhängigkeit schützt die ehrenamtlichen Amtsträgerinnen und Amtsträger denn auch vor der Verfolgung spezifischer Interessenlagen. Zusätzlich erspart sie der Wählerschaft den Akt rein mitfühlender Wiederwahlen von Berufspolitikerinnen und Berufspolitikern, denen aufgrund eines fehlenden zweiten Standbeins in der Berufswelt bei einer Abwahl existenzielle Konsequenzen drohen würden (Geser 2009: 2).

Schliesslich wird aus liberaler Warte betont, dass mit dem Betreiben des Milizsystems der Ausdehnung staatlicher Bürokratie und einer damit verbundenen Finanzierung über Steuern und Abgaben ein wirkungsvoller Riegel vorgeschoben werden kann. Eine milizförmige Organisation staatlicher Aufgaben vermeide Zwangsabgaben und fördere damit die persönliche Freiheit der Bürgerinnen und Bürger (Schellenbauer 2015: 151).

Allerdings werden in den letzten Jahren auch Grenzen und Schwächen des in der Schweiz praktizierten Milizsystems offenbar. Vor allem die Herausforderungen der Globalisierung und Individualisierung der Lebenswelten graben dem Fundament des Milizwesens zunehmend das Wasser ab. Wer beruflich erfolgreich ist (bzw. sein will), sieht sich immer mehr ausserstande, Milizarbeit auszuführen. Nicht zuletzt, weil viele Arbeitgeber derartige Tätigkeiten nur noch unzureichend unterstützen: «In einer zunehmend globalisierten (und von ausländischen Unternehmen und Managern bestimmten) Wirtschaft sind die Zeiten, wo Unternehmen ‹ihre› Politiker bezahlten, heute endgültig vorbei. Sogar die kantonale Verwaltung ist heute weniger als früher bereit, ihre Angestellten für Behördenämter freizustellen» (Geser 2007: 7). Der verpflichtende Charakter der Milizarbeit sowie deren zeitliche Fremdbestimmung korrespondieren mehr schlecht als recht mit dem zeitgenössischen Wunsch nach einer flexiblen und individuellen Lebensplanung und verlagern den Drang zur politischen Beteiligung zu frei bestimmbaren Einsätzen und Möglichkeiten. Unterfüttert werden diese Umschichtungen mutmasslich durch einen Wandel der Motivationen, die neben dem Beitrag zum Gemeinwohl auch vermehrt Ziele der persönlichen Selbstverwirklichung in sich tragen. Diese Zwecke kann die Milizarbeit nicht für jede und jeden gleichermassen erfüllen. Entsprechend zurückhaltend zeigt sich der Trieb zur Übernahme eines Behördenamts. Zudem rücken die Amtsträgerinnen und Amtsträger schneller von ihrer vermeintlichen Lebensaufgabe ab, sobald die «Tätigkeit keine weiteren Gewinne an interessanten Erlebnissen und Erfahrungen mehr verspricht» (Geser 2007: 7). Wohlstand und Mobilität eröffnen ferner konkurrierende Freizeit- und Beteiligungsangebote, die der Milizarbeit hinsichtlich Ungebundenheit, Unverbindlichkeit und Abenteuercharakter überlegen sind. Das republikanische Pflichtmodell der Beteiligung mutiert mithin zu einem liberalen Optionenmodell freien Wahlhandelns (Kussau et al. 2007: 6).

Zu den genannten Herausforderungen gesellen sich Grenzen der Qualifikationen von Miliztätigen und der Organisation des Milizwesens allgemein (Geser 2007). Nicht nur, dass gerade kommunale Behördenrollen facettenreiche und bisweilen unspezifisch taxierte Fähigkeiten und Kenntnisse erfordern. Miliztätige sehen sich heute im Vergleich zu früheren Zeiten zusätzlich mit höheren Leistungsanforderungen und Anspruchshaltungen konfrontiert, denen sie als unvollkommen qualifizierte Freizeitpolitikerinnen und -politiker nicht immer mühelos gerecht werden können. Dazu zählt neben sorgfältigen und nachprüfbaren Geschäftsführungen und anspruchsvollen wie detailliert reglementierten Vollzugsaufgaben (wie etwa im Bauwesen) auch der Erwartungsdruck einer speditiven Erledigung der Aufgaben seitens der Bevölkerung. Die zeitlich begrenzte Verfügbarkeit und Präsenz der Miliztätigen in ihrem Amt erschwert denn auch die arbeitsteilige Koordination und Kommunikation mit der Verwaltung und den anderen Milizgremien. Zudem geht die mit der beschränkten Einsatzfähigkeit einhergehende Fokussierung auf das Tagesgeschäft zulasten der Verfolgung langfristig angelegter Projekte und konzeptionell-strategischer Anliegen.

Ferner steht ein Engagement im Milizwesen nicht allen Bevölkerungssegmenten gleichermassen offen. Der vermeintlichen und theoretisch angedachten Vielfalt an Laienpolitikerinnen und Laienpolitikern sind Grenzen gesetzt, da sich ein solches Ehrenamt nicht jede oder jeder leisten kann oder darf. Personen, die einen gewissen sozioökonomischen Status aufweisen und mitunter auf ein gesichertes Einkommen, eine hohe formale Bildung und in den meisten Orten auf das Schweizer Bürgerrecht zurückgreifen können, erbringen zum grössten Teil (und immer mehr) die unbezahlte Arbeit im Milizwesen (Geser et al. 2011; Ketterer et al. 2015b). Mit anderen Worten: Die lokale Politik der Schweiz verzeichnet eine elitäre Schlagseite und wird eher von den «haves» als von den «have-nots» gestaltet: «Die Unentgeltlichkeit oder bloss teilweise Entschädigung führt zu einer sozialen Diskriminierung, die oft übersehen wird» (Linder und Mueller 2017: 92). Schliesslich wird angemerkt, dass die hauptberuflichen Beziehungen und Erfahrungen der Miliztätigen durchaus Interessenkollisionen heraufbeschwören können. Insbesondere fehlende angemessene Vergütungen würden die Behördenmitglieder zu intransparenten Vorteilsnahmen verführen und die Grenzziehung zwischen privatem und öffentlichem Interesse verwischen (Linder und Mueller 2017: 93).

1.4 Milizarbeit in Zahlen

Rund drei Viertel der Bevölkerung bekunden ihren Stolz über das Milizsystem der Schweiz (GfS 2017). Nichtsdestotrotz mehren sich seit geraumer Zeit die Stimmen, die diesem bürgerschaftlichen Organisationsprinzip eine Angebotskrise mit sich abwendenden Bürgerinnen und Bürgern attestieren. Dies mag zunächst einmal überraschen, stellt die bürokratisch geprägte Dienstleistungsgesellschaft von heute doch eher als die traditionelle landwirtschaftlich-gewerbliche Gesellschaft von früher eine grosse Anzahl an Bürgerinnen und Bürgern bereit. Diese sollten in ihrer normalen Berufstätigkeit nützliche Fertigkeiten erwerben, die ein Milizamt nicht als gänzlich fremde Welt erscheinen lassen (Geser 2015: 78).

Expertenschätzungen zufolge besetzten Ende der 1980er-Jahre rund 150 000 Personen in den damals über 3000 Gemeinden ein Milizamt (Ladner 2015: 108). In den heute 2212 Gemeinden (Stand 1.1.2019) können rund 15 000 amtierende Gemeinderätinnen und Gemeinderäte veranschlagt werden.[10] Bei schätzungsweise 17 000 Mitgliedern der Gemeindeparlamente und rund 70 000 Bürgerinnen und Bürgern in den lokalen Kommissionen dürften heutzutage um die 100 000 Personen in der Schweiz Milizarbeit leisten. Bisweilen belaufen sich die Schätzungen jedoch auf nur noch 93 000 Miliztätige, die das Rückgrat der lokalen Schweizer Demokratie bilden.[11]

Ein Blick auf die Entwicklung der Freiwilligenarbeit verrät darüber hinaus, dass sich das Reservoir an freiwillig Tätigen in der Schweiz seit Ende der 1990er-Jahre tendenziell in nahezu jedem Bereich verkleinert.[12] Nach Tätigkeitsbereichen differenzierte Zahlen der Schweizerischen Arbeitskräfteerhebung (SAKE) legen zudem offen, dass dieser Schwund insbesondere und mit grosser Wucht die Milizdemokratie erfasst (vgl. Abbildung 1.1). Von allen Bereichen der institutionalisierten Freiwilligkeit sind die Rückgänge seit Ende der 1990er-Jahre bei den ausführenden Tätigkeiten (73 Prozent) und den Führungsaufgaben (68 Prozent) des Milizwesens am stärksten ausgeprägt.

---

10 Die jüngste Exekutivmitgliederbefragung im Jahr 2017 richtete sich an 15 380 Personen (Ladner 2019).

11 Diese Zahl bezieht sich auf einen Bericht in der *Neuen Zürcher Zeitung*, 3. Oktober 2017, in dem erste Auswertungen des Gemeindemonitors 2017 berichtet werden.

12 Die diesbezügliche Fragestellung lautete: «Wir interessieren uns jetzt für alle Ihre ehrenamtlichen oder freiwilligen Tätigkeiten, die Sie für einen Verein, für eine Organisation oder eine öffentliche Institution ausüben. Haben Sie in den letzten vier Wochen eine oder mehrere solche Tätigkeiten ausgeführt?»

34 | 1 Einleitende Bemerkungen

Abbildung 1.1: Entwicklung der Freiwilligenarbeit in der Schweiz im Zeitraum von 1997 bis 2016 (ausführende Tätigkeiten und Führungsaufgaben)

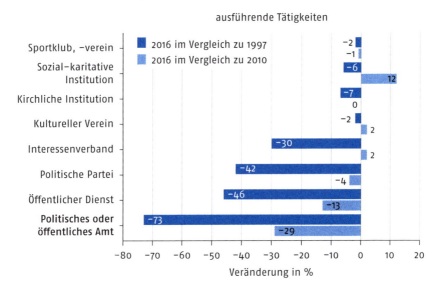

Anmerkungen: eigene Berechnungen; dargestellt sind die Veränderungen des Jahrs 2016 im Vergleich zu 1997 beziehungsweise 2016 versus 2010; die Werte für die Sportvereine, kulturellen Vereine und Interessenverbände beziehen sich auf den Zeitraum zwischen 2000 und 2016; angesichts des vollzogenen Systemwechsels bei der SAKE im Jahr 2010 beziehen sich die Vergleichswerte von 2016 mit 1997 jeweils auf die Erhebungen im zweiten Quartal eines Jahrs.

Auch ein kürzerer Zeithorizont macht die besondere und prekäre Situation des Milizsystems deutlich: Während die Zahl der Freiwilligen seit 2010 in manchen Bereichen nahezu stabil geblieben ist oder je nach Art der Tätigkeit (ausführende Aufgaben oder Führungsaufgaben) sogar leicht zugenommen hat, ergeben sich für das politische Engagement im Milizwesen eindeutig rückläufige Werte (Rückgänge von 25 und 29 Prozent zwischen 2010 und 2016). Das landauf, landab hörbare Wehklagen über die abnehmende Bereitschaft zum politischen Engagement widerspiegelt sich in den Umfragedaten zweifelsfrei. Zusammenfassend kann man sagen: Es findet sich zunehmend Sand im zivilgesellschaftlichen Getriebe der Schweiz. Der soziale und politische Kitt droht an einigen Stellen porös zu werden. Risse tun sich vor allem dort auf, wo das spassige Miteinander auch soziale Verpflichtungen und gemeinwohlorientierte Verbindlichkeiten einfordert (Freitag 2016). Das beste Beispiel dafür ist das darbende Milizwesen.

Die öffentlich diskutierten Ursachen dieser Entwicklungen auf der lokalen Ebene sind vielfältig. Sie reichen von der fehlenden Schlagkraft der Ortsparteien, von abnehmenden Entscheidungskompetenzen und zugleich steigender Komplexität der Aufgaben über zu gering bemessene Entschädigungen, fehlende Wertschätzung, aber hohen Erwartungsdruck seitens der Öffentlichkeit bis hin zu mangelnder Unterstützung der Arbeitgeber. Neben den sich daraus speisenden Motivationsdefiziten untergraben die seit Längerem feststellbare Individualisierung der Lebenswelten und damit induzierte Prioritätenverschiebungen die Bereitschaft, sich in den Gemeindebehörden zu engagieren (Ladner 2015; Müller 2015b, 2018).

Vor diesem Hintergrund scheint es geradezu unerlässlich, sich eingehend mit den Rahmenbedingungen der Miliztätigen zu beschäftigen. Wer widmet sich der Milizarbeit auf lokaler Ebene? Wie schätzen die Behördenmitglieder ihre Arbeitssituation ein? Welche Motive treiben sie an? Welche Unzufriedenheitspotenziale können ausgemacht werden, und welche der weiterum diskutierten Reformen und Verbesserungen könnten die Lage in den Augen der Betroffenen entschärfen? Diese und weitere Fragen werden in der vorliegenden Studie erörtert. Die hierfür nötigen Informationen wurden zwischen Oktober 2017 und Januar 2018 mit einer schweizweiten Onlinebefragung von rund 1800 Miliztätigen in den Exekutiven, Legislativen und Kommissionen 75 ausgewählter Gemeinden mit 2000 bis 30 000 Einwohnerinnen und Einwohnern erhoben.[13] Wohl wissend, dass Ausläufer des Milizwesens auf jeder staatlichen Ebene vorzufinden sind, konzentrieren wir uns in unserer Analyse auf das politische Leben in den Schweizer Gemeinden. Dieser Auswahl liegen die folgenden Argumente zugrunde.

Zum Ersten sind die erwähnten Ermüdungsanzeichen in der Beteiligungsbereitschaft vor allem auf der lokalen Ebene zu verzeichnen. Mehr als die Hälfte aller Schweizer Gemeinden berichtet von Schwierigkeiten, genügend Personal für die zu besetzenden Milizämter zu finden (Ladner 2015; Müller 2015b: 173). Im Gegensatz zum Überangebot von Kandidierenden bei nationalen Wahlen werden Exekutivmitglieder in den Gemeinden meist ohne umstrittene Wahl und direkte Konkurrenz bestellt (Dlabac et al. 2015). Fast immer treten nur gerade so viele Kandidierende an, wie Ämter zu besetzen sind. Angesichts des Mangels an geeigneten Kandidaturen mehren sich die Berichte von der Anstellung auswärtiger Geschäftsführerinnen und Geschäftsführer, von der Einsetzung kantonaler Sachverwalterinnen und Sachverwalter und vom möglichen Einsatz des Amtszwangs.[14]

Zum Zweiten treffen wir auf der lokalen Ebene weitaus häufiger auf die nebenamtliche Erledigung öffentlicher Aufgaben als in den Gremien der Kantone und vor allem des Bundes. Während die Arbeit in den kantonalen Legislativen nach wie vor hauptsächlich milizförmig ausgeführt wird, vollziehen die eidgenössischen Räte immer deutlicher den Wandel hin zum Vollzeitberufsparlament (Bundi et al. 2017; Bütikofer 2015; Feh Widmer 2015; Vatter 2018).[15] Die Exekutivmitglieder in den Kantonen wie

---

13 Von 3770 angeschriebenen Miliztätigen nahmen 1792 Personen an der Befragung teil, was einer Antwortquote von 47,5 Prozent entspricht. Darin enthalten sind auch einige ehemalige Miliztätige sowie Personen, die weniger als 5 Prozent des Fragebogens ausgefüllt haben. Diese wurden nicht in die Analysen einbezogen. Ohne diese Personen beläuft sich unsere Stichprobe auf 1716 Befragte. Details zur Befragung liefert der Methodenbericht zur Studie (siehe: http://www.ipw.unibe.ch/freitag).

14 Siehe beispielsweise *Aargauer Zeitung,* 8. Juni 2018 (Onlineversion), *Limmattaler Zeitung,* 4. Januar 2018 (Onlineversion); *Neue Zürcher Zeitung,* 5. September 2017, 11. Januar 2018, 11. April 2018, 31. Juli 2018; *Tages-Anzeiger,* 29. Juni 2016.

15 Allerdings bestehen zum Teil erhebliche Unterschiede im Vergleich der Kantonsparlamente (Vatter 2018).

auch die Bundesrätinnen und Bundesräte können ohnehin weitgehend als Berufspolitikerinnen und Berufspolitiker klassifiziert werden.

Zum Dritten greift eine Untersuchung der Zustände in den lokalen Demokratien der Schweiz nach den historischen Wurzeln des Milizwesens. Die Idee einer milizförmigen, sprich «herrschaftsfremden Selbstverwaltung» der Schweizer Bürgerinnen und Bürger ist auf die Schweizer Alteidgenossenschaften des 13. und 14. Jahrhunderts zurückzuführen, in der die nebenamtliche Gestaltung der lokalen Politik die Zentralisierung von Macht brechen und der Herausbildung von Sonderinteressen Schranken setzen sollte (Geser 1987: 16 f.). Als Urzellen des Milizsystems gelten nach Riklin (1982b: 223) neben dem Militärdienst die Landsgemeinde und die landwirtschaftliche Allmende.[16]

Unser Vorhaben wird mit den folgenden Schritten umgesetzt: Im Folgenden Kapitel 2 liefern wir auf der Basis unserer Milizbefragung zunächst einen Einblick in die Rahmenbedingungen der Milizarbeit in der Schweiz und deren Beurteilung durch die Mitglieder der Exekutive, Legislative und der Kommissionen auf lokaler Ebene. Zur Sprache kommen unter anderem die zeitliche Belastung durch die Milizarbeit, die Einschätzung der Entschädigungen, die Bewertung der Unterstützung durch die Arbeitgeber oder die Haltung zur Frage nach der Vereinbarkeit des Amts mit Beruf und Familie. Kapitel 3 gibt Aufschluss über die soziodemografischen Profile der Miliztätigen in den verschiedenen Behörden der Gemeinde. Darüber hinaus werden erstmalig auch Charakterzüge der Schweizer Milizpolitikerinnen und Milizpolitiker präsentiert. Kapitel 4 erörtert Motive, Anstösse und Schwierigkeiten der Milizarbeit in den Exekutiven, Legislativen und Kommissionen auf lokaler Ebene. Zudem wird analysiert, worauf mögliche Unterschiede in der Zufriedenheit mit der Miliztätigkeit zurückzuführen sind. Kapitel 5 widmet sich den verschiedenen Modellen der Gemeindeführung und bespricht deren Beziehung zur wahrgenommenen Belastung der Gemeinderätinnen und Gemeinderäte. Dabei ist von besonderem Interesse, ob eine Professionalisierung in

---

16 Als Beispiel können die Geteiltschaften als Arbeits- oder Besitzkollektive im Kanton Wallis angeführt werden. In deren Pflichtenheft standen die Übernahme von Ämtern zur Nutzungsregelung gemeinsamer Güter sowie die Teilnahme am Gemeinwerk, das unter anderem die Errichtung und den Unterhalt der Suonen (Wasserzufuhren) seit dem 14. Jahrhundert bewerkstelligte (Niederer 1956).

der Gemeindeorganisation als spürbare Entlastung der Exekutivmitglieder wahrgenommen wird. In Kapitel 6 steht die Zukunft des Milizsystems im Vordergrund. Dabei werden die in Politik und Öffentlichkeit diskutierten Reformvorschläge auf den empirischen Prüfstand gestellt. Zum einen wird die Meinung der Miliztätigen in den drei kommunalen Behörden zu den debattierten Massnahmen eingeholt. Zum anderen werden in einem experimentellen Verfahren die aus Sicht der Betroffenen unverzichtbaren Fundamente des künftigen Milizamts präsentiert.

Die Ausführungen im vorliegenden Band setzen sich zum Ziel, die wesentlichen Erkenntnisse anhand beschreibender statistischer Verfahren und grafischer Illustrationen mit einer allgemein verständlichen Sprache mitzuteilen. Diese Vorgabe schränkt häufig den Einsatz weiterführender und komplexerer Methoden der empirischen Sozialforschung ein. Insofern sind unsere hier präsentierten Befunde als erste Hinweise auf vertiefend zu untersuchende Zusammenhänge zu werten, deren vorläufiger Charakter durch weitere empirische Härtetests (etwa in multivariaten Verfahren) zu überprüfen wäre.

2 Politische Milizarbeit in der Gemeinde. Einblicke in die Rahmenbedingungen

Wenn wir im Folgenden von Milizarbeit sprechen, beziehen wir uns auf die Tätigkeiten und politischen Ämter in der lokalen Gemeindeexekutive, dem Gemeindeparlament und den ortsansässigen Kommissionen. Die *Gemeindeexekutiven* werden in der Regel aus einem Kollegialorgan gebildet, das üblicherweise Gemeinderat genannt wird und 3 bis 30 Personen umfasst (Geser et al. 2011). Diese Bezeichnung wird allerdings nicht einheitlich verwendet. In den Städten des Kantons Zürich wird die Exekutive beispielsweise als Stadtrat bezeichnet, die Legislative heisst hier (grosser) Gemeinderat. Die Ämter in den kommunalen Exekutiven werden in der Schweiz normalerweise im Teil- oder Nebenamt ausgeübt (Ladner 2015). Dies ist unter anderem auf die Tatsache zurückzuführen, dass in der Schweiz bis heute viele kleine Gemeinden vorhanden sind. Zum Jahr 2019 verteilen sich die gut 8,4 Millionen Einwohnerinnen und Einwohner auf 2212 Gemeinden, was zu einer Durchschnittsgrösse von etwa 3798 Ansässigen pro Gemeinde führt. Seit 1850 sind fast 1000 Gemeinden von der Bildfläche verschwunden. Die vergleichsweise geringen Gemeindegrössen in der Schweiz tragen dazu bei, dass die Auslastung der Gemeinderätinnen und Gemeinderäte nicht für die Einrichtung von Vollpensen ausreicht (Geser et al. 2011: 5). Lediglich in den grösseren Städten üben die Exekutivmitglieder ihre Mandate vollamtlich aus, hinzu kommen einzelne Kantone (St. Gallen, Thurgau), in denen zumindest das Gemeindeoberhaupt vollamtlich oder mit einem höheren Teilzeitpensum tätig ist. Hier zeigen sich durchaus Anzeichen einer zunehmenden Verberuflichung der Milizarbeit und des damit einhergehenden Wandels vom ehrenamtlichen zum professionellen Status (Bogumil et al. 2017: 43).[17] Im

---

17 Professionalisierung wird «als ein schleichender Prozess der informellen Verberuflichung des kommunalen Ehrenamts» verstanden (Bogumil et al. 2017: 43).

Mittelpunkt steht dabei die Frage, ob die inhaltliche Vielschichtigkeit der Aufgaben und der Zeitaufwand der Exekutivmitglieder eine Ausübung des Mandats im Ehrenamt überhaupt noch ermöglichen (Reiser 2010).

Ein weiteres Arbeitsfeld der Miliztätigen auf der lokalen Ebene bilden die *Gemeindeparlamente*. Diese ersetzen in etwa einem Fünftel der Gemeinden die Gemeindeversammlungen. Sie sind vornehmlich in den französischsprachigen Kantonen, aber auch in grösseren Gemeinden der Deutschschweiz verbreitet (Ladner und Bühlmann 2007). Schliesslich bildet das *Kommissionswesen* einen zahlenmässig sehr bedeutsamen Bereich des politischen Milizsystems auf Gemeindeebene. Im Vergleich zu den Gemeindeexekutiven haben diese Gremien einen sachlich spezifischen Aufgabenkreis bei gleichzeitig eingeschränkten Kompetenzen. Besonders häufig sind Rechnungsprüfungs- und Geschäftsprüfungskommissionen, hinzu treten verschiedene Spezialkommissionen, zum Beispiel in den Bereichen des Bau- und Planungswesens sowie der Finanzen und Steuern (Geser 1997). Ein besonderer Stellenwert kommt den Schulpflegen zu, da sie den Gemeindeexekutiven nebengeordnet sind. Sie fungieren als Schulverwaltungs- und Aufsichtsbehörden und verfügen über selbstständige Entscheidungsbefugnisse. Zu ihren Aufgaben zählen die strategische Führung der Schulen, die Anstellung und Beurteilung der Lehrkräfte und der Schulleitungen sowie die Überwachung der Einhaltung kantonaler Vorgaben. Die Mitglieder der Schulpflege werden vom Volk gewählt. Das Kommissionswesen ermöglicht einerseits die Partizipation interessierter Personen an der Verwaltung von Gemeinden und Schulen. Andererseits ist es ein Mittel, die in der Bevölkerung vorhandenen Kompetenzen und Fertigkeiten aus der Berufswelt kostengünstig für öffentliche Belange nutzbar zu machen (Geser 1997).

Während sich in den Gemeinderäten der Schweiz vereinzelt auch teil- oder vollamtlich waltende Personen finden lassen, werden sowohl das Engagement in den Kommissionen als auch die Tätigkeit in den lokalen Parlamenten nahezu ausschliesslich ehrenamtlich ausgeführt (Ladner 2015: 109). Das politische Geschehen auf kommunaler Ebene wird damit weitgehend von politischen Laien bestimmt, die sich nach Feierabend ihrer ehrenamtlichen Tätigkeit für die Gemeinde widmen. Demgegenüber wird auf Bundes- und Kantonsebene seit geraumer Zeit ein unaufhaltsamer Trend in Richtung einer stärkeren Professionalisierung ausgemacht (Bütikofer 2015; Riklin 1982a). Auch wenn der Schweizer National- und Ständerat in den offiziellen Publikationen des Bundes teilweise als Milizparlament bezeichnet wird (Schweizerische Bundeskanzlei 2018), teilen wissenschaftliche Arbeiten diese Einschätzung schon seit Längerem nicht mehr. Hier hat sich vielmehr der Begriff des «Halbberufsparlaments» etabliert (Riklin und Möckli 1990; Vatter 2016).[18]

Pro Jahr finden im eidgenössischen Parlament vier Sessionen (Sitzungsperioden) statt, die in der Regel jeweils drei Wochen dauern. Gesamthaft ergibt dies 50 bis 60 Sitzungstage jährlich. Diese Zahl ist über die letzten Jahrzehnte hinweg konstant geblieben, obwohl die Menge der behandelten Geschäfte deutlich zugenommen hat. So hat sich die Anzahl der Sachvorlagen pro Legislaturperiode innerhalb von 30 Jahren verdreifacht (Bütikofer 2015: 86). Dies kann einerseits auf die stärkere Verflechtung von nationaler und internationaler Politik zurückgeführt werden, andererseits aber auch eine gestiegene Aktivität der Ratsmitglieder in Form von Vorstössen anzeigen. Um die gewachsene Zahl der Geschäfte bewältigen zu können, wurden auf Bundesebene zwischen 1992 und 2017 insgesamt 23 Sondersessionen einberufen, weil die ordentlichen Sessionen zum Abbau der Geschäftslast nicht ausreichten (Parlamentsdienste 2017b). Hinzu kommen die Sitzungen der Kommissionen, die in der Regel ausserhalb der Sessionen stattfinden und einen grossen Teil der parlamentarischen Arbeit ausmachen. Besonders stark davon betroffen sind die Mitglieder des Ständerats, die wegen der deutlich geringeren Grösse der zweiten Kammer in doppelt so vielen Kommission Einsitz nehmen wie ihre Kolleginnen und Kollegen aus dem Nationalrat (Vatter 2016: 281).

Gemessen an der zeitlichen Beanspruchung ist über die Jahre ebenfalls eine Tendenz zu einer verstärkten Professionalisierung zu erkennen.[19] Je mehr Zeit für die Milizarbeit aufgewendet wird, desto stärker entfernt sie sich von der Idee eines Nebenamts (Bütikofer 2015: 87; Sciarini et al. 2017). So ist der Anteil der Ratsmitglieder, die ihr Amt hauptberuflich (sprich mit mehr als zwei Dritteln der regulären Arbeitszeit) ausüben, während der letzten vier Jahrzehnte von 27 auf 47 Prozent gestiegen

---

18 Die Mitglieder der Landesregierung gehen ihrer Arbeit dagegen ohne Zweifel vollamtlich nach.

19 Allerdings legen Forschungen auch nahe, dass die zeitliche Belastung durch unbezahlte Arbeit von Befragten tendenziell überschätzt wird (Wilson 2012: 178).

(Eberli et al. 2014: 12).[20] Spiegelbildlich dazu hat sich der Anteil der Ratsmitglieder, die ihr Amt nebenberuflich (also mit weniger als einem Drittel der regulären Arbeitszeit) ausüben, von 24 auf 5 Prozent reduziert. Als Milizpolitikerinnen und -politiker waren zwischen 2003 und 2007 im Nationalrat 13 Prozent der Befragten zu qualifizieren. Im Ständerat wurde ein derart geringer Arbeitsaufwand in der 47. Legislaturperiode gar nicht erst berichtet (Bütikofer 2015: 89f.).[21] Für ihre Mandatstätigkeit erhalten die Nationalrats- und Ständeratsmitglieder heute im Durchschnitt etwa 125 000 beziehungsweise 139 000 Franken pro Jahr aus der Bundeskasse (Parlamentsdienste 2017a).

Auf kantonaler Ebene bilden die Parlamente das wesentliche Betätigungsfeld für Milizpolitikerinnen und Milizpolitiker (Bütikofer 2015). Im Schnitt investieren die dortigen Ratsmitglieder rund 21 Prozent eines Vollzeitpensums in ihr politisches Amt, wobei erhebliche Unterschiede zwischen den Kantonen bestehen (Bundi et al. 2017).[22] Dies gilt auch für die Entschädigungen. Die niedrigsten Taggelder werden heute in den Kantonen Appenzell Innerrhoden und Uri ausbezahlt, am höchsten fallen die Beträge in der Waadt und in Obwalden aus.[23]

---

20   Während in der 47. Legislaturperiode (2003–2007) knapp 60 Prozent der Ständeratsmitglieder mindestens zwei Drittel ihrer gesamten Arbeitszeit für ihr parlamentarisches Mandat aufwendeten, traf dies im Nationalrat nur auf rund 30 Prozent der Mitglieder zu (Bütikofer 2015: 89f.).

21   Sciarini et al. (2017) taxieren den Gesamtbeschäftigungsgrad der Nationalratsmitglieder in der 49. Legislaturperiode (2011–2015) auf 87 Prozent (1754 Stunden pro Jahr) und jenen der Ständeratsmitglieder auf 71 Prozent (1431 Stunden pro Jahr).

22   Während in den beiden Landsgemeindekantonen Appenzell Innerrhoden und Glarus die Ratsmitglieder etwa 7 Prozent eines Vollzeitäquivalents für ihr Mandat einsetzen, beläuft sich der Durchschnittswert in Zürich, Waadt und Genf auf mehr als 30 Prozent.

23   Die Entschädigungssysteme der kantonalen Parlamente unterscheiden sich erheblich zwischen den Kantonen. Während in einzelnen Kantonen neben den allgemein üblichen Taggeldern Pauschalentschädigungen für den Vor- und Nachbereitungsaufwand der Parlamentsangehörigen existieren, verzichten die meisten Kantone auf diese Form der Vergütung. Die Taggelder, mit denen grundsätzlich der Aufwand für die Sitzungen abgegolten wird, beziehen sich in einem Teil der Kantone auf einen ganzen oder halben Tag, in

2.1 Zeitliche und inhaltliche Belastung der Milizarbeit auf lokaler Ebene

Mit der Amtsausübung geht auch auf Gemeindeebene ein nicht unerheblicher zeitlicher Aufwand einher. Bei einer nationalen Befragung von Exekutivmitgliedern im Jahr 2009 wurde der durchschnittliche Mandatsaufwand für ein Gemeindepräsidium mit 16 Stunden pro Woche angegeben. Bei den übrigen Mitgliedern der Gemeindeexekutiven waren es über alle Gemeindegrössenklassen hinweg zwischen acht und zehn Stunden pro Woche, wobei der zeitliche Aufwand mit der Einwohnerzahl stark zunimmt (Geser et al. 2011: 127). Dies bleibt nicht folgenlos für die hauptberufliche Tätigkeit: So sinkt der Anteil vollzeitbeschäftigter Exekutivmitglieder von etwa 75 Prozent in Kleinstgemeinden auf ungefähr 50 Prozent in Städten mit mehr als 10 000 Personen (Geser et al. 2011: 29).

Die Auswertungen unserer Befragung in 75 Schweizer Gemeinden mit 2000 bis 30 000 Einwohnerinnen und Einwohnern bringen für die Exekutivmitglieder mit 40 Stunden pro Monat ähnliche Belastungen hervor (vgl. Abbildung 2.1). Während die Parlamentarierinnen und Parlamentarier von 16 Stunden monatlich berichten, geben die Kommissionsmitglieder zwölf Stunden bekannt. Das zeitliche Engagement der Gemeindeparlaments- und Kommissionsmitglieder entspricht in etwa den Aufwendungen der in der Schweiz engagierten Freiwilligen und Ehrenamtlichen, die im Durchschnitt etwa 4,5 Stunden pro Woche für ihre Tätigkeit aufwenden (Freitag et al. 2016: 56). Parallelen lassen sich auch zu einer Befragung von Legislativmitgliedern auf Gemeinde- und Kreisebene im deutschen Bundesland Nordrhein-Westfalen ziehen. In Gemeinden mit weniger als 20 000 Einwohnerinnen und Einwohnern, die am ehesten dem von uns verwendeten Sample entsprechen, liegt die zeitliche Belas-

---

anderen Kantonen dagegen auf Sitzungen oder Sitzungsstunden, wobei einzelne Kantone Zuschläge für Sitzungen entrichten, die eine bestimme Dauer überschreiten. Eine besondere Lösung hat der Kanton Obwalden gewählt, wo die Taggelder zugleich als Spesenersatz gelten, der in den meisten anderen Kantonen einen gesonderten Entschädigungsposten darstellt. Folgerichtig differenziert der Kanton Obwalden beim Taggeld nach dem Wohnort der Parlamentsangehörigen, um die unterschiedlich hohen Aufwände der An- und Abreise zu berücksichtigen (vgl. Interessengemeinschaft Kantonsparlamente 2017).

2 Politische Milizarbeit in der Gemeinde. Einblicke in die Rahmenbedingungen

Abbildung 2.1: Zeitlicher Aufwand der Mandatswahrnehmung in den lokalen Behörden

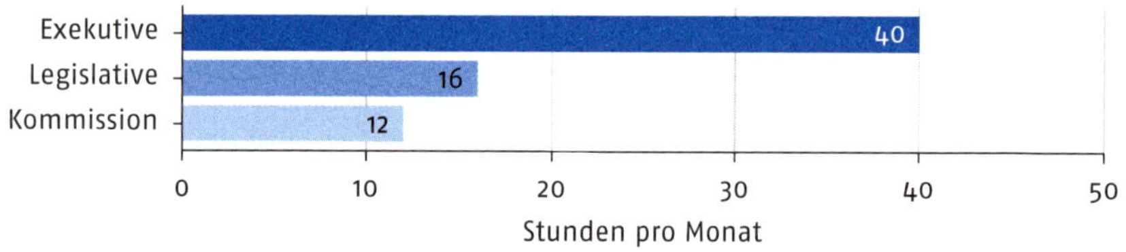

Behörde	Stunden pro Monat
Exekutive	40
Legislative	16
Kommission	12

Anmerkung: Dargestellt sind Durchschnittswerte in Stunden pro Monat.

tung bei 23 Stunden pro Monat beziehungsweise bei 20 Stunden, wenn lediglich einfache Legislativmitglieder ohne Zusatzfunktion (wie Fraktionsvorsitz) betrachtet werden (Bogumil et al. 2017: 44 und 46). Für die Parlamentarierinnen und Parlamentarier zeigt sich bei unserer Erhebung ein signifikanter Anstieg der zeitlichen Belastung mit zunehmender Gemeindegrösse. Dies ist auch bei der Befragung der nordrhein-westfälischen Ratsmitglieder der Fall. Allerdings ist die Vergleichbarkeit der beiden Erhebungen aufgrund der sehr unterschiedlichen Gemeindestrukturen und insbesondere der viel grösseren Gemeinden in Nordrhein-Westfalen eingeschränkt. Für die Exekutiv- und Kommissionsmitglieder in der Schweiz steigt der Gesamtaufwand zwar ebenfalls mit der Gemeindegrösse, allerdings ist der Zusammenhang nicht signifikant (hier nicht dokumentiert).[24]

Wie verteilt sich die zeitliche Belastung auf verschiedene mit dem Amt verbundene Aktivitäten? Abbildung 2.2 gibt hierüber Auskunft. Erwartungsgemäss zeigt sich, dass die zeitliche Belastung der Exekutivmitglieder bei allen genannten Aktivitäten am höchsten ist, während sie für die Kommissionsmitglieder typischerweise am geringsten ausfällt. Relativ viel Zeit beanspruchen bei allen Behördenkategorien das Aktenstudium beziehungsweise die Vorbereitung von Sitzungen sowie die Sitzungen selbst. Bei den Exekutivmitgliedern stellt der Austausch mit der Verwaltung einen weiteren wichtigen Posten dar. Eher wenig Zeit fordern Medienkontakte, öffentliche Auftritte und die Beschäftigung mit sozialen Medien ein. Die entsprechenden Fragen nach dem Aufwand für die ge-

---

24 Die Kommissionsmitglieder sind überwiegend in einer (61 Prozent) oder zwei Kommissionen (24 Prozent) vertreten. Nur ein kleiner Anteil von knapp 3 Prozent hat Einsitz in mehr als fünf Kommissionen.

2.1 Zeitliche und inhaltliche Belastung der Milizarbeit auf lokaler Ebene | 45

Abbildung 2.2: Zeitaufwand in den lokalen Behörden

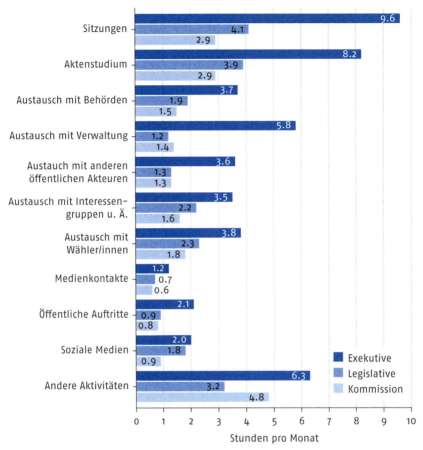

Anmerkung: Dargestellt sind Durchschnittswerte in Stunden pro Monat. Bei der Interpretation ist zu beachten, dass sich die Anzahl der zugrunde liegenden Antworten zwischen den einzelnen Items stark unterscheidet.

nannten Aktivitäten wurden auch von deutlich weniger Miliztätigen beantwortet als beispielsweise die Frage nach dem Zeitbedarf für eine Sitzung. Noch stärker gilt dies für die Frage nach der Zeitintensität anderer Aktivitäten, die nur von wenigen Personen beantwortet wurde (nur etwa 10 Prozent im Vergleich zur Frage nach der Dauer von Sitzungen).

Die landläufig wahrnehmbaren Klagen über eine zunehmende Belastung der Mandatsträgerinnen und Mandatsträger findet ihren Widerhall in den empirischen Daten: In Bezug auf die mit der Amtsführung einhergehende zeitliche Bürde stellen 52 Prozent aller Befragten eine Zunahme während ihrer Amtszeit fest.[25] Unterschiede in Abhängigkeit von der Gemeindegrösse oder von der Sprachregion (Deutschschweiz versus lateinische Schweiz) sind allerdings nicht festzustellen (hier nicht dokumentiert). Dagegen zeigen sich hochsignifikante und damit überzufällige Unterschiede zwischen den verschiedenen Milizgruppen. Lokale Exekutivmitglieder stellen eine stärkere Zunahme ihrer zeitlichen Beanspruchung fest als ihre Kolleginnen und Kollegen aus den Parlamenten. Noch geringer fällt der Anstieg bei den Kommissionsmitgliedern aus (Abbildung 2.3). In Zahlen: 63 Prozent der Gemeinderätinnen und Gemeinderäte berichten von einer zunehmenden Belastung, dasselbe gilt für etwas mehr als die Hälfte der Parlaments- und für 43 Prozent der Kommissionsmitglieder. Untersucht man die Unterschiede im Antwortverhalten der drei Gruppen in Abhängigkeit von der bereits absolvierten Amtszeit, berichten insbesondere diejenigen Exekutivmitglieder von einem Anstieg der zeitlichen Belastung, die seit mindestens fünf Jahren im Amt sind (hier nicht dokumentiert). Gemeinderätinnen und Gemeinderäte mit weniger als fünf Amtsjahren stellen indes häufiger eine gleichbleibende zeitliche Beanspruchung fest. Auch die Parlamentsangehörigen mit maximal einer Legislaturperiode berichten häufiger von einer gleichbleibenden zeitlichen Belastung. Langjährige Parlamentarierinnen und Parlamentarier mit 20 und mehr Amtsjahren nehmen hingegen häufiger eine Abnahme der Beanspruchung wahr, was sich wohl hauptsächlich auf ihre Routine und Erfahrung zurückführen lässt. Für Kommissionmitglieder schliesslich zeigen sich keine Unterschiede im Antwortverhalten in Abhängigkeit von der absolvierten Amtszeit.

---

25 Die Werte für alle Befragten lassen sich nicht aus den in den Abbildungen dargestellten Werten der einzelnen Subgruppen ableiten, da die Anzahl der Befragten zwischen den Behörden variiert. Beispielsweise fällt die Anzahl befragter Exekutivmitglieder geringer aus als jene der Parlaments- und Kommissionsmitglieder. Dementsprechend beeinflusst der in Abbildung 2.3 dargestellte Mittelwert für die Exekutivmitglieder den Gesamtmittelwert weniger stark. Entsprechendes gilt bei der Auswertung für andere Subgruppen (etwa bezüglich Alter oder Geschlecht): Auch hier sind die Gruppengrössen nicht identisch, sodass die Gesamtmittelwerte nicht aus den Mittelwerten der Subgruppen errechnet werden können.

2.1 Zeitliche und inhaltliche Belastung der Milizarbeit auf lokaler Ebene | 47

Abbildung 2.3: Veränderung der mit der Amtstätigkeit verbundenen zeitlichen Belastung in den lokalen Behörden

Anmerkung: Abgebildet sind die gerundeten Anteile der Befragten in Prozent.
Gestrichelter Balken: Der ausgewiesene Wert beruht auf weniger als 30 Beobachtungen.

Ein ganz ähnliches Bild zeigt sich in Bezug auf die Veränderung der inhaltlichen Belastung. Hier nehmen 60 Prozent aller Befragten eine Zunahme wahr, wobei keine Unterschiede in Abhängigkeit von der Gemeindegrösse oder der Sprachregion festzustellen sind (hier nicht dokumentiert). Dagegen offenbaren sich erneut unterschiedliche Einschätzungen für die drei Befragtengruppen, wobei die Exekutivmitglieder von einer besonders starken Zunahme der inhaltlichen Belastung berichten (vgl. Abbildung 2.4). Die Unterschiede im Antwortverhalten der drei Be-

Abbildung 2.4: Veränderung der mit der Amtstätigkeit verbundenen inhaltlichen Belastung in den lokalen Behörden

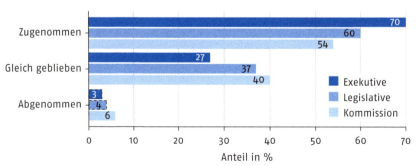

Anmerkung: Abgebildet sind die gerundeten Anteile der Befragten in Prozent.
Gestrichelte Balken: Die ausgewiesenen Werte beruhen auf weniger als 30 Beobachtungen.

fragtengruppen sind hochsignifikant. Wie schon bei der zeitlichen Belastung unterscheiden sich die Einschätzungen auch hier in Abhängigkeit von den bereits absolvierten Amtsjahren. Insbesondere Miliztätige mit weniger als fünf Amtsjahren schätzen die inhaltliche Belastung als konstant ein (hier nicht dokumentiert).

Auch in Hinblick auf die Häufigkeit der Sitzungen zeigen sich deutliche Unterschiede zwischen den Milizbehörden (vgl. Abbildung 2.5). Die Sitzungsfrequenz fällt bei den Parlamenten und Kommissionen deutlich geringer aus als bei Exekutiven. Nur 1 beziehungsweise 3 Prozent der Kommissions- beziehungsweise Parlamentsmitglieder geben einen wöchentlichen Sitzungsrhythmus an, während es bei den Exekutivmitgliedern 26 Prozent sind. Umgekehrt finden bei jeweils 55 Prozent der befragten Parlaments- und Kommissionsmitgliedern Sitzungen seltener als alle vier Wochen statt, wohingegen Exekutivmitglieder nur zu 6 Prozent über so grosse Sitzungsintervalle berichten. Die Unterschiede zwischen den drei Befragtengruppen sind auch hier hochsignifikant. Im Vergleich zur Untersuchung von Geser et al. (2011: 130) treffen sich die Exekutivmitglieder in den von uns befragten Gemeinden deutlich weniger häufig. Während seinerzeit 85 Prozent der Exekutiven mindestens alle zwei Wochen zu Sitzungen zusammenkamen, beläuft sich der entsprechende Anteil in unserer Befragung nur noch auf 68 Prozent.

Abbildung 2.5: Sitzungsrhythmus in den lokalen Behörden

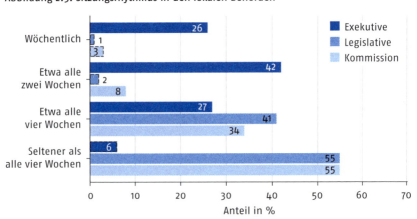

Anmerkung: Abgebildet sind die gerundeten Anteile der Befragten in Prozent.
Gestrichelte Balken: Die ausgewiesenen Werte beruhen auf weniger als 30 Beobachtungen.

2.1 Zeitliche und inhaltliche Belastung der Milizarbeit auf lokaler Ebene

Die Sitzungshäufigkeit variiert bei den Exekutiv- und Legislativmitgliedern deutlich in Abhängigkeit von der Gemeindegrösse. Allerdings ist kein linearer Anstieg mit der Gemeindegrösse festzustellen. So sind für die Exekutiven in Gemeinden mit mindestens 10 000 Einwohnerinnen und Einwohnern Sitzungen im Ein-, Zwei- und Vierwochenrhythmus etwa gleich häufig. Für Exekutiven in Gemeinden mit weniger als 5000 Personen sind zweiwöchentliche Treffen mit Abstand am häufigsten (vgl. Abbildung 2.6). Anders stellt sich die Situation bei den Legislativen dar. Für Gemeinden mit mehr als 10 000 Einwohnerinnen und Einwohnern ist ein vierwöchiger Sitzungsrhythmus die häufigste Variante. Kleinere Gemeinden haben demgegenüber zumeist längere Sitzungsintervalle (vgl. Abbildung 2.7). Für die Kommissionsmitglieder sind keine relevanten Unterschiede bei der Sitzungshäufigkeit nach Gemeindegrösse festzustellen (hier nicht dokumentiert).

Die Sitzungen der Parlamente und Kommissionen finden ganz überwiegend am Abend statt (99 bzw. 90 Prozent), während sich mehr als ein Drittel der Exekutivmitglieder auf Sitzungstermine im Lauf des Tages einrichten muss (vgl. Abbildung 2.8). Die Unterschiede zwischen den drei Gruppen sind erneut hochsignifikant. Dagegen unterscheiden sich die Antworten der Exekutiv- und Legislativangehörigen nicht in Abhängigkeit von der Gemeindegrösse. Nur für die Kommissionsmitglieder zeigt

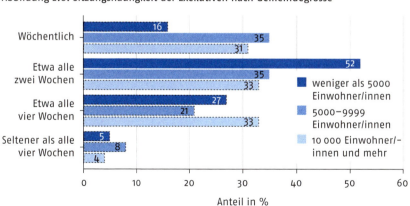

Abbildung 2.6: Sitzungshäufigkeit der Exekutiven nach Gemeindegrösse

Anmerkung: Abgebildet sind die gerundeten Anteile der Befragten in Prozent.
Gestrichelte Balken: Die ausgewiesenen Werte beruhen auf weniger als 30 Beobachtungen.

Abbildung 2.7: Sitzungshäufigkeit der Legislativen nach Gemeindegrösse

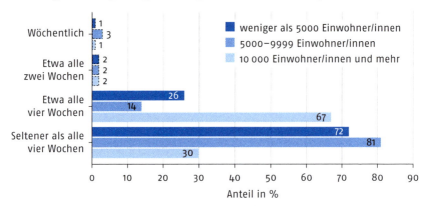

Anmerkung: Abgebildet sind die gerundeten Anteile der Befragten in Prozent.
Gestrichelte Balken: Die ausgewiesenen Werte beruhen auf weniger als 30 Beobachtungen.

sich, dass ihre Sitzungen in Gemeinden mit mehr als 10 000 Einwohnerinnen und Einwohnern häufiger tagsüber stattfinden, als dies bei Unabhängigkeit von der Gemeindegrösse zu erwarten wäre. Der Zusammenhang ist allerdings nicht sehr stark ausgeprägt (hier nicht dokumentiert).

Die übliche Dauer der Sitzungen unterscheidet sich nur unwesentlich zwischen den verschiedenen Milizbehörden und liegt jeweils zwischen zwei und drei Stunden (vgl. Abbildung 2.9). Über alle Befragten hinweg ergibt sich eine mittlere Sitzungsdauer von 2,6 Stunden. Für die Exekutiven und Legislativen ergibt sich ein schwach positiver Zusammenhang

Abbildung 2.8: Sitzungszeitpunkt in den lokalen Behörden

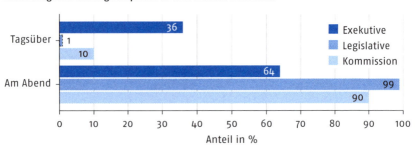

Anmerkung: Abgebildet sind die gerundeten Anteile der Befragten in Prozent.
Gestrichelter Balken: Der ausgewiesene Wert beruht auf weniger als 30 Beobachtungen.

2.1 Zeitliche und inhaltliche Belastung der Milizarbeit auf lokaler Ebene | 51

Abbildung 2.9: Durchschnittliche Sitzungsdauer in den lokalen Behörden in Stunden

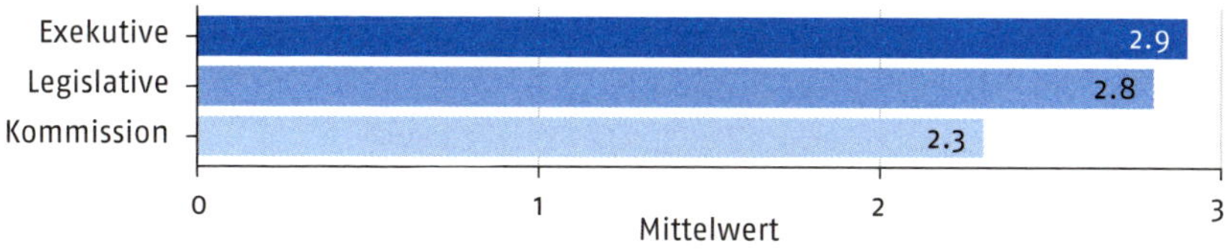

Behörde	Mittelwert (Stunden)
Exekutive	2.9
Legislative	2.8
Kommission	2.3

Anmerkung: Abgebildet ist die durchschnittliche Stundenzahl.

zwischen der Sitzungsdauer und der Gemeindegrösse. Tendenziell steigt demnach die Sitzungsdauer beider Gremien mit der Gemeindegrösse. Dies entspricht dem Befund von Geser et al. (2011: 131) in Bezug auf die Exekutiven. Für die Kommissionen ist kein solcher Zusammenhang festzustellen (hier nicht dokumentiert).

Der relativ grösste Anteil der Befragten kann auf eine Amtstätigkeit von wenigen Jahren zurückblicken (vgl. Abbildung 2.10). Dies gilt insbesondere für die Exekutivmitglieder: Zum Zeitpunkt der Befragung übten 44 Prozent ihr Amt seit weniger als fünf Jahren aus, während nur etwa 6 Prozent von über 20 Amtsjahren berichteten. Die mittlere Amtsdauer für diese Gruppe liegt bei 7,1 Jahren, was dem Ergebnis der Exekutivmitgliederbefragung von Geser et al. (2011: 105) entspricht (dort 7,2 Jahre). Mitglieder der lokalen Parlamente und Kommissionen weisen leicht höhere Amtszeiten auf. Die Mittelwerte liegen bei ihnen bei 8,1 beziehungsweise 8,4 Jahren. Das geringere Sitzleder der Gemeinderätinnen und Gemeinderäte mag mitunter ein Zeichen grösserer Ermüdungs- und Verschleisserscheinungen angesichts der grösseren Sichtbarkeit und Verantwortung des politischen Handelns dieser Milizbehörde sein. Im Vergleich zu den Exekutivmitgliedern sind Miliztätige in der Legislative und in den Kommissionen weniger häufig unter den Amtsträgern mit der geringsten Zahl an Amtsjahren zu finden, während ihr Anteil bei den besonders ausdauernden Miliztätigen in etwa doppelt so hoch ist wie bei den Exekutivmitgliedern. Die in Abbildung 2.10 dargestellten Unterschiede zwischen den Befragtengruppen sind statistisch signifikant. Dagegen besteht kaum ein Zusammenhang zwischen der Gemeindegrösse und der absolvierten Amtszeit. Es lässt sich lediglich feststellen, dass die Exekutivmitglieder in Gemeinden mit 5000 bis 9999 Personen eine leicht längere Amtsdauer aufweisen als in Gemeinden der beiden anderen Grössenkategorien (hier nicht dokumentiert).

Abbildung 2.10: Amtsdauer der Miliztätigen in den lokalen Behörden

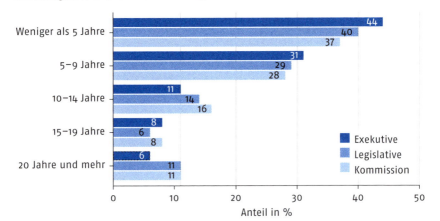

Anmerkung: Abgebildet sind die gerundeten Anteile der Befragten in Prozent.
Gestrichelter Balken: Der ausgewiesene Wert beruht auf weniger als 30 Beobachtungen.

2.2 Entschädigungen der Milizarbeit auf lokaler Ebene

In der Frage nach der Förderung, Steuerung oder Mobilisierbarkeit der politischen Milizarbeit kommt der Idee nach monetären Vergütungen und Anreizen in den politischen Debatten über die Zukunft des Milizwesens eine zentrale Bedeutung zu.[26] Dies obschon die sozialpsychologische Motivforschung vor dem Allheilmittel der Entschädigung bei unbezahlten Arbeiten warnt: «External rewards undermine intrinsic motivation» (Musick und Wilson 2008: 15). Personen, die gemeinwohlorientierte Aufgaben unentgeltlich ausführen, würden ihre Bemühungen beim Einsatz monetärer Vergütungen zurückfahren. Zudem würden durch derartige Anreizsysteme Charaktere angezogen, die sich dem Gemeinwohlgedanken weitaus weniger verpflichtet fühlen (Musick und Wilson 2008: 17). Ganz generell ist die Entschädigung für die Miliztätigkeit in der Schweiz nicht einheitlich geregelt und kann damit von Gemeinde zu Gemeinde sehr unterschiedlich ausfallen. Erste Anhaltspunkte für die Entwicklung

---

26 Dlabac et al. (2015: 52) gehen für die Aargauer Gemeinden davon aus, dass «höhere Entschädigungen [...] die Rekrutierungsprobleme in den betroffenen Gemeinden entschärfen dürften».

der Entschädigungen liefern die seit 1988 im Abstand von wenigen Jahren durchgeführten Gemeindeschreiberbefragungen. Bei den Befragungen in den Jahren 1994, 2005, 2009 und 2017 wurde nach der Höhe der jährlichen Entschädigungen für die Exekutivmitglieder gefragt. Die hieraus resultierenden Daten erlauben es, zumindest für diese Gruppe der Miliztätigen eine zeitliche Entwicklung über etwas mehr als 20 Jahre darzustellen (vgl. Abbildung 2.11). Um die stark divergierenden Gemeindegrössen ansatzweise zu berücksichtigen, werden die Gemeinden in drei Grössenklassen unterteilt (Einwohnerzahl unter 5000, von 5000 bis 9999, 10 000 und mehr), wobei der bei Weitem überwiegende Teil der Gemeinden der ersten Kategorie angehört. Die Entschädigungshöhen werden für jede Grössenklasse gesondert berechnet. Anstelle von arithmetischen Mittelwerten werden Medianwerte dargestellt, um Verzerrungen durch einzelne Ausreisser zu verhindern.

Wie sich aus Abbildung 2.11 ablesen lässt, sind es insbesondere die Entschädigungen in Gemeinden mit weniger als 5000 Personen, die im Lauf der letzten beiden Jahrzehnte einen deutlichen Zuwachs erfahren haben. Die Medianwerte der jährlichen Entschädigungen für die Exekutivmitglieder liegen dort heute um den Faktor 2,7 höher als im Jahr 1994. Dabei ist allerdings zu berücksichtigen, dass das Ausgangsniveau ausge-

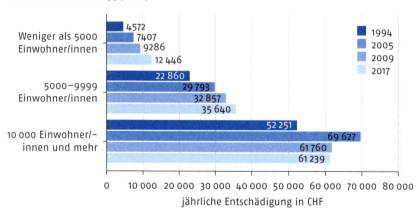

Abbildung 2.11: Entwicklungen der jährlichen Entschädigung von Exekutivmitgliedern auf Gemeindeebene 1994–2017

Anmerkung: jährliche Entschädigung von Exekutivmitgliedern auf Gemeindeebene in Franken. Dargestellt sind Medianwerte in realen Preisen von 2014.
Quelle: Ladner (2018); eigene Auswertungen.

sprochen tief war und auch die heute entrichteten Entschädigungen eher symbolischen Charakter haben. Darüber hinaus hat sich die Struktur der Gemeinden dieser Grössenklasse im Lauf des Beobachtungszeitraums deutlich gewandelt. Während die durchschnittliche Gemeinde der Grössenklasse mit weniger als 5000 Personen im Jahr 1994 noch eine Einwohnerzahl von 1096 aufwies, liegt der entsprechende Wert im Jahr 2017 bei 1542. In den beiden anderen Grössenklassen haben sich die durchschnittlichen Einwohnerzahlen in demselben Zeitraum weitaus weniger stark verändert. Der deutliche Einwohnerzuwachs bei den kleineren Gemeinden dürfte vermutlich auch darauf zurückzuführen sein, dass der hier dargestellte Beobachtungszeitraum mit einer Phase zahlreicher Gemeindefusionen zusammenfällt. Da die Aufhebung in der Regel sehr kleine Gemeinden betrifft, trägt der Fusionsprozess zur Erhöhung der durchschnittlichen Gemeindegrösse bei. Dies gilt vor allem in der Klasse der kleineren Gemeinden. Da die Höhe der Entschädigungen auch von der Gemeindegrösse abhängt, geht damit auch deren Anstieg einher.

Vor diesem Hintergrund interessiert auch die Form der Entschädigung, die in den unterschiedlichen lokalen Milizbehörden ausbezahlt wird. Abbildung 2.12 gibt hierzu auf der Grundlage unserer Erhebung einen Überblick. Dargestellt sind die Anteile der Befragten in den drei Behördenkategorien, die die Frage nach dem Erhalt der jeweiligen Entschädigungsart bejaht haben. Demnach sind Jahrespauschalen beziehungsweise Sitzungsgelder in allen drei Gruppen bei einem durchschnittlichen Ja-Anteil von 71 Prozent mit Abstand am weitesten verbreitet. Im Vergleich zu Teilanstellungen erlauben es Jahrespauschalen, dass die Miliztätigen ihren angestammten Beruf weiterhin voll ausüben können (Geser et al. 2011: 112). Spesenentschädigungen werden an 18 Prozent der Befragten ausbezahlt.

5 Prozent aller Befragten erhalten einen Arbeitslohn aufgrund fixer Stellenprozente. In der Legislative und in den Kommissionen wird nur äusserst selten ein festes Salär zugesprochen. Immerhin gibt aber beinahe ein Fünftel der Exekutivmitglieder eine feste Anstellung bekannt (19 Prozent), worin sich eine leichte Tendenz zur wachsenden Verberuflichung des Gemeinderats widerspiegelt.[27] Ein Zwanzigstel aller Befragten gibt an,

---

27 Die befragten Exekutivmitglieder geben dabei Anstellungen zwischen 10 und 100 Prozent an. Der Durchschnitt beläuft sich auf rund 40 Stellenprozente. Auswertungen der Exekutivmitgliederbefragung für das Jahr 2009 weisen

Abbildung 2.12: Entschädigungsarten in den lokalen Behörden

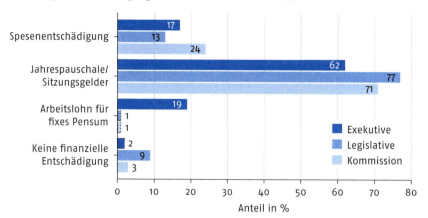

Anmerkung: Abgebildet sind die gerundeten Anteile in Prozent.
Gestrichelte Balken: Die ausgewiesenen Werte beruhen auf weniger als 30 Beobachtungen.

gar keine finanzielle Entschädigung zu erhalten. Hier ist der relativ hohe Ja-Anteil der Legislativmitglieder von 9 Prozent bemerkenswert. Die unterschiedliche Häufigkeit verschiedener Entschädigungsarten zwischen den Befragtengruppen erreicht in allen Fällen ein signifikantes Niveau. Dagegen sind keine Unterschiede in Abhängigkeit von der Gemeindegrösse festzustellen (hier nicht dokumentiert).

Bei der Frage nach der Höhe der Entschädigungen fällt zunächst auf, dass ein beträchtlicher Anteil der Befragten (42 Prozent) hierzu keine Angaben gemacht hat. Es ist anzunehmen, dass viele Miliztätige diese Frage als delikat empfunden und daher auf eine Antwort verzichtet haben. Von den Personen, die entsprechende Angaben gemacht haben, gab der relativ grösste Teil (41 Prozent) eine jährliche Gesamtentschädigung von

---

rund 10 Prozent der Gemeinderatsmitglieder und gut 20 Prozent der Gemeindepräsidien im Teilamt aus (Geser et al. 2011: 103f.; Ladner 2015: 109f.). Eigene und hier nicht veröffentlichte Auswertungen der Exekutivmitgliederbefragung von 2009 und 2017 (Geser et al. 2009; Ladner 2019) zeigen, dass der Anteil von Miliztätigen, die sich als angestellt deklarieren, von 6 auf 31 Prozent angewachsen ist. Gleichzeitig ist der durchschnittliche Anstellungsgrad dieser Miliztätigen im gleichen Zeitraum von 55,3 Prozent auf 34,6 Prozent gesunken.

Abbildung 2.13: Höhe der Gesamtentschädigung in den lokalen Behörden

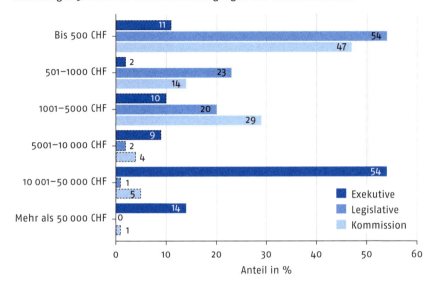

Anmerkung: Abgebildet sind die gerundeten Anteile der Befragten in Prozent.
Gestrichelte Balken: Die ausgewiesenen Werte beruhen auf weniger als 30 Beobachtungen.

bis zu 500 Franken an. Nur 20 Prozent erhalten mehr als 10 000 Franken. Bedeutsame Unterschiede in Abhängigkeit von der Gemeindegrösse sind nicht zu berichten (hier nicht dokumentiert). Werden die Entschädigungen gesondert für die einzelnen Ämtergruppen betrachtet, zeigen sich erneut grosse Unterschiede (vgl. Abbildung 2.13). Zunächst gilt es festzuhalten, dass die Entschädigungen für die Exekutivmitglieder deutlich höher ausfallen als für die beiden anderen Gruppen. 68 Prozent der Exekutivmitglieder erhalten für die Amtsausübung eine jährliche Vergütung von mehr als 10 000 Franken, während es bei den Legislativ- beziehungsweise Kommissionsangehörigen auf Gemeindeebene nur 1 oder 6 Prozent sind. Nur 11 Prozent der befragten Miliztätigen in den lokalen Exekutiven berichten über eine jährliche Entschädigungshöhe von bis zu 500 Franken, während sich dieser Anteil bei Legislativ- und Kommissionsmitgliedern auf 54 beziehungsweise 47 Prozent beläuft.[28]

---

[28] Bei den Exekutivmitgliedern besteht ein mittelstarker Zusammenhang zwischen dem Aufwand, der mit dem Amt verbunden ist, und der damit verbun-

2.2 Entschädigungen der Milizarbeit auf lokaler Ebene | 57

Abbildung 2.14: Beurteilung der finanziellen Entschädigung in den lokalen Behörden

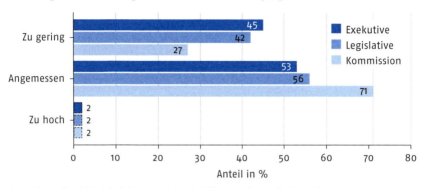

Anmerkung: Abgebildet sind die gerundeten Anteile der Befragten in Prozent.
Gestrichelte Balken: Die ausgewiesenen Werte beruhen auf weniger als 30 Beobachtungen.

Die mit dem Amt verbundene finanzielle Entschädigung wird von 61 Prozent aller Befragten als angebracht beurteilt, 37 Prozent erachten sie als zu gering bemessen. Nur ein verschwindend kleiner Anteil der Befragten (2 Prozent) empfindet die Entschädigung als zu hoch. Während in Bezug auf den zuletzt genannten Punkt weitgehende Einigkeit zwischen den Milizbehörden besteht, unterscheiden sich ansonsten die Beurteilungen zwischen den Kommissionsmitgliedern einerseits und den Vertretern der Exekutive und der Legislative andererseits deutlich (vgl. Abbildung 2.14). Dabei zeigen sich die Kommissionsmitglieder deutlich zufriedener als die beiden anderen Gruppen. Immerhin 45 Prozent der Gemeinderätinnen und Gemeinderäte sowie 42 Prozent der befragten Parlamentsmitglieder erachten ihre Vergütungen für die politische Milizarbeit als zu gering. Unterschiede in Abhängigkeit von der Gemeindegrösse oder der Sprachregion bestehen nicht (hier nicht dokumentiert).

Die Befragten konnten auch mitteilen, welche Jahresentschädigung sie als angemessen betrachten. Analog zur Frage nach der aktuellen Entschädigungshöhe fällt auch hier der sehr grosse Anteil fehlender Antworten auf. Nur 40 Prozent der Befragten machten diesbezügliche Angaben. Zwi-

denen Entschädigung (Pearsons Korrelationskoeffizient r = 0,46). Für die Kommissionsangehörigen besteht die Beziehung nur in deutlich schwächerem Mass (r = 0,13), während für die Parlamentsangehörigen kein solcher Zusammenhang ersichtlich ist (r = 0,04).

schen den Befragtengruppen zeigen sich sehr ausgeprägte Unterschiede (vgl. Abbildung 2.15). Während sich 79 beziehungsweise 64 Prozent der Parlaments- respektive Kommissionsmitglieder für eine jährliche Gesamtentschädigung von bis zu 3000 Franken aussprechen, sind es bei den Exekutivmitgliedern nur 13 Prozent. Umgekehrt befürwortet etwa ein Viertel der Vertreter der Exekutive Entschädigungshöhen von mindestens 40 000 Franken, während eine solche Betragshöhe von keinem einzigen der befragten Legislativ- beziehungsweise Kommissionsmitglieder gewünscht wurde. Immerhin 26 Prozent der Gemeinderätinnen und Gemeinderäte sprechen sich für eine jährliche Vergütung von 20 000 bis 40 000 Franken aus. Die Unterschiede im Antwortverhalten zwischen den drei Gruppen sind hochsignifikant und korrespondieren mit den oben festgestellten Unterschieden bei der Gesamtentschädigung der drei Gruppen.

Abbildung 2.15: Als angemessen erachtete Entschädigungshöhe in den lokalen Behörden

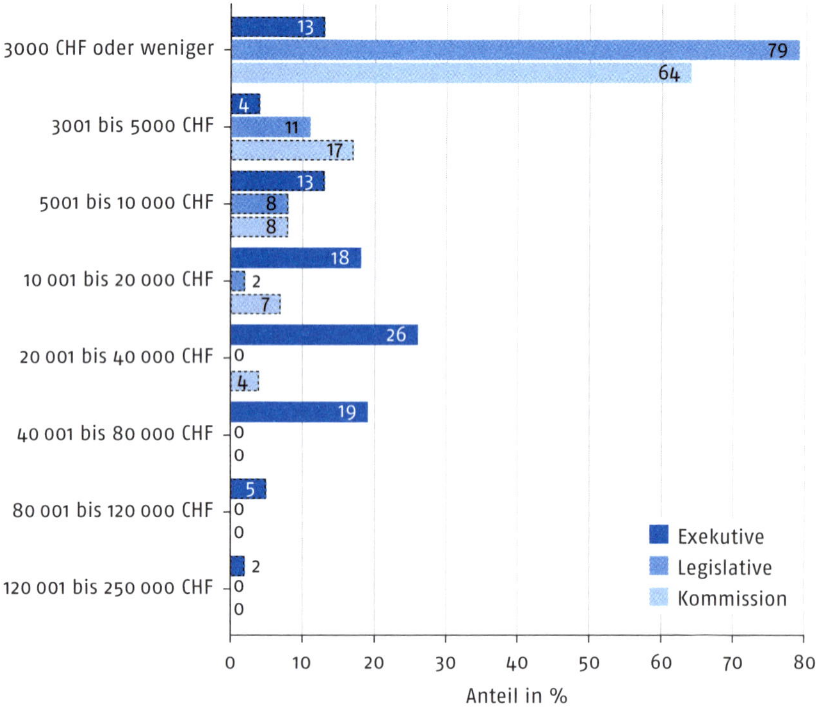

Kategorie	Exekutive	Legislative	Kommission
3000 CHF oder weniger	13	79	64
3001 bis 5000 CHF	4	11	17
5001 bis 10 000 CHF	13	8	8
10 001 bis 20 000 CHF	18	2	7
20 001 bis 40 000 CHF	26	0	4
40 001 bis 80 000 CHF	19	0	0
80 001 bis 120 000 CHF	5	0	0
120 001 bis 250 000 CHF	2	0	0

Anteil in %

Anmerkung: Abgebildet sind die gerundeten Anteile der Befragten in Prozent.
Gestrichelte Balken: Die ausgewiesenen Werte beruhen auf weniger als 30 Beobachtungen.

2.3 Unterstützung durch Arbeitgeber und Bewertung des Umfelds der Milizarbeit

Neben dem familiären Beistand, der zeitlichen Beanspruchung und der Frage der Entschädigung ist die Unterstützung durch die Arbeitgeber, beispielsweise in Form von Freistellungen oder flexiblen Arbeitszeiten, ein weiterer Parameter, der für die Ausübung einer Miliztätigkeit entscheidend sein kann. Inwieweit erfahren die unselbstständig erwerbstätigen Miliztätigen ein entsprechendes Entgegenkommen, wenn es um die Vereinbarkeit von Hauptberuf und politischer Miliztätigkeit geht? Knapp 900 Befragte in Exekutive, Legislative und Kommissionen gaben hierzu Auskunft. Die Auswertungen lassen aufhorchen: Immerhin knapp die Hälfte der Befragten (46 Prozent) erhält demnach keine besondere Unterstützung durch den Arbeitgeber (hier nicht dokumentiert). Ein Grund dafür mag in der vermehrt geforderten Präsenz im Milizamt während der immer unsteter und flexibler werdenden Arbeitszeit liegen (Kündig 2014). Dies mindert die vielleicht grundsätzlich vorhandene Bereitschaft von Vorgesetzten, ihre Mitarbeitenden bei der Ausübung eines Milizamts zu unterstützen.[29] Nichtsdestotrotz erhalten 15 Prozent der Befragten eine bezahlte Freistellung für ihr Amt. 29 Prozent erhalten zwar keine bezahlte Freistellung, können aber ihre Arbeitszeit frei einteilen und so besser mit der Milizarbeit vereinbaren. Weitere 10 Prozent gaben an, dass ihr Arbeitgeber die Amtsausübung ideell in Form von Lob und Anerkennung unterstützt. Die Resultate korrespondieren weitgehend mit jenen von Ackermann et al. (2017a), wobei sich deren Analysen nicht nur auf Miliztätige, sondern auf Freiwillige und Ehrenamtliche in Vereinen und Organisationen beziehen. Die von ihnen befragten Ehrenamtlichen erhalten in 50 Prozent der Fälle keine Unterstützung durch ihre Vorgesetzten. Je 22 Prozent profitieren von einer Freistellung oder von flexiblen Arbeitszeiten. 6 Prozent werden für ihr Engagement vom Arbeitgeber gelobt.

---

29 Dass ein Milizamt zudem nicht immer mit einem beruflichen Aufstieg vereinbar ist, gibt der Aargauer Regierungsrat Urs Hofmann zu bedenken: «Firmen sagen häufig nicht, ihr könnt das nicht machen, aber wenn es dann um Beförderungen geht, ist halt vielleicht ein anderer dran, der kein Milizamt ausübt» (*Aargauer Zeitung*, 12. November 2016, Onlineversion).

Unterscheidet man bei der Auswertung nach Ämtergruppen, zeigen sich durchaus Differenzen in der Unterstützung der Vorgesetzten (vgl. Abbildung 2.16). Insbesondere Exekutivmitglieder erfahren entweder in Form einer bezahlten Freistellung oder durch die Möglichkeit einer flexiblen Zeiteinteilung Hilfe. Zugleich weist diese Befragtengruppe auch den grössten zeitlichen Aufwand für die Mandatsausübung auf. Der Anteil der Exekutivmitglieder, die keine Unterstützung durch den Arbeitgeber erfahren, liegt bei 24 Prozent. Viel häufiger sind es aber Legislativ- oder Kommissionsmitglieder, die ohne eine Rückendeckung seitens ihrer Vorgesetzten auskommen müssen (55 beziehungsweise 49 Prozent). Zugleich liegt der durchschnittliche Mandatsaufwand für diese Befragtengruppen deutlich unter jenem der Exekutivmitglieder. Die Unterschiede bei den Unterstützungsleistungen in Abhängigkeit vom ausgeübten Amt sind indes hochsignifikant. Dasselbe gilt, wenn die Unterstützungsformen getrennt für die Sprachregionen betrachtet werden. Demnach können Miliztätige in der Deutschschweiz deutlich häufiger von einer bezahlten Freistellung oder von einer flexiblen Arbeitszeiteinteilung profitieren, als dies bei den Teilnehmenden aus der lateinischen Schweiz der Fall ist (hier nicht dokumentiert). Dies gilt auch dann, wenn die einzelnen Ämter jeweils gesondert betrachtet werden.

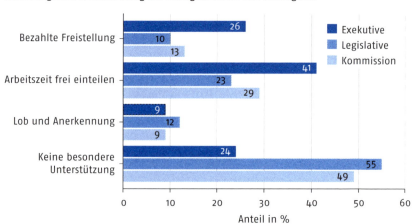

Abbildung 2.16: Unterstützung der Befragten durch ihre Arbeitgeber

Anmerkung: Abgebildet sind die gerundeten Anteile der Befragten in Prozent.
Gestrichelter Balken: Der ausgewiesene Wert beruht auf weniger als 30 Beobachtungen.

2.3 Unterstützung durch Arbeitgeber und Bewertung des Umfelds der Milizarbeit

Wie verhalten sich umgekehrt die Miliztätigen, wenn sie selbst eine Vorgesetztenposition innehaben und in den Reihen ihrer Mitarbeitenden andere Miliztätige antreffen? Unterstützen sie in ihrer Rolle als Arbeitgeber ein entsprechendes Engagement? 135 Befragte konnten hierzu Auskunft geben (vgl. Abbildung 2.17). 20 Prozent davon gewähren ihren Mitarbeitenden keine besondere Unterstützung. Ebenso viele anerkennen und loben die Miliztätigkeit der ihnen Unterstellten. 9 Prozent gewähren eine bezahlte Freistellung. Am weitesten verbreitet ist die Unterstützung durch die Möglichkeit der freien Einteilung der Arbeitszeit (51 Prozent). Bei der Interpretation der Zahlen ist allerdings zu berücksichtigen, dass die einzelnen Optionen nur zwischen 12 und 69 Zustimmungen erhalten haben, sodass die Resultate mit einer gewissen Unsicherheit behaftet sind.

In ihrer Einschätzung zum Umfeld der Milizarbeit betonen die Befragten der drei Milizbehörden positive wie negative Aspekte ihrer Tätigkeit. Einerseits erkennen wir deutliche Anzeichen gut organisierter und von kollegialem Miteinander geprägter Arbeitsabläufe: Sowohl die Zusammenarbeit mit der Verwaltung als auch der Informationsfluss zuhanden der Miliztätigen werden sehr geschätzt. Über 80 Prozent teilen die Ansichten, dass die Verwaltung die politischen Entscheidungen im Sinn der Milizbehörde umsetzt und dass man gut über die Dinge, die für die Miliztätigkeit relevant sind, informiert wird. Dazu loben die Befragten den jeweiligen Sachkenntnisstand der Kolleginnen und Kollegen: Nur 21 Prozent prangern an, dass die Mitglieder der jeweiligen Behörde nicht wissen, was sie zu tun haben. 74 Prozent sind ferner der Ansicht, dass sich die Behördenmitglieder gegenseitig helfen, wenn jemand in Zeitnot gerät. Als Sprungbrett für die eigene Karriere wird die Miliztätigkeit indes nur von 26 Prozent der Befragten wahrgenommen.

Abbildung 2.17: Unterstützung durch die Befragten für mitarbeitende Miliztätige

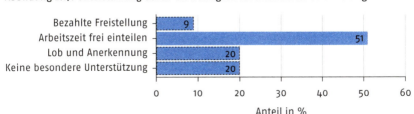

Anmerkung: Abgebildet sind die gerundeten Anteile der Befragten in Prozent.
Gestrichelte Balken: Die ausgewiesenen Werte beruhen auf weniger als 30 Beobachtungen.

Andererseits vermitteln die Einschätzungen aber auch den Eindruck zahlreicher Herausforderungen, die mit der Bekleidung eines Milizamts verbunden sind. Das betrifft in erster Linie den Aspekt der Vereinbarkeit von Amt, Beruf und Familie und die gesellschaftliche Anerkennung. Hier erkennen 42 beziehungsweise 41 Prozent der Befragten ein Problem. Noch grösser ist der Anteil derjenigen, die aufgrund des hohen Arbeitsaufkommens einen grossen Zeitdruck verspüren (55 Prozent). Die Einschätzung zur Vereinbarkeit von Amt, Beruf und Familie steht indes in keinem Zusammenhang mit dem üblichen Zeitpunkt der Sitzungen (tagsüber oder am Abend), wohl aber mit dem regulären Sitzungsrhythmus: Je häufiger und regelmässiger ordentliche Sitzungen stattfinden, desto eher wird die Vereinbarkeit der verschiedenen Lebensbereiche als schwierig empfunden. Der Zusammenhang ist für die drei Befragtengruppen mindestens auf dem 5-Prozent-Niveau signifikant. Er zeigt sich besonders deutlich für die Exekutivmitglieder (hier nicht dokumentiert).

Werden die Einschätzungen darüber hinaus noch auf die einzelnen Milizbehörden aufgefächert, zeigen sich zum Teil deutliche Unterschiede zwischen den Angehörigen der Exekutive, der Legislative und der Kommissionen (vgl. Abbildung 2.18). Demnach werden der Zeitdruck und die Problematik der schwierigen Vereinbarkeit von Beruf, Amt und Familie vor allem von Exekutivmitgliedern wahrgenommen. Gut vier Fünftel der befragten Gemeinderätinnen und Gemeinderäte klagen über fehlende zeitliche Ressourcen, und über zwei Drittel sehen Schwierigkeiten, Familie, Beruf und Milizamt unter einen Hut zu bringen. Etwas weniger starke Unterschiede bestehen in Bezug auf die gesellschaftliche Anerkennung. Die Hälfte der befragten Exekutivmitglieder ist der Ansicht, dass diese zu gering sei. Bei den Parlaments- beziehungsweise Kommissionsmitgliedern liegen die entsprechenden Anteile dagegen bei 43 beziehungsweise 32 Prozent. Unliebsame Konkurrenz innerhalb der Behörde wird insbesondere von den Parlamentsmitgliedern wahrgenommen (57 Prozent). Bei den Exekutiv- und Kommissionsmitgliedern liegen die diesbezüglichen Anteile dagegen nur bei 27 und 11 Prozent. Die Unterschiede im Antwortverhalten der verschiedenen Befragtengruppen sind für alle in Abbildung 2.18 dargestellten Items mindestens auf dem 5-Prozent-Niveau signifikant.

Die Gemeindegrösse steht zum Teil ebenfalls in einem signifikanten Zusammenhang mit den Bewertungen des Umfelds. Dies betrifft die Einschätzungen zum Zeitdruck, zur Vereinbarkeit von Amt, Beruf und Fa-

2.3 Unterstützung durch Arbeitgeber und Bewertung des Umfelds der Milizarbeit | 63

Abbildung 2.18: Bewertung des Umfelds der Miliztätigkeit in den lokalen Behörden

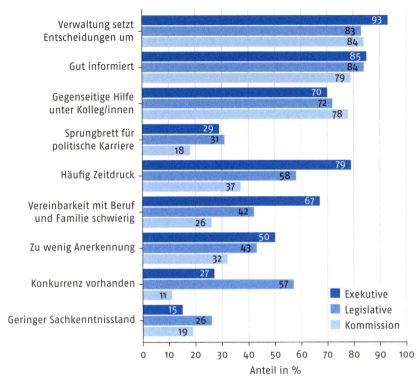

Anmerkung: Abgebildet sind die gerundeten Zustimmungsanteile («stimme voll und ganz zu» und «stimme eher zu») der Befragten in Prozent.

milie, zur wahrgenommenen Konkurrenz und zur gegenseitigen Hilfeleistung innerhalb der Behörde. In allen genannten Fällen fallen die Bewertungen der Miliztätigen in Gemeinden mit mehr als 10 000 Einwohnerinnen und Einwohnern weniger positiv aus, als es bei Unabhängigkeit von der Gemeindegrösse zu erwarten wäre (hier nicht dokumentiert).

Auffällige Unterschiede bei der Bewertung des Umfelds bestehen zum Teil auch in Abhängigkeit von der Sprachregion, wobei die Bewertungen der Befragten aus der lateinischen Schweiz in den meisten Fällen ein negativeres Bild zeichnen, als dies bei den Miliztätigen aus der Deutschschweiz der Fall ist. Dies gilt insbesondere für den Zeitdruck, die wahrgenommene Konkurrenz innerhalb der Behörden und die Vereinbarkeit von Beruf, Amt und Familie. In geringerem Umfang trifft dies auch für die Einschätzung zu, dass die Mitglieder der Milizbehörden nicht genau wissen, was sie zu tun haben. Weiter zeigt sich, dass die Miliztätigen der lateinischen Schweiz ihr Amt häufiger als Sprungbrett für ihre politische Karriere verstehen und dass sie sich häufiger als gut informiert wahrnehmen (hier nicht dokumentiert).

2.4 Zusammenfassung

Ein funktionierendes Milizsystem bedingt, dass sich die Bürgerinnen und Bürger der Schweiz in ausreichender Anzahl für die zahlreichen Amtsstellen in Stadt- und Gemeinderäten, Schul- und Sozialbehörden, ständigen Kommissionen, aber auch Parlamenten zur Verfügung stellen. Die Teilnahmebereitschaft an der Milizarbeit hängt dabei nicht zuletzt von den materiellen und immateriellen Rahmenbedingungen ab, insbesondere von der zeitlichen Verfügbarkeit oder der Entschädigung für die Tätigkeit (Müller 2015a: 20–21). Das mögliche Zeitfenster für politische Ehrenämter wird durch familiäre Verpflichtungen, Hausarbeit, soziale Beziehungen, Freizeitaktivitäten und die berufliche Abkömmlichkeit vorgegeben. Was Letztere betrifft, verschleiert eine zunehmend globalisierte und digitalisierte Arbeitswelt die Grenzen zwischen Privatleben und Beruf immer mehr. Dies lässt die Bereitschaft sinken, die spärliche Freizeit mit einer Miliztätigkeit auszugestalten (Kündig 2014). Zusätzlich erschwert die Individualisierung der eigenen Lebenswelten die Terminfindung für Sitzungen und den regelmässigen Austausch im Rahmen der Milizarbeit.

Diejenigen, die den Aufwand dennoch betreiben, vermerken zwar eine ausserordentliche Kollegialität unter den Miliztätigen und eine reibungslose Zusammenarbeit mit der Verwaltung, klagen aber über Zeitdruck, fehlende Anerkennung des gesellschaftlichen Umfelds und über Schwierigkeiten, das Amt mit der Familie und den beruflichen Anforderungen in Einklang zu bringen. All dies gilt in besonderem Mass für die Mitglieder der Exekutiven. Aber auch die Mitglieder lokaler Parlamente und Kommissionen stimmen in das Klagelied ein. Zudem kann nahezu die Hälfte der befragten Miliztätigen nicht mit einem Entgegenkommen ihrer Arbeitgeber für ihren Dienst an der Gemeinschaft rechnen. Damit wird dem durch das Milizsystem propagierten Brückenschlag zwischen Politik und Wirtschaft ein wesentliches Standbein entzogen.

2.4 Zusammenfassung

Betrachtet man den mit der Amtsausübung verbundenen Aufwand, zeigen sich deutliche Unterschiede zwischen den Exekutivmitgliedern auf der einen Seite und den Legislativ- und Kommissionsmitgliedern auf der anderen Seite, wobei die Exekutivmitglieder im Durchschnitt mehr als doppelt so viel Zeit in ihre Miliztätigkeit investieren. Zudem müssen sie sich häufiger Termine während des Tages einrichten, während die Mitglieder der Legislativen und Kommissionen praktisch nur abends zu Sitzungen zusammenkommen. Die Exekutivmitglieder berichten auch in stärkerem Mass über einen Anstieg der zeitlichen und inhaltlichen Belastung seit ihrem Amtsantritt.

Für die Exekutivmitglieder auf Gemeindeebene lässt sich ein Anstieg der Entschädigungen im Lauf der letzten 20 Jahre feststellen, wobei die absoluten Beträge der Entschädigungen stark von der Gemeindegrösse abhängen. Besonders stark fällt der Anstieg in Gemeinden mit weniger als 5000 Einwohnerinnen und Einwohnern aus, allerdings ausgehend von einem sehr niedrigen Niveau (Ladner 2018; eigene Auswertungen). Dies geht mit einem Zuwachs in Bezug auf die durchschnittliche Einwohnerzahl in diesen Gemeinden einher, der nicht zuletzt auf die zahlreichen Gemeindefusionen der letzten Jahre zurückzuführen sein dürfte.

68 Prozent der Exekutivmitglieder erhalten für die Amtswahrnehmung eine Vergütung von mehr als 10 000 Franken, während es bei den Legislativ- beziehungsweise Kommissionsangehörigen nur 1 oder 6 Prozent sind. Jahrespauschalen beziehungsweise Sitzungsgelder sind in allen drei Gruppen mit Abstand am weitesten verbreitet. Nur ein geringer Anteil der Befragten erhält einen Arbeitslohn aufgrund fixer Stellenprozente. Nach Empfinden von 45 Prozent der hier befragten Gemeinderätinnen und Gemeinderäte sowie von 42 Prozent der Parlamentsmitglieder fällt die jeweilige Vergütung für die politische Milizarbeit zu gering aus. Kommissionsmitglieder zeigen sich insoweit deutlich zufriedener. Auch die Einschätzungen bezüglich der angemessenen Entschädigungshöhe gehen zwischen den Befragtengruppen weit auseinander. Während der ganz überwiegende Teil der Parlaments- beziehungsweise Kommissionsmitglieder die tiefste Entschädigungskategorie (3000 Franken oder weniger) als angemessen beurteilt, sprechen sich nur gerade 13 Prozent der Exekutivmitglieder für eine Entschädigung dieser Höhe aus.

Es bleibt festzuhalten, dass die Gemeindegrösse im Vergleich zur Behördenzugehörigkeit (Exekutive, Legislative, Kommission) nur von untergeordneter Bedeutung ist, wenn es um Fragen zur Vergütung sowie um den mit dem Amt verbundenen Aufwand geht. Dieser eher überraschende Befund steht im Widerspruch zu den Ergebnissen der Exekutivmitgliederbefragung (Geser et al. 2011) und zu den Ergebnissen der Gemeindeschreiberbefragungen (Ladner 2018; eigene Auswertungen). Eine mögliche Erklärung für diese divergierenden Befunde könnte in unseren Analyseeinheiten liegen, die sich auf Miliztätige in Gemeinden mit 2000 bis 30 000 Einwohnern beschränkt. Damit fehlen in unserer Stichprobe sowohl die sehr kleinen als auch die sehr grossen Gemeinden, was sich in einer Einebnung potenzieller Unterschiede niederschlagen dürfte.

3 Profile von Miliztätigen in Schweizer Gemeinden

Zahlen für den Freiwilligensektor der Schweiz verdeutlichen, dass der typische Inhaber eines Ehrenamts männlich und zwischen 40 und 64 Jahre alt ist, eine tertiäre Grundausbildung besitzt und über ein monatliches Haushaltseinkommen von mehr als 11 000 Franken verfügt (Ackermann et al. 2017a: 81).[30] Die meisten ehrenamtlich engagierten Personen sind darüber hinaus Vollzeit berufstätig und besetzen eine Vorgesetztenposition, leben auf dem Land und sind seit langer Zeit fest in ihrer Wohngemeinde verwurzelt. Ein ähnliches Bild vermittelt eine Befragung von Gemeindeexekutivpolitikerinnen und -politikern vor beinahe zehn Jahren: Mitglieder der lokalen Exekutiven sind vorwiegend männlich, durchschnittlich 51 Jahre alt, verheiratet, voll erwerbstätig, weisen ein gutes Ausbildungsniveau auf und gehören in der Gemeinde zu den Alteingesessenen und vereinsmässig Integrierten (Geser et al. 2011).

---

30 Im Bereich der Freiwilligentätigkeit wird zwischen verschiedenen Formalisierungsgraden des geleisteten Engagements differenziert (Freitag et al. 2016: 33 f.). So erfolgt formelle beziehungsweise institutionalisierte Freiwilligentätigkeit in geregelten und zielgerichteten Kontexten von Vereinen und Organisationen. Informelle Formen der Freiwilligkeit beinhalten demgegenüber Tätigkeiten ausserhalb solch fester Organisationsstrukturen, die stärker im privaten und nachbarschaftlichen Bereich, aber ausserhalb des eigenen Haushalts angesiedelt sind. Formelle Freiwilligentätigkeiten lassen sich zusätzlich nach ihrem Verpflichtungsgrad abstufen. Hierbei wird zwischen allgemeinen freiwilligen Tätigkeiten mit nur geringem Verpflichtungsgrad und Ehrenämtern unterschieden. Letztere zeichnen sich vor allem dadurch aus, dass Personen in der Regel in ihr Amt gewählt werden und sich das Engagement bindend über eine gewisse Periode erstreckt. Die politische Milizarbeit kann nach dieser Auslegeordnung als ehrenamtliche Freiwilligenarbeit bezeichnet werden.

Wenden wir unseren Blick nach Deutschland, bestätigen neueste Untersuchungen dieses Muster: Der typische Mandatsträger in einer nordrhein-westfälischen Kommunalvertretung ist männlichen Geschlechts, über 55 Jahre alt und mit einem Hochschulabschluss ausgestattet (Bogumil et al. 2017: 40). Demnach scheint es, dass die Milizarbeit ein spezifisches soziodemografisches Profil abverlangt und bestimmten Bürgern eine höhere Wahrscheinlichkeit zuteilwird, eine politische Tätigkeit in der Gemeinde aufzunehmen. Die folgenden Auswertungen schliessen an die bisherigen Erkenntnisse an und präsentieren zusätzlich zu den soziodemografischen Merkmalen und der politischen wie sozialen Einbindung der Miliztätigen erstmalig die Charakterprofile von politischen Mandatsträgerinnen und Mandatsträgern der lokalen Exekutiven, Legislativen und Kommissionen der Schweiz.

3.1 Soziodemografische Merkmale von Miliztätigen

Im Verlauf des 20. Jahrhunderts hat sich die politische Repräsentation von Frauen in politischen Behörden signifikant erhöht. In den westlichen Demokratien hat sich inzwischen ein Anteil von etwa 30 Prozent an weiblichen Mandatsträgerinnen etabliert (Krook 2010; Krook und O'Brien 2010; Norris 2013; Plüss und Rusch 2012).[31] Diese Unterrepräsentation hat mehrere Gründe: Einerseits stellen sich häufig nicht genug Frauen zur Wahl, sodass der Wählerschaft kein ausreichendes Angebot an Kandidatinnen zur Verfügung steht. Gemäss Fox und Lawless (2011: 62 f.) zweifeln Frauen häufig an ihren Fähigkeiten, auch wenn diese gleichwertig oder besser als diejenigen der Männer ausfallen. Aber auch wenn Frauen keine Zweifel an ihren Qualifikationen hegen, sind sie möglichen Kandidaturen aus Angst vor äusseren Fehleinschätzungen eher abgeneigt (Kanthak und Woon 2015). Darüber hinaus lernen wir aus der Freiwilligkeitsforschung, dass Männer eher aufgefordert werden, ein Ehrenamt auszuüben.[32] Ganz

---

31 Mit Blick auf die Parlamentszusammensetzung stellen wir allerdings fest, dass auch heutzutage weltweit nur jedes fünfte Parlamentsmitglied eine Frau ist (Gilardi 2015).
32 Allerdings verschwindet der Unterschied zwischen Männern und Frauen mit Blick auf die institutionalisierte Freiwilligenarbeit zunehmend (Freitag et al. 2016: 57).

Abbildung 3.1: Anteil Frauen in den lokalen Milizbehörden

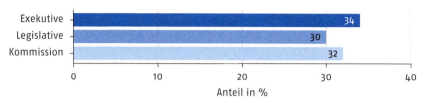

Anmerkung: Abgebildet sind die gerundeten Anteile der Befragten in Prozent.

generell findet das weibliche Engagement eher in privaten Betreuungs- und Pflegeaktivitäten und weniger in öffentlichen Bereichen statt (Wilson 2000: 228).

Die Auswertungen unserer Erhebung von rund 1800 Miliztätigen in 75 Schweizer Gemeinden zwischen 2000 und 30 000 Einwohnerinnen und Einwohnern zeigen, dass der Frauenanteil in der politischen Milizarbeit bei 31 Prozent liegt, wobei der Anteil in den Exekutiven (34 Prozent) am höchsten ausfällt, während die Parlamente den geringsten Frauenanteil verzeichnen (30 Prozent) (Abbildung 3.1).[33] Die weibliche Repräsentanz in den lokalen Kommissionen weist mit 32 Prozent ebenfalls eine klare Übervertretung der Männer auf. Neuere Forschungen aus Deutschland zum kommunalen Ehrenamt kommen zu ähnlichen Ergebnissen. Laut einer aktuellen Erhebung sind nur knapp 30 Prozent aller Mandatsträger in Nordrhein-Westfalen Frauen (Bogumil et al. 2017).

Mit Blick auf die Beziehung zwischen dem Lebensalter und der Milizarbeit lassen sich unterschiedliche Erwartungen formulieren. Einerseits sind ältere Menschen reich an Erfahrungen, die einem politischen Engagement generell dienlich sind. Zudem verfügen sie gerade nach der Pensionierung theoretisch über mehr Zeit, die einem Milizamt und dem mit der politischen Tätigkeit verbundenen «erfüllten Altern» zugutekommen könnte (Wilson 2012: 201). Andererseits geht die Pensionierung oft mit einem Verlust sozialer Netzwerke und Kontakte einher, was einer Miliztätigkeit entgegenstehen würde. Zudem sind die Erkenntnisse aus der Freiwilligenforschung in Bezug auf die Rekrutierung älterer Mitbürgerin-

---

33 Die berichteten Werte für alle Befragten lassen sich nicht aus den in den Abbildungen dargestellten Werten der einzelnen Subgruppen ableiten, da die Anzahl der Befragten zwischen den Behörden variiert.

nen und Mitbürger für den Dienst am Gemeinwohl in der Schweiz eher ernüchternd: Selbst ehemals freiwillig Engagierte der heute über 66-Jährigen haben in der überwiegenden Mehrheit wenig Interesse an einer unbezahlten Tätigkeit in Vereinen, Behörden oder Organisationen (Ackermann et al. 2017a: 60).

Für jüngere Kandidierende werden die Wahlchancen dadurch geschmälert, dass sie sich zunächst auf der politischen Karriereleiter hocharbeiten müssen (Bailer und Ohmura 2018). Aus diesem Grund kann ein kurvenförmiger Zusammenhang zwischen Alter und Miliztätigkeit erwartet werden, wonach die Bereitschaft zur Milizarbeit bei Menschen mittleren Alters am höchsten ausfällt. Ein gutes Stück Lebenserfahrung gepaart mit der Etablierung in der Berufswelt und dem dazugehörigen Prestige stellen wesentliche Bedingungen für die Übernahme eines Ehrenamts dar (Freitag et al. 2016: 60).

Im Durchschnitt beläuft sich das Alter von Exekutivmitgliedern auf 52 Jahre, während die Angehörigen der lokalen Parlamente und Kommissionen im Mittel 50 Jahre alt sind. Das Durchschnittsalter aller Behördenmitglieder steigt dabei leicht mit der Gemeindegrösse an (siehe auch Geser et al. 2011: 15 f.). In den Kommunen mit weniger als 5000 Einwohnerinnen und Einwohnern liegt das Durchschnittsalter bei 49 Jahren, in Orten mit einer Bevölkerung von 5000 bis 9999 Personen bei 50 und in Gemeinden mit mindestens 10 000 Einwohnern bei 51 Jahren (hier nicht dokumentiert). Mit insgesamt 71 Prozent ist der grösste Anteil der Miliztätigen zwischen 40 und 64 Jahre alt (vgl. Abbildung 3.2). In der Exekutive ist diese Altersgruppe mit 83 Prozent besonders stark vertreten, während ihr Anteil in den Parlamenten und Kommissionen nur 65 beziehungsweise 70 Prozent ausmacht. In den Gemeindeparlamenten sind die unter 40-Jährigen mit 22 Prozent am stärksten vertreten, während in kommunalen Exekutiven nur 8 Prozent dieser Altersklasse zuzuordnen sind (Kommissionen: 19 Prozent).[34]

Mit einem Anteil von 11 Prozent sind Personen im Pensionsalter noch schwächer in den lokalen Milizbehörden repräsentiert als die jüngste hier abgebildete Alterskohorte. Zwischen den drei Behördenkategorien beste-

---

34 Aktivitäten in subnationalen Parlamenten werden gemeinhin als politisches Sprungbrett für junge Politikerinnen und Politiker angesehen (Bundi et al. 2017). Geser et al. (2011: 16 f.) weisen für Exekutivmitglieder einen Anteil zwischen 4 und 5 Prozent für die Alterskohorte der unter 35-Jährigen aus.

Abbildung 3.2: Alter der Miliztätigen in den lokalen Milizbehörden

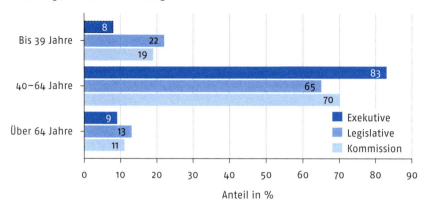

Anmerkung: Abgebildet sind die gerundeten Anteile der Befragten in Prozent.
Gestrichelter Balken: Der ausgewiesene Wert beruht auf weniger als 30 Beobachtungen.

hen insoweit nur geringfügige Unterschiede. In Legislativen und in den Kommissionen ist die Altersgruppe der Pensionierten mit 13 Prozent beziehungsweise 11 Prozent repräsentiert. Bei den Exekutivmitgliedern beträgt der Anteil 9 Prozent. Im Vergleich zur Exekutivmitgliederbefragung von Geser et al. (2011: 16 f.) vor zehn Jahren hat sich dieser Anteil damit verdoppelt, was als Indiz für die wachsende Bedeutung dieses Alterssegments für die politische Milizarbeit in den Gemeinden gewertet werden kann. Unter den pensionierten Miliztätigen ist die Überrepräsentation der Männer besonders stark ausgeprägt (82 Prozent gegenüber 68 Prozent bei den 40- bis 64-Jährigen und 63 Prozent bei den unter 40-Jährigen; hier nicht dokumentiert).

Was den Einfluss der Religions- beziehungsweise Konfessionszugehörigkeit angeht, wird in der Literatur vermutet, dass der religiöse Glaube und die von ihm oftmals geforderten Eigenschaften der Empathie und des Altruismus zweckmässige Fundamente gemeinwohlorientierter Aktivitäten darstellen. Dementsprechend wird für konfessionslose Personen ein geringeres gesellschaftliches Engagement erwartet (Dekker und Halman 2003; Manatschal und Freitag 2014; Wilson 2012: 182). Insbesondere dem Protestantismus und der damit verknüpften Ethik der Hilfe zur Selbsthilfe wird attestiert, freiwillige Tätigkeiten zu stimulieren (Ruiter und De Graaf 2006; Traunmüller 2009). Dem Katholizismus werden eher traditionelle

Werte zugewiesen, wodurch mitunter das politische Engagement der Frauen zurückgebunden wird (Norris und Franklin 1997: 194).[35]

Unter den Miliztätigen in den Schweizer Gemeinden gehören 38 Prozent einer protestantischen Glaubensrichtung oder der römisch-katholischen Konfession an. Letzteres entspricht in etwa dem Katholikenanteil in der Gesamtbevölkerung. Der Anteil der Konfessionslosen beläuft sich auf 19 Prozent, während andere Religionen wenig vertreten sind. Wie Abbildung 3.3 zeigt, finden sich in den Legislativen vergleichsweise viele Konfessionslose (24 Prozent) und weniger Personen mit römisch-katholischem Hintergrund als in den beiden anderen Milizbehörden.

Ein wesentliches Fundament jedweden politischen und sozialen Engagements ist der Bildungsgrad (Enjolras und Strømsnes 2018; Manatschal und Freitag 2014; Kern et al. 2015; Musick und Wilson 2008; Neundorf et al. 2016; Nollert und Huser 2007). In der Regel bringen Hochgebildete Erfahrungen und Kenntnisse mit, die sich für ein politisches Ehrenamt als vorteilhaft erweisen: «Wie bei allen Führungspositionen sind Kommunalpolitiker mit höherer Ausbildung sicher im Vorteil, wenn es z. B. darum geht, schwierige Texte zu lesen und komplexe Sachzusammenhänge zu verstehen, sich schriftlich adäquat auszudrücken, wirkungsvolle Referate zu halten oder um mit akademisch gebildeten Chefbeamten optimal zu kommunizieren» (Geser et al. 2011: 25). Dazu steigt mit dem Ausbildungsgrad die Sensibilisierung für gesellschaftliche Problemlagen und das Bedürfnis, der Gesellschaft etwas zurückzugeben (Wilson 2012: 185–186).

Unsere diesbezüglichen Auswertungen in Abbildung 3.4 zeigen, dass die Miliztätigkeit ein Einsatzgebiet der höher Gebildeten darstellt und steigende «fachliche Herausforderungen und die steigende Komplexität der Aufgaben» ihren Tribut zollen (Müller 2015b: 176). Beinahe die Hälfte der von uns befragten Miliztätigen besitzt einen tertiären Bildungsabschluss (Höhere Fachschule, Pädagogische Hochschule, Fachhochschule und Universität oder ETH), und weitere 25 Prozent weisen eine höhere Berufsausbildung oder eine Berufsmaturität auf. Personen mit einer Berufslehre sind mit 27 Prozent vertreten. Im Vergleich der drei Behörden

---

35 Unsere Erhebung kann diese Annahme jedoch nicht bestätigen. Sowohl bei den katholischen als auch bei den reformierten Miliztätigen liegt der Frauenanteil bei 31 Prozent, was dem Durchschnitt aller Befragten entspricht. Bei den konfessionslosen Miliztätigen beläuft sich der Frauenanteil auf 33 Prozent (hier nicht dokumentiert).

3.1 Soziodemografische Merkmale von Miliztätigen

Abbildung 3.3: Konfessionszugehörigkeit der Miliztätigen in den lokalen Milizbehörden

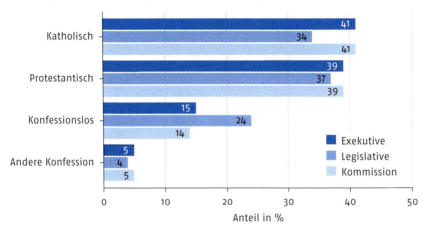

Anmerkung: Abgebildet sind die gerundeten Anteile der Befragten in Prozent.
Gestrichelter Balken: Der ausgewiesene Wert beruht auf weniger als 30 Beobachtungen.

wird deutlich, dass die universitär Gebildeten insbesondere in der Legislative anzutreffen sind. Über 30 Prozent verfügen hier über einen Abschluss einer Universität oder ETH; in den Gemeindeexekutiven und in den Kommissionen gilt dies für 20 beziehungsweise 15 Prozent. Die Miliztätigen der Exekutive und der Gemeindekommissionen verfügen dagegen mehrheitlich über Abschlüsse der höheren Berufsbildung und Höheren Fachschule oder haben eine Berufslehre absolviert (insbesondere die Kommissionsmitglieder). Dies könnte auf die Arbeitsinhalte der einzelnen Milizbehörden zurückzuführen sein: Im Vergleich zum Parlament, in dem vorwiegend Reglemente debattiert und beschlossen werden, weist die Tätigkeit in der lokalen Exekutive und in den Kommissionen einen stärkeren Praxisbezug auf. Zudem ist in Rechnung zu stellen, dass sich die Gemeindelegislativen mehrheitlich in der Westschweiz befinden und die Maturitätsquote dort deutlich höher liegt als im deutschsprachigen Landesteil (Freitag 2005; Ladner 2016).[36]

Mit Blick auf die Beschäftigungssituation der Miliztätigen kann festgestellt werden, dass die Milizarbeit eine Domäne der Erwerbstätigen dar-

---

36 34 von den 75 Gemeinden unserer Stichprobe operieren mit einem Gemeindeparlament. Davon befinden sich 18 in der Westschweiz.

Abbildung 3.4: Formaler Bildungsgrad der Miliztätigen in den lokalen Milizbehörden

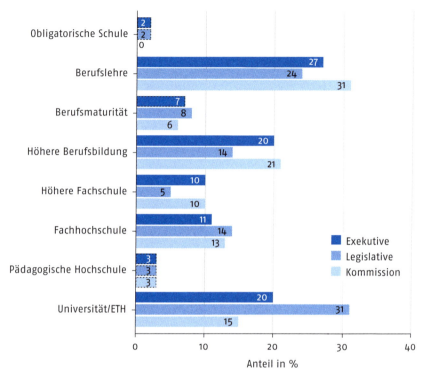

Anmerkung: Abgebildet sind die gerundeten Anteile der Befragten in Prozent.
Gestrichelte Balken: Die ausgewiesenen Werte beruhen auf weniger als 30 Beobachtungen.

stellt. Rund 84 Prozent der Miliztätigen sind erwerbstätig und 43 Prozent der unselbstständig beschäftigten Miliztätigen üben ihren Beruf in Vollzeitstellen aus.[37] Ein weiteres Viertel arbeitet in Teilzeit und 16 Prozent sind selbstständig. Die Mitglieder der Exekutive unterscheiden sich in unserer Befragung interessanterweise deutlich von denjenigen in den Parlamenten und den Kommissionen (vgl. Abbildung 3.5). In den Gemeinderegierungen gibt es vergleichsweise mehr selbstständig und Teilzeiterwerbstätige (21 Prozent bzw. 28 Prozent) als in den beiden anderen hier

---

37 Dies steht im Gegensatz zu den Befunden der Freiwilligkeitsforschung, wonach Teilzeitarbeitende eher einer unbezahlten Tätigkeit nachgehen, als dies Vollzeiterwerbstätige und Nichterwerbstätige tun (Wilson 2012: 186).

Abbildung 3.5: Beschäftigungssituation der Miliztätigen in den lokalen Milizbehörden

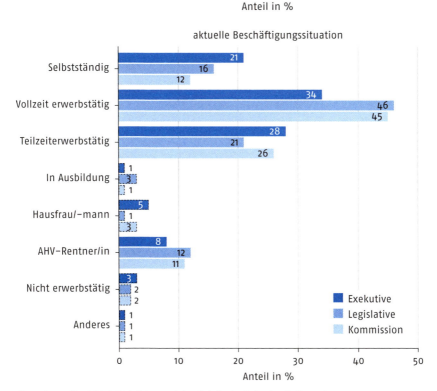

Anmerkung: Abgebildet sind die gerundeten Anteile der Befragten in Prozent.
Gestrichelte Balken: Die ausgewiesenen Werte beruhen auf weniger als 30 Beobachtungen.

untersuchten Milizbehörden. Unselbstständig Beschäftigte mit beruflichen Vollzeitstellen finden sich dagegen eher in der Legislative (46 Prozent) und in den Kommissionen (45 Prozent). Allerdings unterscheidet sich der berufliche Kontext zwischen den miliztätigen Männern und Frauen (Ladner 2015: 113): 52 Prozent der weiblichen Miliztätigen arbeiten Teilzeit, während nur 28 Prozent selbstständig oder vollzeiterwerbstätig sind (hier nicht dokumentiert).[38] Diese augenfälligen Differenzen zwischen den Geschlechtern sind unter Umständen mit der zusätzlichen Belastung der Frauen durch die Haus- und Familienarbeit zu erklären (Freitag et al. 2016: 62; Plüss und Rusch 2012: 67).[39] Nicht erwerbstätige Männer und Frauen gehen hingegen kaum einer Milizarbeit nach. Allerdings finden sich unter den Mitgliedern der Legislative und der Kommissionen 12 beziehungsweise 11 Prozent Pensionierte.

Diese Zahlen verdeutlichen, dass ein Exekutivamt vor allem von denjenigen eingenommen wird, die ihr berufliches Aufkommen flexibel handhaben können, sei dies durch die Selbstständigkeit oder durch ein reduziertes Arbeitspensum. Die mit Letzterem einhergehenden finanziellen Einbussen können bei einem lokalen Exekutivamt im Vergleich zur Tätigkeit in der Legislative und den Kommissionen durch die höhere Entschädigung immerhin teilweise ausgeglichen werden (siehe Kapitel 2).

Nicht selten definiert sich der soziale Status über die berufliche Tätigkeit. Für ein mögliches politisches Behördenengagement ist bei dieser aber nicht allein von Relevanz, wie viel Zeit für sie aufgebracht wird, sondern auch, welche Arbeitsinhalte mit ihr verbunden sind (Wilson 2000: 221). Der Zutritt zum Milizamt, insbesondere in der Exekutive, bleibt für gewisse Berufsgruppen allein schon dadurch versperrt, weil neben Führungsqualifikationen und einer flexibel handhabbaren zeitlichen Abkömmlichkeit auch die Bereitschaft zu Lohneinbussen (etwa durch eine Reduktion des Berufspensums) vorhanden sein müssen (Geser et al. 2011: 31). Frühere Untersuchungen zu den Schweizer Parlamenten zeigen auf, dass der Anteil an Selbstständigen im Parlament deutlich höher liegt als in der schweizerischen Gesamtbevölkerung (Bütikofer 2014; Sciarini 2003). Daneben macht die Berufsgruppe der soziokulturellen Spezialistinnen und Spezialisten (etwa Ärztinnen und Ärzte, Journa-

---

38 Bei den Männern macht der Anteil teilzeitbeschäftigter Miliztätiger 12 Prozent aus, während 73 Prozent selbstständig oder vollzeiterwerbstätig sind (hier nicht dokumentiert).

39 Analysen des Freiwilligen-Monitors Schweiz bekräftigen diese Vermutung. Insgesamt geben 83 Prozent der Frauen an, dass sie primär für den Haushalt zuständig sind. Bei den Männern sind es mit 44 Prozent nur gut halb so viele (Freitag et al. 2016: 62–63).

listinnen und Journalisten oder Lehrpersonen) ebenfalls einen beachtlichen Anteil der Parlamentsmitglieder in der Bundesversammlung aus (Bütikofer 2014). Die Tätigkeiten in dieser Berufsgruppe scheinen mehr Flexibilität und damit Freiräume für anderweitige Tätigkeiten zu ermöglichen (Bundi et al. 2018a).

Eine Auswertung der lokal Miliztätigen hinsichtlich ihrer sozialen Berufsklassenzugehörigkeit bringt folgende Erkenntnisse: Es zeigt sich, dass die Miliztätigen nahezu unabhängig von der zugrunde liegenden Arbeitslogik eher in höheren Berufskategorien zu finden sind (mit der Ausnahme der selbstständigen Arbeitslogik).[40] Am häufigsten finden sich Managerinnen und Manager (27 Prozent), soziokulturelle Spezialistinnen und Spezialisten (16 Prozent) sowie Bürokräfte (15 Prozent) im Milizsystem. Dagegen sind Dienstleistende (etwa Pflegefach- und Servicekräfte; 5 Prozent), Arbeitnehmende im Produktionssektor (6 Prozent) sowie Personen mit freiberuflichen oder unternehmerischen Tätigkeiten (8 Prozent) weniger vertreten. Allerdings gibt es auffallende Unterschiede zwischen den verschiedenen Arten der hier analysierten Milizbehörden (vgl. Abbildung 3.6). In den Gemeindeexekutiven engagieren sich beispielsweise häufiger Selbstständige (27 Prozent) als in der Legislative (20 Prozent) und in den Kommissionen (15 Prozent). Dafür sind technische Expertinnen und Experten (z. B. aus dem Ingenieur- oder Bauwesen) häufiger in den Gemeindeparlamenten und Kommissionen zu finden. Unter den Selbstständigen sind in allen drei Milizbehörden die Kleingewerbetreibenden gegenüber den Freiberuflichen und den Unternehmenden in der Überzahl.

Auch wenn die meisten Miliztätigen nicht selbstständig tätig sind, haben fast zwei Drittel eine Kaderfunktion inne. Obschon die verschiedenen Kaderfunktionen relativ gleichmässig auf die Befragten verteilt sind, finden sich die Miliztätigen tendenziell eher im unteren oder im oberen Kader. Personen, die dem oberen Kader zuzurechnen sind, sind am stärks-

---

40 Wir folgen einer Typologie von Oesch (2016: 194), der die Berufe entlang einer hierarchischen und einer horizontalen Dimension in acht Klassen einteilt. Während die erste Dimension mehr oder weniger vorteilhafte Beschäftigungsverhältnisse unterscheidet und die Berufe der Oberklasse von jenen der Arbeiterklasse trennt, definiert die horizontale Dimension die Arbeitslogik (interpersonell, technisch, administrativ und selbstständig).

Abbildung 3.6: Berufsklassen der Miliztätigen in den lokalen Milizbehörden

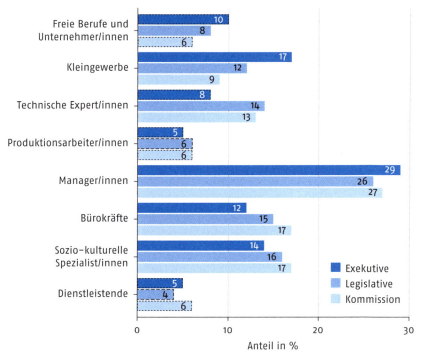

Anmerkung: Abgebildet sind die gerundeten Anteile der Befragten in Prozent.
Gestrichelte Balken: Die ausgewiesenen Werte beruhen auf weniger als 30 Beobachtungen.
Die Klassifikation basiert auf Oesch (2016).

ten in den Exekutiven vertreten (30 Prozent), wie aus Abbildung 3.7 ersichtlich wird. In den Legislativen und Kommissionen fällt dieser Anteil deutlich geringer aus (23 bzw. 21 Prozent). Der Anteil der Miliztätigen ohne Kaderfunktion ist in den Legislativen am höchsten (39 Prozent). Allerdings sind auch hier grosse Unterschiede zwischen den Geschlechtern festzustellen. Während 62 Prozent der befragten miliztätigen Frauen keine Kaderfunktion innehaben, liegt dieser Anteil bei den Männern nur bei 23 Prozent (hier nicht dokumentiert). Diese Ergebnisse weisen Parallelen zu den Befunden des Freiwilligen-Monitors Schweiz auf, wonach insbesondere Männer in Vorgesetztenpositionen signifikant häufiger Ehrenämter innehaben als Männer ohne diese berufliche Qualifikation (Freitag et al. 2016: 64).

Abbildung 3.7: Berufliche Stellung der erwerbstätigen Miliztätigen in den lokalen Milizbehörden

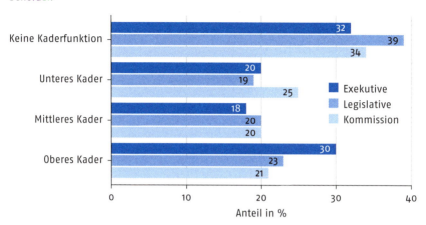

Anmerkung: Abgebildet sind die gerundeten Anteile der Befragten in Prozent.

Vergegenwärtigt man sich schliesslich die Befunde zum Zusammenhang zwischen dem Einkommen und der Bereitschaft zur Ehrenamtlichkeit, fällt zunächst auf, dass eine gesicherte finanzielle Situation eine zentrale Grundvoraussetzung für die Ausübung unbezahlter Tätigkeiten darstellt (Freitag et al. 2016: 66; McBride et al. 2011; Musick und Wilson 2008; Pho 2008; Wilson 2000; Wilson 2012). Für die Schweiz gilt beispielsweise ein Haushaltseinkommen von 5000 Franken als eine zu überwindende Hürde für ein freiwilliges Engagement (Freitag et al. 2016: 65). Auf der anderen Seite des Spektrums leisten Personen mit hohem Einkommen ihren Beitrag zum Wohl der Gemeinschaft eher in Form von Geldspenden als anhand einer zeitintensiven ehrenamtlichen Tätigkeit (Wilson 2012: 187–188). Aus diesem Grund erscheint der Zusammenhang zwischen Einkommen und ehrenamtlichem Engagement oftmals nicht linear. Während sich Menschen mit geringem und mit hohem Einkommen eher in Zurückhaltung üben, engagieren sich Personen mit einem mittleren Einkommen am häufigsten (Lee und Brudney 2009).

Diese Annahme bestätigt sich auch für die Milizarbeit in den lokalen Schweizer Behörden. Nur wenige Personen mit einem monatlichen Einkommen von unter 4000 Franken üben ein Milizamt aus (4 Prozent). Fast 70 Prozent der Miliztätigen verfügen über ein Haushaltseinkommen zwischen 6001 und 14000 Franken pro Monat. Angehörige der darüber lie-

80 | 3 Profile von Miliztätigen in Schweizer Gemeinden

genden Einkommensgruppen finden sich weniger unter den Miliztätigen in den von uns untersuchten Gemeinden. Zwischen den drei Milizbehörden gibt es insoweit kaum Varianz (vgl. Abbildung 3.8). Die kurvilineare Beziehung zwischen Einkommen und Engagement zeigt sich sowohl in

Abbildung 3.8: Monatliches Haushaltseinkommen der Miliztätigen in den lokalen Milizbehörden

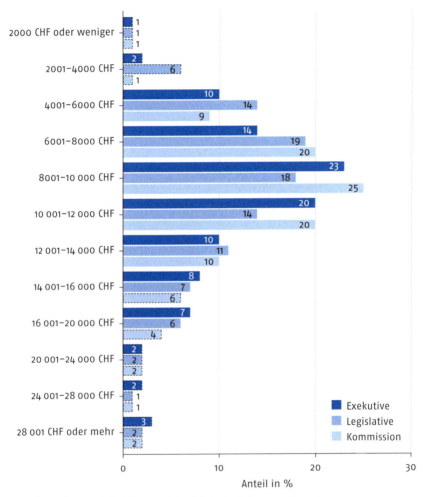

Anmerkung: Abgebildet sind die gerundeten Anteile der Befragten in Prozent.
Gestrichelte Balken: Die ausgewiesenen Werte beruhen auf weniger als 30 Beobachtungen.

der Exekutive wie auch in der Legislative und bei den Kommissionen. Bei den Geringverdienenden ist am ehesten noch die Bereitschaft zu erkennen, ein Legislativamt zu übernehmen. Dies dürfte allerdings auch mit dem oben dargelegten geringeren Altersdurchschnitt in dieser Milizbehörde zusammenhängen.

3.2 Soziale und politische Einbindung von Miliztätigen

Eine wichtige Voraussetzung für eine ehrenamtliche Tätigkeit ist die Einbindung in die soziale Umgebung (Freitag et al. 2016). Butricia et al. (2009) zeigen beispielsweise, dass verheiratete Personen ihr Engagement eher nicht beenden, wenn die Ehepartnerin oder der Ehepartner ebenfalls freiwillig tätig ist. Zudem argumentiert Wilson (2000), dass verheiratete Personen über mehr soziale Kontakte verfügen, was wiederum die Aussicht auf ein Ehrenamt erhöht. Allerdings zeige sich die Wirkung des Zivilstands abhängig vom Lebensalter: Nach der Pensionierung ziehen sich Verheiratete eher aus der öffentlichen Verantwortung zurück (Wilson 2000: 225). Abbildung 3.9 legt nahe, dass die grosse Mehrheit der Miliztätigen verheiratet ist (insgesamt 73 Prozent).[41] Unter den Exekutiv- und Kommissionsmitgliedern sind beinahe vier Fünftel verheiratet, in der Legislative sind es noch 64 Prozent.[42] Letzteres mag auf den vergleichsweise hohen Anteil von unter 40-Jährigen zurückzuführen sein. Ledig ist dagegen nur etwa jede beziehungsweise jeder achte Miliztätige, wobei der Anteil in den Parlamenten am höchsten ausfällt (19 Prozent). Geschiedene, Verwitwete oder Personen in einer Partnerschaft stellen in der politischen Milizarbeit auf Gemeindeebene eher die Ausnahme als die Regel dar.[43] Wie schon bei Geser et al. (2011: 21) fällt der Anteil an Verheirateten

---

41 Der Anteil an Verheirateten liegt bei den pensionierten Personen nur leicht unter demjenigen der 40- bis 64-Jährigen (78 gegenüber 79 Prozent; hier nicht dokumentiert).

42 Geser et al. (2011: 21) berichten über einen Anteil von 83 Prozent an Verheirateten unter den Exekutivmitgliedern.

43 Rund ein Drittel der Geschiedenen hat angegeben, dass die Trennung während der Amtszeit erfolgte. Bei den Verheirateten geben hingegen nur 6 Prozent an, dass ihre Hochzeit im Lauf ihrer Amtszeit standfand (hier nicht doku-

Abbildung 3.9: Zivilstand der Miliztätigen in den lokalen Milizbehörden

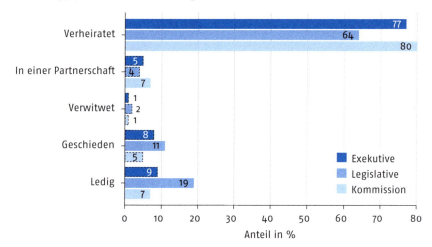

Anmerkung: Abgebildet sind die gerundeten Anteile der Befragten in Prozent.
Gestrichelte Balken: Die ausgewiesenen Werte beruhen auf weniger als 30 Beobachtungen.

in den Gemeinden mit mehr als 9999 Einwohnerinnen und Einwohnern deutlich geringer aus (61 Prozent) als in den kleinen (78 Prozent) und mittleren Gemeinden (71 Prozent; hier nicht dokumentiert).

Angesichts der Überrepräsentation der Verheirateten unter den Miliztätigen überrascht es nicht, dass die meisten von ihnen in einem Mehrpersonenhaushalt leben. Während in der Schweizer Bevölkerung der Einpersonenhaushalt dominiert, leben nur gerade 12 Prozent der Miliztätigen allein. Die meisten Befragten wohnen in einem Zweipersonenhaushalt (32 Prozent), dicht gefolgt von einem Haushalt mit vier Personen (28 Prozent). Die Werte unterscheiden sich nur unwesentlich zwischen den Milizbehörden (vgl. Abbildung 3.10). In den Gemeindekommissionen arbeiten grundsätzlich eher Personen, die in einem Mehrpersonenhaushalt leben, 14 Prozent gar in einem Fünfpersonenhaushalt. Zudem ist der Anteil allein lebender Personen in den lokalen Parlamenten am höchsten

mentiert). Allerdings ist bei diesen Werten Vorsicht vor zu weit reichenden Interpretation geboten, da diese Anteile meist auf weniger als 30 Beobachtungen basieren.

Abbildung 3.10: Haushaltsgrösse der Miliztätigen in den lokalen Milizbehörden

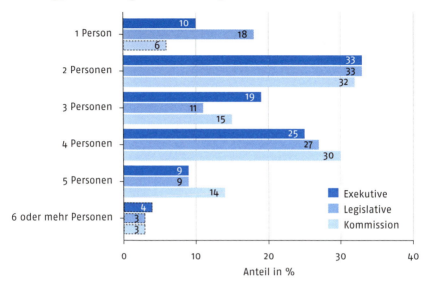

Anmerkung: Abgebildet sind die gerundeten Anteile der Befragten in Prozent.
Gestrichelte Balken: Die ausgewiesenen Werte beruhen auf weniger als 30 Beobachtungen.

(18 Prozent). Dies ist wahrscheinlich wiederum darauf zurückzuführen, dass sich unter den Parlamentsmitgliedern ein vergleichsweise hoher Anteil an jüngeren Miliztätigen befindet.

Das Engagement im lokalen Milizwesen stellt einen besonderen Einsatz für die Gemeinde dar. Deshalb ist es kaum erstaunlich, dass praktisch alle Miliztätige in der Gemeinde wohnen, in der sie ihr Milizamt innehaben (98 Prozent). Darüber hinaus unterstreichen sie ihren Bezug zur Gemeinde mit einer langen Ortsansässigkeit. Im Schnitt wohnen die Miliztätigen bereits 29 Jahre in der Gemeinde, in der sie ihr ehrenamtliches Engagement ausüben. 60 Prozent der befragten Miliztätigen sind schon länger als 20 Jahre in der Gemeinde ansässig, jedes fünfte Mitglied sogar schon länger als 40 Jahre. Nur etwa 10 Prozent leben weniger als zehn Jahre in ihrer Gemeinde. Dabei unterscheiden sich die Miliztätigen zwischen den verschiedenen Behörden nur unbedeutend. Während die Mitglieder in der Exekutive im Durchschnitt 30 Jahre in der Gemeinde leben, sind die Mitglieder der Legislative 27 und die der Kommissionen durchschnittlich 31 Jahre in der Gemeinde ansässig (vgl. Abbildung 3.11) Diese Befunde

Abbildung 3.11: Wohndauer in der Gemeinde der Miliztätigen in den lokalen Milizbehörden

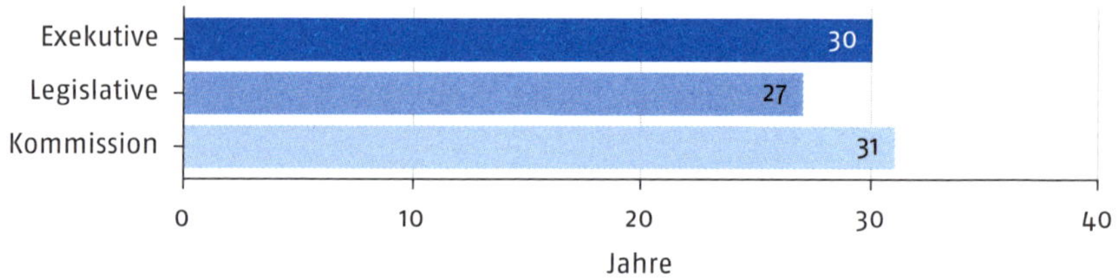

Behörde	Jahre
Exekutive	30
Legislative	27
Kommission	31

Anmerkung: Abgebildet sind die gerundeten Mittelwerte in Jahren.

widerspiegeln grösstenteils die Resultate der Gemeindeexekutivbefragung durch Geser et al. (2011: 35).

Neben der Wohndauer spurt auch die Ämtertradition in der eigenen Familie vor, ob sich eine Person der Milizarbeit verschreibt. Dieses sogenannte Honoratiorentum verbindet «die innerfamiliäre Weitergabe der Ämter mit einer langfristigen Sesshaftigkeit in der angestammten Gemeinde» (Geser et al. 2011: 61). Abbildung 3.12 unterstreicht dies: 47 Prozent der Miliztätigen geben an, dass ein Mitglied ihrer Familie bereits im Milizwesen tätig war. In den Gemeindekommissionen gibt es sogar eine Mehrheit (51 Prozent) mit einer familiären Miliztradition. Bei den Exekutivmitgliedern liegt der Anteil bei 44 Prozent und damit höher als der Wert in der vergleichbaren Erhebung von Geser et al. (2011: 62).[44]

Die Verzahnung zwischen Politik und Gesellschaft ist ein zentrales Merkmal der Lokalpolitik (Freitag und Ackermann 2016; Geser et al. 2011: 39; Traunmüller et al. 2012). Zum einen nehmen Politikerinnen und Politiker am gesellschaftlichen Vereinsleben in der Gemeinde teil, weil sie wohl von Grund auf eher zu den aktiven und sich gerne vernetzenden Menschen zählen. Zum anderen dürfte ihr Vereinsengagement mitunter auch strategisch ausgerichtet sein, da Vereine wichtige Mobilisierungs-

---

44 Dort geben 36 Prozent der Exekutivmitglieder an, dass entweder ihre Mutter oder ihr Vater ein politisches Amt innehatte. Allerdings beschränken Geser et al. (2011) ihre Frage auf den Vater oder die Mutter als Mitglied einer politischen Behörde, während unsere Untersuchung nach der Miliztätigkeit von Familienmitgliedern allgemein fragt.

Abbildung 3.12: Miliztätige mit Familienmitglied mit Milizamt in den lokalen Milizbehörden

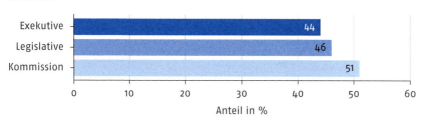

Anmerkung: Abgebildet sind die gerundeten Anteile der Befragten in Prozent.

agenturen im Wahlkampf darstellen. Vereine dürften wiederum von Behördenmitgliedern profitieren, wenn auf Gemeindeebene Entscheidungen anstehen, die auch die lokale Vereinslandschaft betreffen.

Für unsere Erhebung ergibt sich, dass 70 Prozent der Miliztätigen neben ihrem politischen Amt noch in einem Verein aktiv mitarbeiten. Damit sind die Miliztätigen im Vergleich zur gesamten Schweizer Bevölkerung überdurchschnittlich oft freiwillig tätig (Freitag et al. 2016: 49). Dazu gibt mehr als jeder achte Miliztätige an, ein freiwilliges Vereinsengagement aufgegeben zu haben. Nur 16 Prozent der Befragten gehen keiner freiwilligen Tätigkeit ausserhalb der Milizarbeit nach. Die Mitglieder der Gemeindeparlamente sind am häufigsten freiwillig engagiert (75 Prozent), während die Exekutiven den höchsten Anteil an Personen verzeichnen, die eine anderweitige freiwillige Tätigkeit aufgegeben haben (18 Prozent; vgl. Abbildung 3.13).

Das politische Engagement auf Gemeindeebene erfolgt zum Teil auf Kosten anderweitiger freiwilliger Tätigkeiten. Während die Freiwilligen in der Schweiz im Schnitt 20 Stunden pro Monat für alle ihre freiwilligen und ehrenamtlichen Tätigkeiten aufwenden (Freitag et al. 2016: 56), investieren die Miliztätigen nur etwa zehn Stunden pro Monat für zusätzliche unbezahlte Tätigkeiten ausserhalb ihres politischen Amts. Auch hier verzeichnen die Parlamentsmitglieder mit elf Stunden den höchsten Wert (vgl. Abbildung 3.13). Diese Zeit leisten die Miliztätigen für verschiedene Vereine und Organisationen (vgl. Abbildung 3.14). Mit 39 Prozent zählen Sportvereine zu den Organisationen, in denen die Miliztätigen am häufigsten aktiv engagiert sind. Da die Parteimitgliedschaft oftmals eine Voraussetzung für ein Milizamt darstellt, folgt unmittelbar das Engagement

Abbildung 3.13: Einbindung der Miliztätigen in das Vereinsleben im Vergleich der lokalen Milizbehörden I

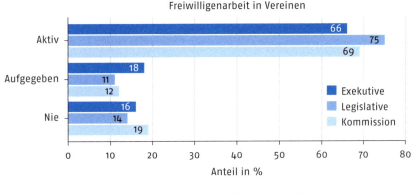

Anmerkung: Abgebildet sind die gerundeten Anteile der Befragten in Prozent bzw. die Stunden pro Monat.

in politischen Parteien (38 Prozent). Beliebt ist auch die Mitarbeit bei kulturellen Vereinen und Interessenverbänden mit etwa 20 Prozent. Die Unterschiede zwischen den Behörden sind dabei vergleichsweise gering. Auffallend ist allein, dass die Kommissions- im Vergleich zu den Legislativ- und Exekutivmitgliedern weniger aktiv in Parteien engagiert sind und sich dafür stärker im öffentlichen Dienst und in Freizeitvereinen engagieren (12 und 15 Prozent).

Den politischen Parteien wird gemeinhin nachgesagt, dass ihre Stellung in den Gemeinden an Bedeutung verloren habe (Geser et al. 2003). Einerseits bekunden Lokalparteien Mühe, ihre Mitgliederbestände zu halten und Personen für politische Ämter zu rekrutieren (Giger et al. 2011; Ladner 2004; Vatter 2016). Andererseits stehen durch die fortschreitende Nationalisierung der Parteien höhere Staatsebenen im Vordergrund (Bochsler et al. 2016). Schliesslich gehen vermehrt Quereinsteiger in die

Abbildung 3.14: Einbindung der Miliztätigen in das Vereinsleben im Vergleich der lokalen Milizbehörden II

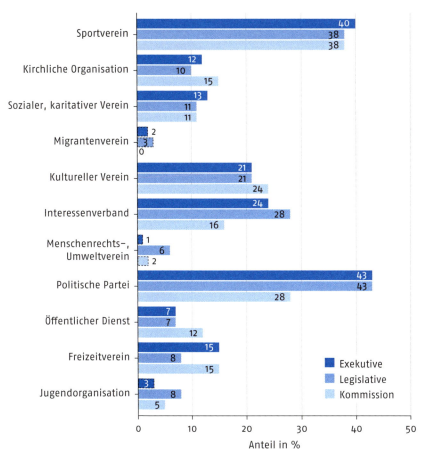

Anmerkung: Abgebildet sind die gerundeten Anteile der Befragten in Prozent.
Gestrichelte Balken: Die ausgewiesenen Werte beruhen auf weniger als 30 Beobachtungen.

Politik, sodass die Lokalparteien ihre Funktion als Sprungbrett für politische Karrieren zunehmend einbüssen (Bailer et al. 2013). Die Resultate unserer Befragung relativieren freilich dieses Bild. Nur 18 Prozent der Miliztätigen haben angegeben, dass sie kein Mitglied einer politischen Partei sind. Wie auch bei Geser et al. (2011: 48) finden sich die Parteilosen vor allem in den kleinen Gemeinden. In der vorliegenden Erhebung beläuft sich der Anteil an Parteiunabhängigen in den Gemeinden mit bis zu 5000 Einwohnerinnen und Einwohnern auf 25 Prozent, während er in den mittleren (18 Prozent) und grossen Gemeinden (8 Prozent) weitaus geringer ausfällt (vgl. Abbildung 3.15). Zudem ist deren Quote bei den Kommissionen (37 Prozent) besonders hoch, während in den lokalen Legislativen praktisch keine Parteiunabhängigen Einsitz nehmen (1 Prozent; hier nicht dokumentiert).

Die meisten Mitgliedschaften auf Gemeindeebene weist die FDP mit 23 Prozent aus. Darauf folgt die SP mit 16 Prozent Parteizugehörigen. Die SVP (13 Prozent) und die CVP (12 Prozent) sind bezüglich der Parteimitgliedschaften in der lokalen Schweiz quasi gleichauf. 12 Prozent der Miliztätigen geben an, einer anderen Partei anzugehören. Die FDP weist auch in allen Behörden die meisten Mitgliedschaften auf (vgl. Abbildung 3.16). Die CVP ist mit 16 Prozent die zweitstärkste Partei in den Exekutiven, gefolgt von der SVP (15 Prozent) und der SP (13 Prozent). In den Gemeindeparlamenten folgt die SP (23 Prozent) auf die FDP (28 Prozent) noch vor der SVP (13 Prozent) und der CVP mit 8 Prozent. In den Gemeindekommissionen sind die Sitze hingegen ausgewogen unter den restlichen Bundesratsparteien verteilt. Die kleineren nationalen Parteien (Grüne, GLP und BDP) spielen mit Ausnahme der Grünen in den kommunalen Parlamenten keine bedeutende Rolle.

Neben der Parteimitgliedschaft liefert die Links-rechts-Positionierung der Miliztätigen einen Hinweis auf die vorherrschenden politischen Weltanschauungen im lokalen Milizwesen (vgl. Abbildung 3.17). Im Durchschnitt verorten sich die Mitglieder der Milizbehörden Mitterechts (Skalenwert: 7) im politischen Spektrum, wobei es zwischen Exekutive, Legislative und Kommissionen beinahe keine Abweichungen

Abbildung 3.15: Parteiunabhängige in den lokalen Milizbehörden in Abhängigkeit von der Gemeindegrösse

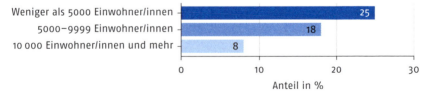

Anmerkung: Abgebildet sind die gerundeten Anteile der Befragten in Prozent.

Abbildung 3.16: Parteizugehörigkeit der Miliztätigen in den lokalen Milizbehörden

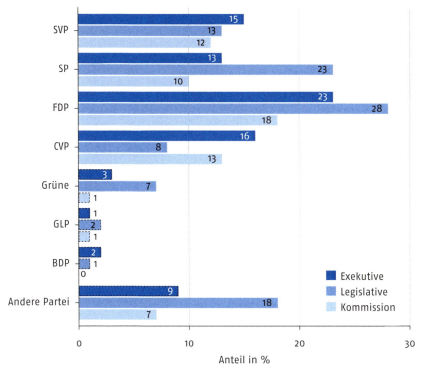

Anmerkung: Abgebildet sind die gerundeten Anteile der Befragten in Prozent.
Gestrichelte Balken: Die ausgewiesenen Werte beruhen auf weniger als 30 Beobachtungen.

gibt.[45] Die Mitglieder der SVP markieren mit einem Durchschnittswert von 8,6 den rechten Rand der Miliztätigen in der lokalen Politik. Dahinter folgen die Parteizughörigen der FDP (7,8), der BDP (7,6), der CVP (6,9) und der GLP (5,9). Das linke Lager unter den Miliztätigen nehmen die Mitglieder der SP (3,7) und der Grünen (4,0) ein. Die Parteiunabhängigen verteilen sich auf der gesamten Links-rechts-Skala und positionieren sich tendenziell eher im bürgerlichen Spektrum (6,3). Die Mitglieder anderer Parteien sehen sich ideologisch in der politischen Mitte (hier nicht dokumentiert).

---

45 Der Messung liegt eine Skala von 0 (links) bis 10 (rechts) zugrunde.

Abbildung 3.17: Links-rechts-Positionierung der Miliztätigen in den lokalen Milizbehörden

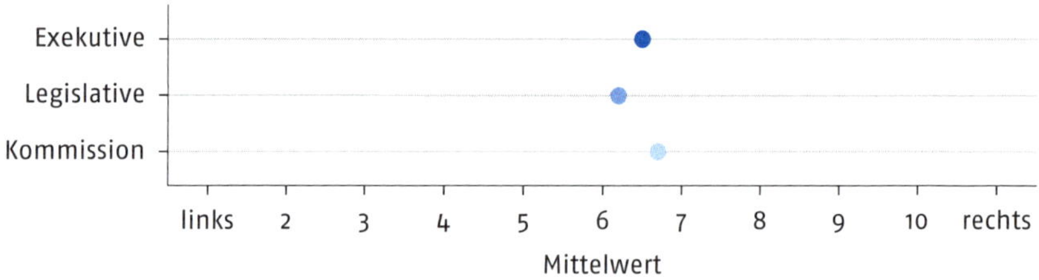

Exekutive	• (≈6.5)
Legislative	• (≈6)
Kommission	• (≈6.5)

links 2 3 4 5 6 7 8 9 10 rechts
Mittelwert

Anmerkung: Abgebildet sind die Mittelwerte aller Befragten.

3.3 Charakterliche Profile von Miliztätigen

Aus alltäglicher Erfahrung wissen wir, dass sich Menschen hinsichtlich ihrer Talente, ihrer Intelligenz und ihres Charakters unterscheiden. Wir alle kennen Menschen, die immer bereit sind, auszuhelfen, mitanzupacken, sich um andere zu kümmern und zu sorgen, die gerne Verantwortung übernehmen, ihre Unterstützung nicht immer gegenrechnen und etwas bewegen wollen. Es sind uns aber auch Menschen bekannt, die eher selbstzentriert und egoistisch sind, anderen gerne den Vortritt lassen, wenn um eine helfende Hand gebeten wird, und die ihr Handeln eher auf den eigenen Vorteil statt auf das Gemeinwohl ausrichten. Vor diesem Hintergrund möchten wir erfahren, welche Persönlichkeitszüge die Miliztätigen in der lokalen Schweiz tragen. Die Persönlichkeit eines Menschen kann als komplexes System psychologischer Strukturen und Prozesse verstanden werden, das die Verhaltens- und Einstellungsmuster einer Person prägt (Freitag 2017). Innerhalb der Psychologie haben sich verschiedene Zugänge zur Erforschung des Charakters etabliert. Einer dieser Ansätze wird als Eigenschaftsparadigma bezeichnet und stellt die Persönlichkeitsmerkmale ins Zentrum des wissenschaftlichen Interesses (Freitag 2017). Etwas verkürzt und einfach formuliert beschreiben Persönlichkeitseigenschaften, wie eine Person ist. Diese Eigenschaften sind grundlegende Orientierungen, die über Zeit und Situationen hinweg weitestgehend stabil sind und zumindest teilweise eine genetische Grundlage aufweisen oder in früher Kindheit entwickelt werden (McCrae und Costa 2008; Mondak 2010). Persönlichkeitseigenschaften lassen sich nicht direkt beobachten, sondern zeigen sich im Verhalten und in den Einstellungen einer Person. Werte, Einstellungen und Verhaltensweisen sind von Persönlichkeitseigenschaften zu unterscheiden und diesen ursächlich nachgelagert (Freitag 2017).

Das Fünf-Faktoren-Modell – auch bekannt als die Big Five – hat sich auf der Basis lexikalischer Auswertungen, das heisst durch die Analyse persönlichkeitsbezogener Begriffe in Wörterbüchern, entwickelt und als Standardmodell zur Erfassung von Persönlichkeitseigenschaften innerhalb der Persönlichkeitspsychologie etabliert. Demnach kann die Persönlichkeitsstruktur einer Person anhand von fünf grundlegenden Eigenschaften beschrieben werden, die sich universell in verschiedenen Kulturkreisen nachweisen lassen (McCrae und Costa 2008). Diese fünf Eigenschaften umfassen eine breite Palette an Facetten und werden durch deren hauptsächliche Komponenten Offenheit für Erfahrungen, Gewissenhaftigkeit, Extraversion, Verträglichkeit und emotionale Stabilität (oder umgekehrt: Neurotizismus) wiedergegeben (Freitag 2017). Offenheit für Erfahrungen steht dabei für die Bereitschaft zur Abwechslung, für eine positiv verstandene intellektuelle Neugier und das Hinterfragen von Normen und Werten. Eine offene Person kann als vielfältig interessiert, einfallsreich, intelligent, originell und neugierig beschrieben werden. Offene Personen dürften sich auch im Milizwesen wiederfinden, wenn die dortige Tätigkeit intellektuelle Herausforderungen oder Erfahrungen ermöglicht. Gewissenhaftigkeit umfasst ein Bedürfnis nach Zuverlässigkeit, Ordnung, Beharrlichkeit und Leistung. Gewissenhafte Personen gelten als organisiert, bodenständig, strukturkonservativ, regelgebunden, vorsichtig und keinesfalls leichtsinnig. Insbesondere vor dem Hintergrund eines ausgeprägten Pflichtbewusstseins und des Hochhaltens traditioneller Werte sollten Gewissenhafte ein gemeinwohlorientiertes Engagement als Bürgerpflicht verstehen. Extraversion wird mit einem Streben nach sozialem Austausch und Dominanz, aber auch nach Aufmerksamkeit in Verbindung gebracht. Ein extrovertierter Mensch kann als gesprächig, gesellig, durchsetzungsfähig, aktiv und energievoll charakterisiert werden. Vor allem ihre Geselligkeit, ihre Freude an der Zusammenarbeit mit anderen und ihr aktives Verhalten und Auftreten sprechen dafür, dass sich extrovertierte Menschen im Milizwesen engagieren sollten. Verträglichkeit ist schliesslich die Eigenschaft, die unseren Umgang mit anderen beschreibt. Verträgliche Personen suchen harmonische Beziehungen und gelten als mitfühlend, gütig, verständnisvoll, herzlich und kooperativ. Ganz allgemein bringen sie der Politik aber nur ein geringes Interesse entgegen, da deren Attribute nur wenig ihrem eigenen Wesenszug entsprechen. Während dort die Konfrontation unterschiedlicher Meinungen sowie die Artikulation und Durchsetzung eigener Interessen auf Kosten der Harmonie praktiziert werden, gelten verträgliche Menschen als konfliktscheu, gutherzig und kompromissbereit (Freitag 2017). Emotionale Stabilität geht mit Ruhe und Gelassenheit sowie einer hohen Stressresistenz einher. Neurotische Menschen mit einer geringen emotionalen Belastbarkeit gelten indes als besorgt, unsicher, angespannt, nervös, unruhig und ängstlich. Wer sich als emotional wenig belastbar einstuft, den überkommt ein ungutes Gefühl, wenn in seiner Gegenwart über Politik gesprochen wird. Ferner bekunden solche Personen eher Mühe, politische Sachverhalte zu verstehen. Ein Engagement im Milizwesen erscheint deshalb eher unwahrscheinlich (Freitag 2017).

Analysen für die Schweiz haben gezeigt, dass sich rund die Hälfte der Schweizerinnen und Schweizer als gewissenhaft einstuft. Demgegenüber bescheinigt sich nur etwa ein Viertel eine gewisse Offenheit für neue Erfahrungen. Noch weniger Menschen schätzen sich als besonders extrovertiert ein (nur etwa 14 bis 19 Prozent). Allerdings halten sich beinahe 40 Prozent der Schweizerinnen und Schweizer für besonders bescheiden, altruistisch, mitfühlend, warmherzig und nett. Und nicht einmal 5 Prozent nehmen sich als besonders angespannt, nervös und ängstlich wahr. Die Schweiz zeigt sich demzufolge als ein Land der Netten und Gewissenhaften (Freitag 2017). Aus der Forschung zur unbezahlten Arbeit ist bekannt, dass freiwillig Tätige in erster Linie extrovertiert und verträglich sowie weniger neurotisch sind (Musick und Wilson 2008: 40f.). Forschungen aus Deutschland legen ferner nahe, dass Parlamentarierinnen und Parlamentarier zwar extrovertierter, emotional stabiler und offener, aber auch weniger verträglich und weniger gewissenhaft sind als die Bevölkerung (Best 2011).[46] Darüber hinaus stufen sich die deutschen Christdemokraten als gewissenhafter ein, als dies die Sozialdemokraten tun. Hanania (2017: 166) berichtet für die US-Bundesstaaten, dass die dortigen Mandatsträgerinnen und Mandatsträger insbesondere emotional stabiler und extrovertierter sind als die durchschnittlichen Amerikanerin-

---

46 Best (2011: 935) erklärt die weniger ausgeprägte Gewissenhaftigkeit bei den Politikerinnen und Politikern mit einer negativen Selbstselektion: «Politics offer one of the few viable and attractive careers for ambitious but somewhat disorganized persons.»

nen und Amerikaner. Zudem sind Angehörige der Republikaner zwar gewissenhafter, aber weniger verträglich und weniger offen als die Abgeordneten anderer Parteien (hauptsächlich Demokraten).

Unsere Befragung unter den Miliztätigen in Schweizer Gemeinden bringt hervor, dass sich die dort engagierten Personen als offener, gewissenhafter, extrovertierter und verträglicher einschätzen als die Schweizer Bevölkerung: 66 Prozent attestieren sich eine ausgeprägte Gewissenhaftigkeit, beinahe die Hälfte hält sich für verträglich, und immerhin 35 Prozent geben an, extrovertiert zu sein. Der Anteil emotional stabiler Menschen im Milizwesen bewegt sich auf ähnlichem Niveau, wie dies bei den Schweizerinnen und Schweizern allgemein der Fall ist. Allerdings finden sich durchaus Unterschiede in den Charakterprofilen der Miliztätigen in den lokalen Exekutiven, Legislativen und Kommissionen (vgl. Abbildung 3.18). Exekutivmitglieder schätzen sich beispielsweise zu etwas höheren Anteilen als extrovertiert ein, während die Miliztätigen in den Kommissionen gewissenhafter scheinen als in den übrigen beiden Milizbehörden. In den Gemeindeparlamenten fallen indes die Quoten von Gewissenhaften, Extrovertierten und vor allem der Verträglichen geringer aus als in den Exekutiven und Kommissionen. Letzteres mag auf den

Abbildung 3.18: Persönlichkeitseigenschaften der Miliztätigen in den lokalen Milizbehörden

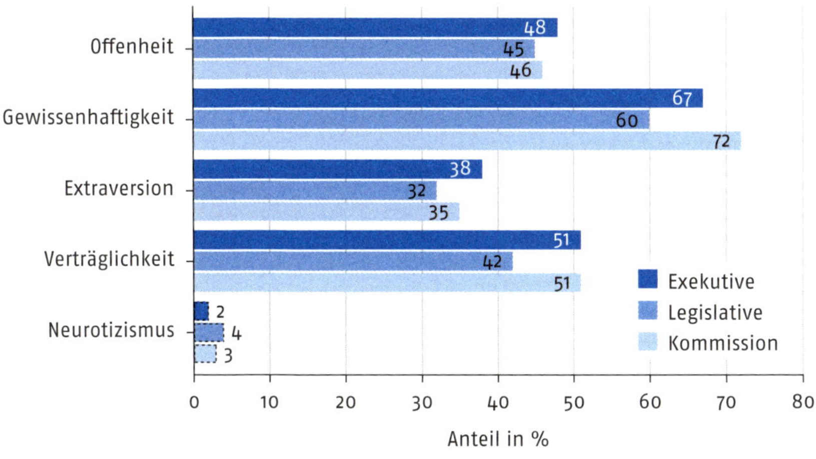

Eigenschaft	Exekutive	Legislative	Kommission
Offenheit	48	45	46
Gewissenhaftigkeit	67	60	72
Extraversion	38	32	35
Verträglichkeit	51	42	51
Neurotizismus	2	4	3

Anteil in %

Anmerkung: Anteil Befragter in Prozent, die auf einer Skala von 0 bis 10 bei jeder Persönlichkeitseigenschaft mindestens den Wert 8 für sich reklamierten.
Gestrichelte Balken: Die ausgewiesenen Werte beruhen auf weniger als 30 Beobachtungen.

höheren Konfliktgrad in der Legislative zurückzuführen sein, der harmoniesuchende Menschen eher abschreckt.

Während der Anteil der offenen Miliztätigen dabei mit der Gemeindegrösse tendenziell zunimmt, geht die Quote an Gewissenhaften mit der Einwohnerzahl zurück (vgl. Abbildung 3.19). Ferner finden sich in den Gemeinden mit mindestens 10 000 Einwohnerinnen und Einwohnern weniger verträgliche Menschen im politischen Milizwesen als in den kleineren Gemeinden. Die Anteile an Extrovertierten und emotional Stabilen sind unter den Gemeinden indes gleich verteilt.

Die Anteile der jeweiligen Charaktermerkmale unterscheiden sich darüber hinaus ebenfalls entlang der Parteizugehörigkeiten der Miliztätigen, wie sich aus den Abbildungen 3.20 bis 3.22 ablesen lässt. Entsprechend finden sich unter den Parteizugehörigen der SVP höhere Anteile von Miliztätigen, die sich selbst als wenig offen gegenüber Neuem, stattdessen aber als beharrlich und zielstrebig sowie wenig kompromissbereit einschätzen. Diese Selbstzuschreibungen korrespondieren mit den parteili-

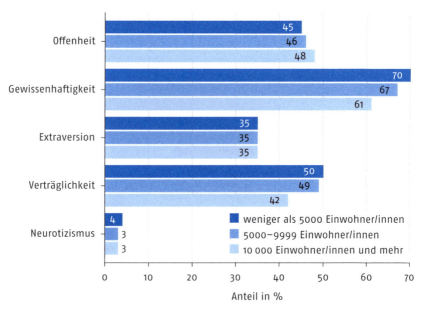

Abbildung 3.19: Persönlichkeitseigenschaften der Miliztätigen in Abhängigkeit von der Gemeindegrösse

Anmerkung: Anteil Befragter in Prozent, die auf einer Skala von 0 bis 10 bei jeder Persönlichkeitseigenschaft mindestens den Wert 8 für sich reklamierten.

Abbildung 3.20: Persönlichkeitseigenschaften der Miliztätigen entlang der Parteizugehörigkeit I

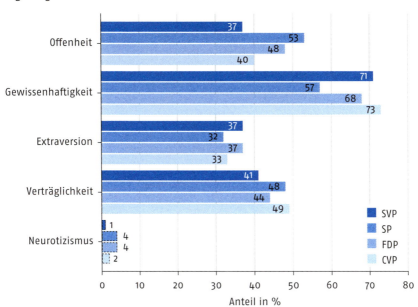

Anmerkung: Anteil Befragter in Prozent, die auf einer Skala von 0 bis 10 bei jeder Persönlichkeitseigenschaft mindestens den Wert 8 für sich reklamierten.
Gestrichelte Balken: Die ausgewiesenen Werte beruhen auf weniger als 30 Beobachtungen.

chen Präferenzen nach Recht und Ordnung, Wirtschaftsliberalismus und konservativen Haltungen in der Sozialpolitik (Freitag 2017). Auch wenn die Miliztätigen der lokalen FDP ähnlich hohe Anteile an Gewissenhaften wie die SVP aufweisen (68 im Vergleich zu 71 Prozent), stufen sie sich in einem höheren Ausmass als offen (48 Prozent) und verträglich (44 Prozent) ein. Noch höhere Quoten an Gewissenhaften treffen wir bei den Miliztätigen der CVP an (73 Prozent). Zudem attestiert sich nahezu die Hälfte der Christdemokraten auf lokaler Ebene des Milizwesens einen verträglichen Charakter. Die Mitglieder der BDP wie der Grünliberalen fallen indes durch ihre geringen Anteile an Extrovertierten auf (18 bzw. 11 Prozent).[47] Geradezu spiegelbildlich zum bürgerlichen Spektrum zeigt

---

47 Miliztätige der Grünliberalen schätzen sich dazu ähnlich wie die Grünen weit weniger gewissenhaft ein, als dies die Parteizugehörigen anderer Parteien tun.

Abbildung 3.21: Persönlichkeitseigenschaften der Miliztätigen entlang der Parteizugehörigkeit II

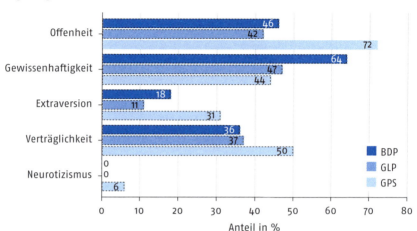

Anmerkung: Anteil Befragter in Prozent, die auf einer Skala von 0 bis 10 bei jeder Persönlichkeitseigenschaft mindestens den Wert 8 für sich reklamierten.
Gestrichelte Balken: Die ausgewiesenen Werte beruhen auf weniger als 30 Beobachtungen.

sich die Wählerschaft am gegenüberliegenden Pol des Parteiensystems. Unter den Miliztätigen der SP (und noch mehr der Grünen) fallen die Anteile offener Menschen, für die das Erproben neuer Handlungsweisen und das Hinterfragen von Normen und Werten ein Lebenselixier darstellen und denen Konformität und das Bestreben nach Erhalt des Status quo eher abgehen, vergleichsweise hoch aus (53 bzw. 72 Prozent). Dazu finden sich im linken Lager eher geringere Anteile an extrovertierten und gewissenhaften Miliztätigen, dafür vergleichsweise höhere Quoten an verträglichen Menschen (48 bzw. 50 Prozent). Unter den Mitgliedern anderer Parteien begegnen wir wiederum dem höchsten Kontingent an Extrovertierten (39 Prozent). Schliesslich treffen wir unter den Parteilosen den höchsten Anteil an Verträglichen an (54 Prozent) und finden vergleichsweise viele gewissenhafte Miliztätige (71 Prozent).

> Angesichts der vergleichsweise geringen Anzahl an Einschätzungen (bei den Grünen 23 Befragte und bei den Grünliberalen 7) schwingt bei diesen Beurteilungen jedoch eine Portion Unsicherheit mit.

Abbildung 3.22: Persönlichkeitseigenschaften der Miliztätigen entlang der Parteizugehörigkeit III

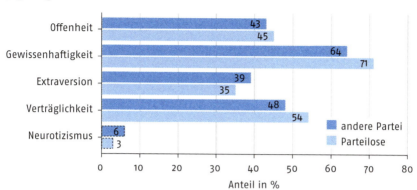

Anmerkung: Anteil Befragter in Prozent, die auf einer Skala von 0 bis 10 bei jeder Persönlichkeitseigenschaft mindestens den Wert 8 für sich reklamierten.
Gestrichelte Balken: Die ausgewiesenen Werte beruhen auf weniger als 30 Beobachtungen.

3.4 Zusammenfassung

Das Milizwesen ist neben der direkten Demokratie, dem Föderalismus und der Konkordanz das tragende Fundament der Schweizer Beteiligungsdemokratie. Während das institutionelle Dreigestirn der eidgenössischen Verhandlungsdemokratie nahezu unverrückbar scheint, steht die politische Milizarbeit zunehmend auf wackligeren Beinen. Wachsende Verpflichtungen in Beruf und Familie zusammen mit dem Drang der schrankenlosen Selbstbestimmung der Lebensinhalte fordern den zumeist nur symbolisch entschädigten, aber zeitintensiven Einsatz zugunsten des Gemeinwohls heraus. Zudem handelt es sich bei der Miliztätigkeit um eine besondere Art der politischen Teilhabe, die im Vergleich zu anderen politischen Partizipationsformen eines höheren Verpflichtungsgrads und anspruchsvollerer Kenntnisse und Fähigkeiten bedarf. All dies macht neugierig auf diejenigen Personen in der Schweiz, die diesen Herausforderungen und Schwierigkeiten trotzen und sich im Milizwesen engagieren.

Wir kommen zum Schluss, dass unabhängig von der Milizbehörde (Exekutive, Legislative oder Kommission) eher Männer als Frauen einer Milizarbeit nachgehen. Das eindeutige Verhältnis mag bis zu einem gewissen Grad unseren zugrunde gelegten Untersuchungseinheiten kleinerer bis mittelgrosser Gemeinden geschuldet sein, in denen noch traditionelle Werthaltungen und Lebensmodelle vorherrschen und Frauen sich stark überdurchschnittlich in der Haus- und Familienarbeit engagieren. Allerdings berichten auch andere Studien von ähnlichen Beteiligungsquoten politisch engagierter Frauen.

Der grösste Anteil der Miliztätigen ist zwischen 40 und 64 Jahre alt (71 Prozent). Die jüngste Alterskohorte (18–39 Jahre) ist mit 18 Prozent vertreten, und die Quote pensionierter Personen im Milizwesen beläuft sich auf 11 Prozent. Immerhin ist fast jedes zehnte Exekutivmitglied in den Schweizer Gemeinden 65 Jahre und älter. Deren Anteil hat sich in den letzten zehn Jahren verdoppelt, was auf das wachsende Gewicht dieses Alterssegments für die politische Milizarbeit in den Gemeinden schliessen lässt. Jüngere Miliztätige finden sich am ehesten noch in den Gemeindeparlamenten, die oftmals als Sprungbrett für eine zukünftige politische Karriere dienen (Bundi et al. 2017).

Während nur jede oder jeder fünfte Miliztätige konfessionslos ist, besitzt beinahe die Hälfte der im Milizwesen Engagierten einen tertiären Bildungsabschluss. 27 Prozent haben eine Berufslehre absolviert. Im Vergleich der drei Behörden wird deutlich, dass Hochgebildete insbesondere in der Legislative vertreten sind. Die Miliztätigen der Exekutive und der Gemeindekommissionen verfügen dagegen mehrheitlich über Abschlüsse der höheren Berufsbildung und höheren Fachschule oder haben eine Berufslehre absolviert (insbesondere die Kommissionsmitglieder). Milizarbeit wird zudem nahezu vollständig von Erwerbstätigen ausgeführt. Nur 16 Prozent der Befragten geben an, erwerbslos zu sein. In den Gemeinderegierungen gibt es vergleichsweise mehr selbstständig und Teilzeiterwerbstätige (21 bzw. 28 Prozent) als in den beiden anderen hier untersuchten Milizbehörden. Ein Exekutivamt wird demnach eher von Personen ausgeführt, die ihre berufliche Einbindung flexibel handhaben oder reduzieren können. Unselbstständig Beschäftigte mit beruflichen Vollzeitstellen finden sich dagegen eher in der Legislative (46 Prozent) und in den Kommissionen (45 Prozent).

Fast zwei Drittel der Miliztätigen haben ferner eine Kaderfunktion inne, im Fall der Exekutive finden wir einen höheren Anteil des oberen Kaders als in den beiden anderen Milizbehörden (30 Prozent). Fast drei Viertel der Miliztätigen sind verheiratet und beinahe ebenso viele verfügen über ein monatliches Haushaltseinkommen zwischen 6000 und 14 000 Franken. Nur 12 Prozent der Miliztätigen leben alleine, am ehesten noch die Mitglieder lokaler Parlamente. Ferner üben nahezu alle befragten Milizarbeitenden ihre Tätigkeit in der Wohngemeinde aus, in der sie im Schnitt seit 29 Jahren wohnen.

Fast die Hälfte der kommunalpolitisch Engagierten gibt an, dass bereits ein Familienmitglied in der Milizarbeit tätig war, und 70 Prozent arbeiten neben ihrem politischen Amt noch etwa zehn Stunden monatlich in einem Verein mit (am ehesten in Sportvereinen und politischen Parteien). Über vier Fünftel der Miliztätigen sind Mitglied einer Partei, parteilich Ungebundene gibt es vorwiegend in den lokalen Kommissionen (37 Prozent). Weltanschaulich und parteipolitisch sind die Miliztätigen eher bürgerlich geprägt. Die meisten Miliztätigen stellen die Freisinnigen, denen rund ein Viertel der Befragten angehört. Danach folgen die Mitgliedschaften bei der SP, SVP und CVP. Letztere ist zwar zusammen mit der FDP stark in der Exekutive vertreten, allerdings weniger stark in den Parlamenten. Hier wiederum sind die sozialdemokratischen Miliztätigen vergleichsweise stark repräsentiert.

Mit Blick auf den Charakter finden wir im Vergleich zur Schweizer Bevölkerung unter den Miliztätigen mehr gewissenhafte, verträgliche, extrovertierte und offene Personen. Der Anteil emotional stabiler Menschen im Milizwesen bewegt sich auf ähnlichem Niveau, wie dies bei den Schweizerinnen und Schweizern allgemein der Fall ist. Im Vergleich der Milizbehörden treffen wir in Exekutiven auf eine höhere Quote von Extrovertierten, während in Kommissionen die Gewissenhaften die Oberhand haben. In den Gemeindeparlamenten finden sich vergleichsweise wenige verträgliche Personen. Gewissenhafte und Extrovertierte gehören am ehesten den bürgerlichen Parteien an, offene und verträgliche Miliztätige vorzugsweise dem linken Parteienspektrum. Ausnahmen bestätigen hier die Regel: Während sich unter den freisinnigen Miliztätigen viele einen hohen Grad an Offenheit attestieren, halten sich unter den Christdemokraten viele für verträglich.

Zusammengefasst handelt es sich beim typischen Miliztätigen nach wie vor um einen verheirateten Mann im Alter von 40 bis 64 Jahren, der einen hohen sozialen Status innehat, in der Gemeinde verwurzelt und gut vernetzt ist, einer Konfession und Partei angehört und eher aus dem bürgerlichen Lager stammt. Dazu verfügt er über einen emotional stabilen Charakter und ist überdurchschnittlich offen, gewissenhaft und extrovertiert.

4 Motive, Ansichten und Überzeugungen von Miliztätigen in Schweizer Gemeinden

Im vorangegangenen Kapitel wurde erörtert, inwiefern die Miliztätigkeit an persönliche Voraussetzungen geknüpft ist. Diesbezüglich stellen ein gewisses Alter, berufliche Erfahrungen, ein bestimmter sozialer Status und Charakter sowie eine Einbindung in das lokale Umfeld die Weichen für die Ausübung eines Milizamts. Neben der Gewissheit über diese eher strukturellen Erfordernisse vermag auch die Kenntnis über vermeintliche Beweggründe des Engagements Aufschlüsse über die Miliztätigen zu vermitteln. Mit anderen Worten: «The most obvious way to explain why people volunteer is ask them their reasons for doing so» (Musick und Wilson 2008: 54). In der Tat verlangt eine eingehende Ausleuchtung der Milizarbeit nach einer systematischen Analyse der Gründe, Absichten und Überzeugungen der in diesem Bereich aktiven Bürgerinnen und Bürger. Während das Wissen um die strukturellen Notwendigkeiten Einsichten über die potenziellen Gelegenheiten und Chancen zur Milizarbeit liefert, eröffnet eine Analyse der Motive Einblicke in mögliche Erklärungen, weshalb sich manche Bürgerinnen und Bürger für eine Miliztätigkeit entscheiden.

Unbezahlte Tätigkeiten werden gemäss sozialpsychologischen Erkenntnissen vornehmlich aufgenommen, um gewisse innere Bedürfnisse zu stillen (Clary et al. 1996, 1998; Oostlander et al. 2015). Dabei handelt es sich um das Ausleben von (altruistischen) Wertvorstellungen, die Aneignung von Kenntnissen und Wissen, das psychische und geistige Wachstum, die Karriereförderung, die Pflege und den Ausbau sozialer Beziehungen sowie die Lösung eigener Probleme. Diese funktionale Sichtweise individueller Motive stellt voran, dass alle Menschen in ihren Handlungen von den gleichen universal geltenden psychischen Bedürfnissen geleitet werden. Allerdings variieren die herangezogenen Strategien zur Stillung der jeweiligen Bedürfnisse. Ferner kann dieselbe Tätigkeit aus unterschiedlichen Beweggründen von den Interessierten aufgenommen werden. Während der eine mit der Ausübung eines Exekutivamts sein

Netzwerk erweitern möchte, verfolgt die andere dieses politische Engagement aus Karrieregründen oder zur persönlichen Weiterbildung. Zudem kann jede Miliztätigkeit eine Vielzahl an Motiven erfüllen und muss nicht nur aus einem einzigen Beweggrund heraus praktiziert werden.[48]

Vor diesem Hintergrund kann eine Miliztätigkeit beispielsweise einer tief liegenden altruistischen oder humanistischen Werthaltung entspringen, um individuell gesteckte Überzeugungen, Wünsche oder Ziele umzusetzen (Wertefunktion). Dies wird sichtbar, wenn Miliztätige in unserer Befragung beispielsweise angeben, dass sie sich uneigennützig für die Allgemeinheit engagieren möchten (als Beispiel: *Ich finde es wichtig, sich uneigennützig für die Allgemeinheit zu engagieren*). Alternativ vermag die Miliztätigkeit auch Menschen anzuziehen, die politische Entscheidungsprozesse nachvollziehen oder neue Fähigkeiten erlangen und die eigenen Fertigkeiten anwenden oder vertiefen möchten (Erfahrungsfunktion: *Ich wollte meine Talente und Kenntnisse einsetzen und erweitern; ich wollte die Gemeindepolitik mitbestimmen*).[49] Über dies hinaus kann ein Engagement im Milizwesen Möglichkeiten bieten, neue Arbeitskontakte zu knüpfen, das eigene Profil und den Lebenslauf zu verbessern und sich auf berufliche Herausforderungen vorzubereiten. Insofern übernimmt die Miliztätigkeit eine Karrierefunktion (*Ich wollte eine Tätigkeit finden, die mir für meine berufliche Tätigkeit nützt; ich wählte die Gemeindetätigkeit als Sprungbrett für weitere politische Ämter*). Milizarbeit mag ferner auch dazu dienen, soziale Isolation, Selbstzweifel, Unsicherheiten und negative Selbstzuschreibungen zu überwinden (Schutzfunktion: *Ich wollte mich in die Gemeinde integrieren*) oder das Selbstwertgefühl zu verbessern wie auch die persönliche Entwicklung zu fördern (Selbstwertfunktion: *Ich wollte mich persönlich weiterentwickeln*). Schliesslich kann die Miliztätigkeit eine soziale Anpassungsfunktion übernehmen, wenn das Engagement vom Umfeld erwartet und auch positiv bewertet wird

---

48 Konrath et al. (2012) unterstreichen durch ihre Befunde die Bedeutung der Motivforschung. Gemäss ihren Analysen erzielen gemeinwohlorientierte Freiwillige eine um vier Jahre höhere Lebensdauer als jene mit stärker selbstbezogenen Beweggründen.

49 Dem Aspekt der Mitbestimmung wird im Bereich der Milizpolitik bisweilen eine eigenständige Funktion zugewiesen («Gestaltungsfunktion»; siehe Geser et al. 2011; Ketterer et al. 2015b).

oder Letzteres ohnehin im Milizwesen tätig ist (beispielhaft: *Ich wollte meiner politischen Gruppierung oder meinem Verein/Verband helfen*).[50]

Anlehnend an diese funktionalen Bezüge rubrizieren Ketterer et al. (2015b) die einzelnen Motive spezifisch für die Miliztätigkeit unter die Themen «Gemeinschaft» (hier etwa: *ich finde es wichtig, sich uneigennützig für die Allgemeinheit zu engagieren; ich wollte meiner politischen Gruppierung oder meinem Verein/Verband helfen*), «Gestaltenwollen» (hier etwa: *Ich wollte die Gemeindepolitik mitbestimmen*), «Alltagsbereicherung» (hier etwa: *Ich wollte meine Talente und Kenntnisse einsetzen und erweitern; ich wollte eine Tätigkeit finden, die mir Spass macht*) und «Instrumenteller Nutzen» (hier etwa: *Ich wollte eine Tätigkeit finden, die mir für meine berufliche Tätigkeit nützt; ich wollte mich in die Gemeinde integrieren*).

In unserer Studie wurden die Miliztätigen nach ihren Motiven für die Aufnahme der Milizarbeit entlang der sechs zuerst aufgeführten funktionalen Zuschreibungen befragt. Zusätzlich haben wir uns nach dem Aspekt der Alltagsbereicherung (*Ich wollte eine Tätigkeit finden, die mir Spass macht*) und nach dem instrumentellen Nutzen (*Ich wollte durch die Tätigkeit in der Gemeinde etwas dazuverdienen*) erkundigt.

4.1 Motive der Milizarbeit in den lokalen Behörden

Unsere Auswertungen zu den Beweggründen der Milizarbeit in den 75 Schweizer Gemeinden zwischen 2000 und 30 000 Einwohnerinnen und Einwohnern verdeutlichen, dass die Wertefunktion, also der Aspekt des uneigennützigen Engagements für die Gemeinschaft, aus Sicht der Befragten einen besonders hohen Stellenwert einnimmt. Für 94 Prozent aller Befragten ist dieses Motiv wichtig oder eher wichtig. Darauf folgen die Gestaltungs- oder Erfahrungsfunktion, spezifisch die Wünsche, die Gemeindepolitik mitzubestimmen sowie die eigenen Talente und Kenntnisse einzusetzen. 86 beziehungsweise 83 Prozent der Befragten zählen dies zu ihren wichtigen Motiven. Am wenigsten Bedeutung messen die Miliztätigen dem Motiv des Zuverdiensts (6 Prozent) und der Tätigkeit als

---

50 Während die Wertefunktion einer altruistischen Motivlage folgt, lassen sich die übrigen Funktionen eher egotaktischen Beweggründen zuordnen (Jiranek et al. 2015: 102).

Sprungbrett für weitere politische Ämter (9 Prozent) zu (Karrierefunktion) (siehe auch Geser et al. 2011). Bei der Interpretation der Ergebnisse muss allerdings berücksichtigt werden, dass es sich bei allen hier genannten Aussagen um Selbstauskünfte der Amtsträgerinnen und Amtsträger handelt. Es kann nicht ausgeschlossen werden, dass die Antworten entsprechend ihrer vermuteten sozialen Erwünschtheit ausfallen, dass also in stärkerem Mass Aspekte betont werden, die als ethisch wertvoll gelten (Geser et al. 2011: 77).[51]

Bei fast allen Motiven bestehen signifikante Unterschiede in Abhängigkeit vom ausgeübten Amt, was sich aus Abbildung 4.1 ablesen lässt. So zeigt sich beispielsweise, dass der Gesichtspunkt der Mitbestimmung in der Gemeindepolitik (Gestaltungs- oder Erfahrungsfunktion) für Exekutiv- und Legislativmitglieder von grösserer Bedeutung ist als für Kommissionsangehörige. Mitunter mag dies dem geringeren Einfluss von Kommissionen im Vergleich zu den beiden anderen lokalen Institutionen geschuldet sein. Umgekehrt verhält es sich mit Blick auf den erwarteten Nutzen der Amtsausübung für die eigene berufliche Tätigkeit (Karrierefunktion). 31 Prozent der Kommissionsmitglieder empfanden diesen Beweggrund bei ihrem Amtsantritt als (eher) wichtig, während nur 19 beziehungsweise 18 Prozent der Exekutiv- und Legislativmitglieder in den ausgewählten Gemeinden diese instrumentelle Sichtweise teilen. Die Möglichkeit, eigene Talente und Kenntnisse einzusetzen (Erfahrungsfunktion), ist vor allem für die Exekutivmitglieder von Bedeutung.

Neben dieser Art von Alltagsbereicherung geben Gemeinderätinnen und Gemeinderäte auch in stärkerem Mass an, dass das Motiv des Zuverdiensts für sie beim Amtsantritt eine Rolle gespielt hat, was durch die höheren Entschädigungen dieser Milizgruppe zu erklären ist. Von den Legislativangehörigen wird schliesslich die Hilfe für die eigene politische Gruppierung stärker bewertet als von den Vertretern der beiden anderen Milizbehörden (soziale Anpassungsfunktion). Keine überzufälligen Unterschiede zwischen den Vertreterinnen und Vertretern der drei Behörden zeigen sich in Bezug auf das ohnehin gering eingestufte Motiv, die Gemeindepolitik als Sprungbrett für die politische Karriere zu nutzen. Die vorliegenden Ergebnisse korrespondieren mit den Befunden ähnlicher

---

51 Etwaig berichtete Werte für alle Befragten lassen sich nicht aus den in den Abbildungen dargestellten Werten der einzelnen Subgruppen ableiten, da die Anzahl der Befragten zwischen den Behörden variiert.

Abbildung 4.1: Bedeutung verschiedener Motive der Miliztätigen in den lokalen Milizbehörden

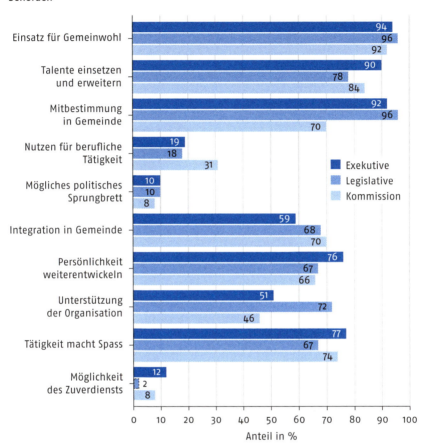

Anmerkung: Abgebildet sind die gerundeten Anteile der Befragten in Prozent (Anteile für «eher wichtig» und «wichtig» zusammengefasst).
Gestrichelter Balken: Der ausgewiesene Wert beruht auf weniger als 30 Beobachtungen.

Erhebungen von Geser et al. (2009) und Ketterer et al. (2015a).[52] Die meist nur geringfügigen Abweichungen im Antwortverhalten sind nicht zuletzt auch auf die mitunter ungleich formulierten Aussagen zu den Motiven zurückzuführen.

---

52 Während bei Geser et al. (2009; eigene Auswertung) 99 Prozent der befragten Exekutivmitglieder den Wunsch, die Entwicklung der Gemeinde aktiv mit-

4 Motive, Ansichten und Überzeugungen von Miliztätigen

Abbildung 4.2: Bedeutung verschiedener Motive der Miliztätigen nach Geschlecht

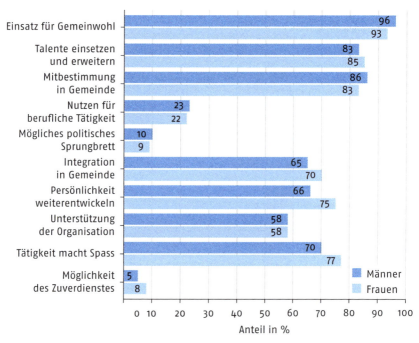

Anmerkung: Abgebildet sind die gerundeten Anteile der Befragten in Prozent (Anteile für «eher wichtig» und «wichtig» zusammengefasst).

Männer und Frauen unterscheiden sich bisweilen, wenn es um die Motive für die Aufnahme einer Miliztätigkeit geht (vgl. Abbildung 4.2). So ist beispielsweise für Frauen die persönliche Weiterentwicklung durch

zugestalten, als wesentliches Motiv für ihre Kandidatur angaben, tun dies bei der vorliegenden Befragung 92 Prozent der Exekutivmitglieder. Der Aspekt des gemeinwohlorientierten Engagements war bei Geser et al. (2009, eigene Auswertung) mit 84 Prozent der Exekutivmitglieder (eher) wichtig (im Vergleich zu 94 Prozent bei der vorliegenden Befragung), bei Ketterer et al. (2015a: 235) stellt dies das wichtigste Motiv von Miliztätigen in politischen Gemeinden dar. Den Nutzen für die eigene politische Karriere betonten bei Geser et al. (2009, eigene Auswertung) 13 Prozent der Exekutivmitglieder (gegenüber 10 Prozent in der vorliegenden Befragung).

die Milizarbeit wichtiger als für Männer.[53] Etwas überraschend heben Männer noch mehr als Frauen die Uneigennützigkeit ihres politischen Engagements hervor.[54] Werden die Geschlechterunterschiede für jede einzelne Milizbehörde (Exekutive, Legislative, Kommission) getrennt untersucht, so treten vor allem bei den Angehörigen der Legislativen Unterschiede auf (hier nicht dargestellt). Auch dort ist die persönliche Weiterentwicklung für die weiblichen Befragten wichtiger als für ihre männlichen Kollegen, während Letztere den Aspekt der Mitbestimmung in der Gemeinde höher gewichten.

Darüber hinaus gewichten die befragten Miliztätigen die Beweggründe je nach Alter unterschiedlich (vgl. Abbildung 4.3). Es ist dabei vor allem die jüngste Alterskohorte (jünger als 40 Jahre), die gewissen Motiven eine andere Bedeutung als die beiden anderen Altersgruppen (Befragte zwischen 40 und 64 Jahren sowie Befragte, die 65 oder älter sind) beimisst. Jüngere Miliztätige verbinden mit ihrer Tätigkeit eher eine Selbstwert-, Karriere- und Erfahrungsfunktion. Für sie sind der mit der Milizarbeit verbundene Einsatz von Talenten und Kenntnissen, die persönliche Weiterentwicklung, der Nutzen für die berufliche Tätigkeit sowie die mögliche Lancierung einer politischen Karriere durch die Miliztätigkeit keineswegs unerheblich.[55] Die ältesten Miliztätigen gewichten dagegen tendenziell Aspekte der Integration und der Mitbestimmung in der Gemeinde höher als ihre jüngeren Kolleginnen und Kollegen, obschon die Unterschiede nicht systematisch auftreten. Bei allen übrigen Motiven zeigen sich keine Unterschiede zwischen den Altersgruppen.

Diverse Unterschiede zeigen sich auch, wenn die Antworten der Befragten in Abhängigkeit von ihrem Bildungsabschluss ausgewertet wer-

---

53 Das trifft auch für den Spass an der Tätigkeit zu.

54 Dies insbesondere vor dem Hintergrund der Befunde aus der Freiwilligkeitsforschung, in der die uneigennützige und helfende Ader dem weiblichen Sozialisationsmuster zugeschrieben wird (Freitag et al. 2016; Musick und Wilson 2008).

55 Über ähnliche Erkenntnisse berichten Freitag et al. (2016: 176 f.) zu den Motiven von formell Freiwilligen. Auch in ihrer Erhebung werden die genannten Motive (mit Ausnahme der dort nicht abgefragten politischen Karrierefunktion) häufiger durch jüngere Personen genannt. Allerdings werden dort nur zwei Alterskategorien (15 bis 34 Jahre, 35 Jahre und älter) unterschieden, und die Unterschiede erreichen kein signifikantes Niveau.

4 Motive, Ansichten und Überzeugungen von Miliztätigen

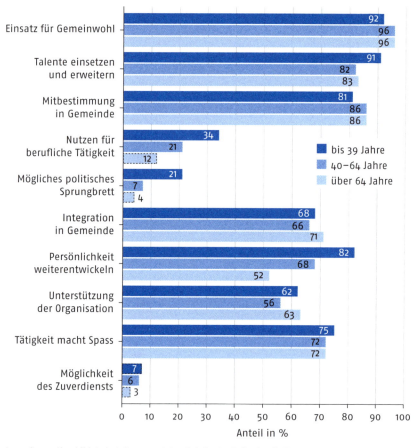

Abbildung 4.3: Bedeutung verschiedener Motive der Miliztätigen nach Alter

Anmerkung: Abgebildet sind die gerundeten Anteile der Befragten in Prozent (Anteile für «eher wichtig» und «wichtig» zusammengefasst).
Gestrichelte Balken: Die ausgewiesenen Werte beruhen auf weniger als 30 Beobachtungen.

den (Abbildung 4.4). Angesichts allzu überschaubarer Zahlen an Befragten im unteren Bildungssegment werden hierbei lediglich zwei Bildungsstufen unterschieden: einerseits Personen mit einem Abschluss im Rahmen der obligatorischen Schulbildung oder auf Sekundarstufe II und andererseits Personen mit einem Abschluss auf Tertiärstufe. Zum einen ist der Spass für die Aufnahme einer Miliztätigkeit als Motiv für Personen ohne tertiären Bildungsabschluss wichtiger. Zum anderen gewichtet diese

Abbildung 4.4: Bedeutung verschiedener Motive der Miliztätigen nach Bildung

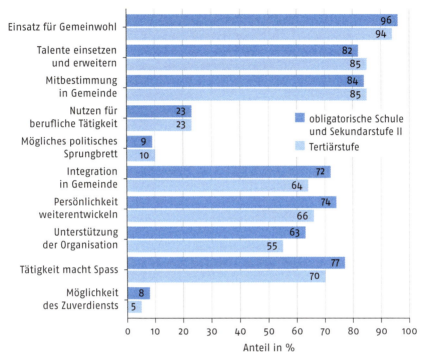

Anmerkung: Abgebildet sind die gerundeten Anteile der Befragten in Prozent (Anteile für «eher wichtig» und «wichtig» zusammengefasst).

Gruppe aber auch verschiedene Aspekte der Selbstwert-, Schutz- und Anpassungsfunktion höher als die Hochgebildeten (etwa die persönliche Weiterentwicklung, die Integration in die Gemeinde, den möglichen Zuverdienst und die Hilfe für die eigene Partei). Ein ähnliches Bild zeigt auch die differenzierte Analyse für die einzelnen Milizbehörden entlang der Bildungssegmente (hier nicht dargestellt).

Wird weiterhin nach dem Erwerbsstatus der Befragten (Selbstständige, Vollzeit- und Teilzeiterwerbstätige sowie sonstige wie beispielsweise Auszubildende, Pensionierte, Hausmänner und Hausfrauen) unterschieden, zeigen sich die folgenden Ergebnisse (vgl. Abbildung 4.5): Zunächst wird deutlich, dass der Spass an der Tätigkeit von Erwerbstätigen in Vollzeit oder von Selbstständigen weniger häufig als wichtiges Motiv bezeich-

4 Motive, Ansichten und Überzeugungen von Miliztätigen

Abbildung 4.5: Bedeutung verschiedener Motive der Miliztätigen nach Erwerbsstatus

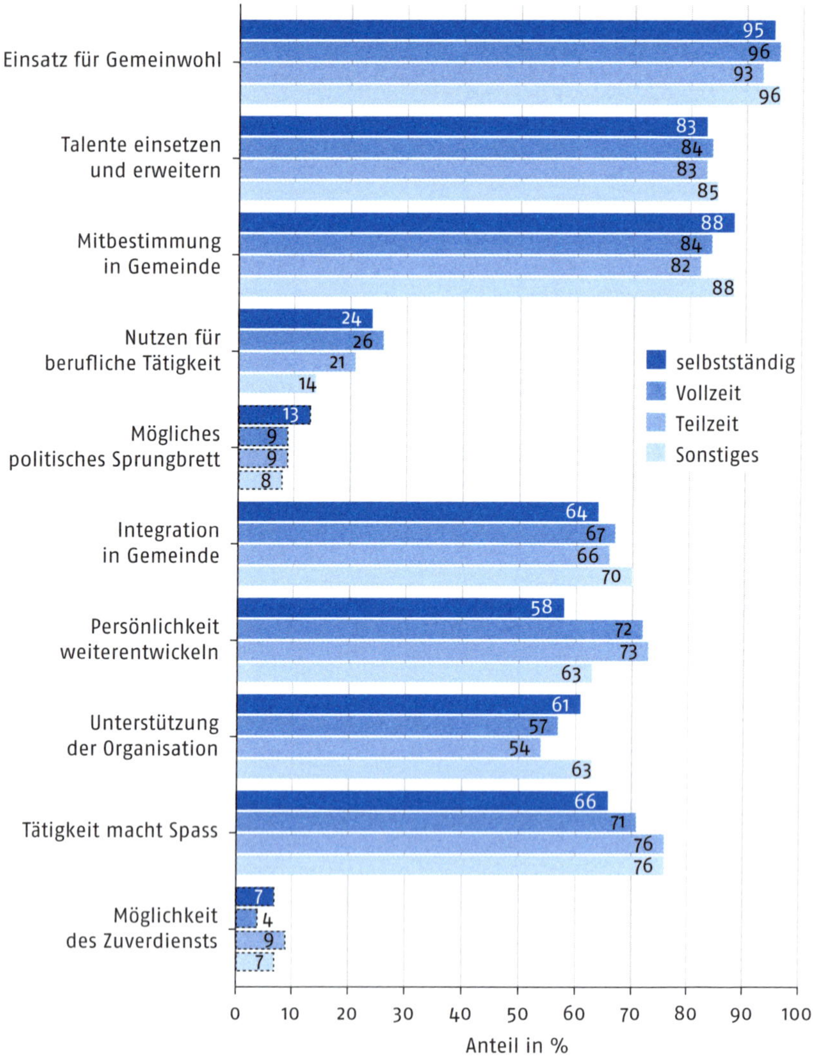

Motiv	selbstständig	Vollzeit	Teilzeit	Sonstiges
Einsatz für Gemeinwohl	95	96	93	96
Talente einsetzen und erweitern	83	84	83	85
Mitbestimmung in Gemeinde	88	84	82	88
Nutzen für berufliche Tätigkeit	24	26	21	14
Mögliches politisches Sprungbrett	13	9	9	8
Integration in Gemeinde	64	67	66	70
Persönlichkeit weiterentwickeln	58	72	73	63
Unterstützung der Organisation	61	57	54	63
Tätigkeit macht Spass	66	71	76	76
Möglichkeit des Zuverdiensts	7	4	9	7

Anteil in %

Anmerkung: Abgebildet sind die gerundeten Anteile der Befragten in Prozent (Anteile für «eher wichtig» und «wichtig» zusammengefasst).
Gestrichelte Balken: Die ausgewiesenen Werte beruhen auf weniger als 30 Beobachtungen.

net wird, als dies bei Teilzeitbeschäftigten und anderen Personen der Fall ist (siehe auch Ketterer et al. 2015b: 126). Besonders offensichtlich wird dies bei den Kommissionsmitgliedern (hier nicht dargestellt). Die Selbstwertfunktion der persönlichen Weiterentwicklung wird indes verstärkt von den unselbstständig Beschäftigten in Voll- oder Teilzeit hervorgehoben. Die diesbezüglichen Unterschiede sind insbesondere bei Kommissionsmitgliedern und Legislativangehörigen gross (hier nicht dargestellt). Die Karrierefunktion, sprich den instrumentellen Nutzen der Milizarbeit für die eigene berufliche Tätigkeit, nennen vor allem Vollzeitbeschäftigte und Selbstständige als einen vergleichsweise wichtigen Beweggrund. Die Möglichkeit, durch das Amt etwas dazuzuverdienen, spielt schliesslich am ehesten für die Teilzeitbeschäftigten eine Rolle.[56] Erwartungsgemäss ist dieses Motiv für Erwerbstätige in Vollzeit nur wenig relevant.

Eine gewisse Bedeutung erfährt auch die Gemeindegrösse, wenn es um die mentalen Antriebskräfte der Miliztätigen geht (vgl. Abbildung 4.6). So sind es in stärkerem Mass die Amtsträgerinnen und Amtsträger in Gemeinden mit mehr als 10 000 Einwohnerinnen und Einwohnern, die ihre Milizarbeit als Sprungbrett für die weitere politische Laufbahn verstehen und die mit ihrer Kandidatur ihrer eigenen politischen Gruppierung helfen wollen (Karriere- bzw. Anpassungsfunktion). Beides erscheint plausibel, wenn davon auszugehen ist, dass Mandate in grösseren Gemeinden prestigeträchtiger sind als solche in kleinen Gemeinden und dass politische Gruppierungen dort in stärkerem Mass präsent sind.[57] Zudem ist für Miliztätige in Gemeinden mit mehr als 10 000 Personen auch der Aspekt der Mitbestimmung von grösserer Relevanz als in kleineren Gemeinden (Gestaltungsfunktion, siehe ebenfalls Geser et al. 2011: 79). Ein weiterer Unterschied zeigt sich in Bezug auf die Wertefunktion der Milizarbeit: Das Motiv des gemeinwohlorientierten Engagements wird von den Befragten in den kleinsten von uns befragten Gemeinden zurückhaltender genannt, auch wenn die Unterschiede zu den anderen Gemeindegrössenklassen nicht sehr ausgeprägt sind.

---

56 Allerdings sind die Fallzahlen gering, sodass das Ergebnis mit Vorsicht zu interpretieren ist.
57 Ein ähnliches Muster zeigt sich auch in der Befragung von Exekutivmitgliedern durch Geser et al. (2011: 79), in der die beiden genannten Motive ebenfalls mit steigender Gemeindegrösse an Bedeutung gewinnen.

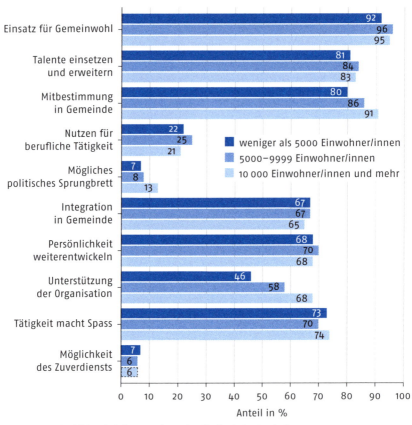

Abbildung 4.6: Bedeutung verschiedener Motive der Miliztätigen nach Gemeindegrösse

Anmerkung: Abgebildet sind die gerundeten Anteile der Befragten in Prozent (Anteile für «eher wichtig» und «wichtig» zusammengefasst).
Gestrichelter Balken: Der ausgewiesene Wert beruht auf weniger als 30 Beobachtungen.

Auch die Sprachregion steht in einem Zusammenhang mit der Gewichtung der verschiedenen Motive. Deutschschweizer Befragte betonen häufiger den Spass an der Tätigkeit, den Einsatz eigener Talente und Kenntnisse, die persönliche Weiterentwicklung, den beruflichen Nutzen sowie den Zuverdienst. Demgegenüber nennen die Mandatsträgerinnen und Mandatsträger der lateinischen Schweiz häufiger die Wünsche, sich in die Gemeinde zu integrieren, die lokale Politik mitzubestimmen und der eigenen politischen Gruppierung zu helfen (hier nicht dargestellt).

4.2 Anstösse zur Milizarbeit in den lokalen Behörden

Aus welchem Umfeld kommt der direkte Anstoss zum Milizengagement? Auf die Frage verweisen 35 Prozent der Befragten in unseren Gemeinden in erster Linie auf die Absprache mit der eigenen politischen Partei oder Gruppierung. An zweiter und dritter Stelle werden Anfragen durch amtierende Behördenmitglieder oder andere Persönlichkeiten aus der Gemeinde mit 29 beziehungsweise 28 Prozent genannt. 27 Prozent geben an, das politische Engagement aus eigener Initiative aufgenommen zu haben. Von untergeordneter Bedeutung für die Aufnahme eines Amts sind der Amtszwang, Anfragen von Vereinen oder Verbänden, die Bewerbung auf Ausschreibungen oder andere als die abgefragten Gründe. Damit sind die Anstösse für die Aufnahme einer Miliztätigkeit breiter gestreut als diejenigen für eine ehrenamtliche Tätigkeit in Vereinen oder Organisationen. Dort geben 45 Prozent der Befragten an, dass sie von leitenden Personen aus der Organisation angefragt wurden (Ackermann et al. 2017a: 62). Alle weiteren bei Ackermann et al. (2017a) ausgewiesenen Initialzündungen erhalten deutlich geringere Zustimmungswerte.

Während die Miliztätigen der drei Behörden gleichermassen infolge der Anfrage einer Persönlichkeit aus der Gemeinde oder wegen anderer Gründe ihre Arbeit aufnehmen, geben Exekutivmitglieder im Vergleich zu den beiden anderen Ämterkategorien deutlich häufiger an, die Entscheidung zur Kandidatur gemeinsam mit der eigenen Partei beziehungsweise politischen Gruppierung getroffen zu haben (vgl. Abbildung 4.7). Für die Parlamentarierinnen und Parlamentarier spielen wiederum die Eigeninitiative sowie die Bitte durch Freunde eine grössere Rolle bei der Amtsaufnahme als für die beiden anderen Gruppen. Bei Kommissionsmitgliedern sind Anfragen durch Vereine oder Verbände, der Amtszwang und Bewerbungen auf Ausschreibungen häufiger ausschlaggebend, obschon diesen Arten des Anstosses generell nur eine geringe Bedeutung beigemessen wird.

Unterschiedliche Auslöser der Miliztätigkeit finden sich entlang der verschiedenen Gemeindegrössen (hier nicht dargestellt). Gerade in kleinen Gemeinden (bis 5000 Einwohnerinnen und Einwohner) sind Anfragen von Persönlichkeiten aus der Gemeinde viel bedeutender als in den grösseren Gemeinden. Dagegen spielt die gemeinsam mit der Partei getroffene Entscheidung zur Kandidatur eine unbedeutendere Rolle, was vermutlich auf die geringere Relevanz von Parteien in kleineren Gemeinden

4 Motive, Ansichten und Überzeugungen von Miliztätigen

Abbildung 4.7: Anstösse für die Miliztätigkeit im Vergleich der lokalen Milizbehörden

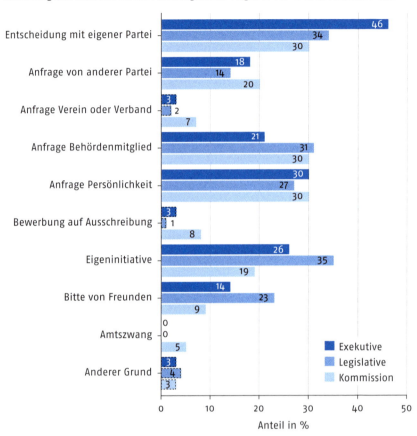

Anmerkung: Abgebildet sind die gerundeten Anteile der Befragten in Prozent, wobei Mehrfachantworten möglich waren.
Gestrichelte Balken: Die ausgewiesenen Werte beruhen auf weniger als 30 Beobachtungen.

zurückzuführen ist.[58] Weiterhin suchen Personen in Kommunen mit mehr als 10 000 Personen vermehrt aus Eigeninitiative nach Möglichkeiten eines politischen Engagements für das Gemeinwesen. Dagegen werden dort Anfragen durch fremde Parteien sowie durch Vereine und Verbände weniger häufig als Initialzündung einer Kandidatur genannt als in den

---

58 Auch Geser et al. (2011: 84) stellen mit steigender Gemeindegrösse einen Zuwachs des Parteieinflusses in Fragen der Kandidatur fest.

kleineren Gemeinden. Dazu kommt, dass der Amtszwang eher in Gemeinden mittlerer Grösse zur Milizarbeit führt (zwischen 5000 und 9999 Einwohnerinnen und Einwohner).

4.3 Schwierigkeiten in der Milizarbeit in den lokalen Behörden

Kandidaturen für ein Milizamt wollen gut überlegt sein. Vielerlei Befürchtungen halten interessierte Bürgerinnen und Bürger deshalb auch immer wieder von einem Mandat ab. Welche Bedenken beschäftigen die Kandidierenden im Vorfeld einer Amtsübernahme? 42 Prozent der von uns befragten Miliztätigen erinnern sich im Nachhinein an die befürchtete hohe zeitliche Belastung als ihre grösste Sorge vor Amtsantritt. Weiter werden die Sorgen wegen eines unzureichenden fachlichen Wissens (24 Prozent), möglicher Konflikte im näheren Umfeld (Familie, Arbeitsplatz, Freunde, Nachbarn; 20 Prozent), zu viel öffentlicher Aufmerksamkeit (16 Prozent) und einer problematischen Zusammenarbeit mit den Kolleginnen und Kollegen innerhalb der Milizbehörde (12 Prozent) genannt. Zudem lässt sich aus Abbildung 4.8 ablesen, dass alle genannten

Abbildung 4.8: Befürchtungen vor Amtsantritt in den lokalen Milizbehörden

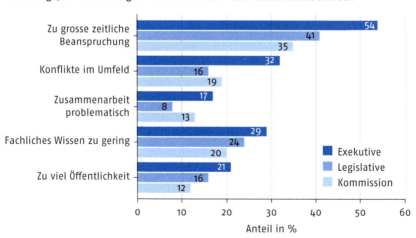

Anmerkung: Abgebildet sind die gerundeten Anteile der Befragten in Prozent (Anteile für «eher starke Befürchtung» und «starke Befürchtung» zusammengefasst).

Befürchtungen bei den Exekutivmitgliedern am stärksten ausgeprägt waren. Dahinter folgen in der Regel die Legislativmitglieder. Ausnahmen bilden die Vorahnungen möglicher Konflikte im näheren Umfeld und allfälliger Probleme bei der Zusammenarbeit innerhalb der Milizbehörde. Hier sind die Befürchtungen seitens der Kommissionsmitglieder ausgeprägter als jene der Legislativangehörigen. Diese Unterschiede erreichen in allen Fällen ein signifikantes Niveau.

Mit Blick auf die Gemeindegrösse ergeben sich nur wenige Unterschiede bei den Befürchtungen (hier nicht dargestellt). Es lässt sich lediglich festhalten, dass die Sorgen um Konflikte im näheren Umfeld mit steigender Gemeindegrösse geringer werden. Auch die Bedenken hinsichtlich einer problematischen Zusammenarbeit mit den Kolleginnen und Kollegen in der Milizbehörde sind in Gemeinden mit mehr als 10 000 Einwohnerinnen und Einwohnern weniger stark ausgeprägt als in den kleineren Gemeinden.

Inwieweit bewahrheiten sich diese im Vorfeld der Milizarbeit geäusserten Befürchtungen im Verlauf der Tätigkeit? 55 Prozent der befragten Miliztätigen sehen in der zeitlichen Beanspruchung das grösste tatsächlich auftretende Problem (siehe auch Ketterer et al. 2015b: 133). Die Hälfte der Befragten identifiziert die aus der Mandatsausübung resultierenden Probleme mit dem näheren Umfeld als vorherrschende Schwierigkeit. 46 beziehungsweise 45 Prozent nehmen die Zusammenarbeit mit anderen Mitgliedern der Milizbehörde oder das starke öffentliche Ausgesetztsein als prekär wahr. Immerhin 42 Prozent der Befragten bejahen, dass ihr fachliches Wissen für das Amt unzureichend sei. Bemerkenswert ist, dass bei allen abgefragten Schwierigkeiten ausgeprägte Unterschiede im Antwortverhalten in Abhängigkeit von der Sprachregion bestehen. Dabei ist das Problemempfinden in den Gemeinden des lateinischen Sprachgebiets massiv stärker ausgeprägt als in den Deutschschweizer Gemeinden. Die Zustimmungsanteile der nicht deutschsprachigen Befragten fallen in den meisten Fällen mindestens doppelt so hoch aus wie diejenigen der Mandatsträgerinnen und Mandatsträger aus der Deutschschweiz. Nur in Bezug auf die Schwierigkeiten durch die zeitliche Beanspruchung sind die Unterschiede nicht ganz so stark (hier nicht dargestellt).

Auffallend ist, dass sich die im Vorfeld geäusserten Befürchtungen allesamt einstellen und bisweilen noch unterschätzt wurden. Besonders stark klaffen Vermutung und Realität mit Blick auf die Zusammenarbeit innerhalb des Kollegiums auseinander. Während nur 12 Prozent der Befragten

4.3 Schwierigkeiten in der Milizarbeit in den lokalen Behörden

Abbildung 4.9: Tatsächliche Schwierigkeiten bei der Amtsausübung in den lokalen Milizbehörden

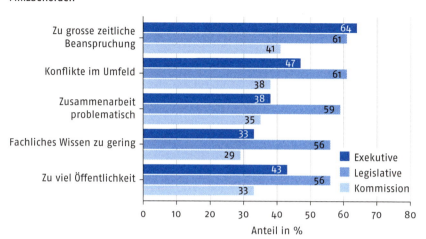

Anmerkung: Abgebildet sind die gerundeten Anteile der Befragten in Prozent.

vor der Amtsübernahme diesbezügliche Schwierigkeiten vermuteten, sehen sich tatsächlich 46 Prozent damit konfrontiert. Die Wahrnehmung der jeweiligen Problemlagen unterscheidet sich freilich in Abhängigkeit vom ausgeübten Milizamt. Dabei sind es in der Regel nicht die Exekutiv-, sondern die Legislativmitglieder, die sich über die einzelnen Schwierigkeiten in grösserer Zahl beklagen (vgl. Abbildung 4.9). Lediglich die Beschwerden über die zeitliche Beanspruchung sind bei den Exekutivmitgliedern häufiger. Am wenigsten treten die hier diskutierten Probleme bei den Kommissionsmitgliedern auf.[59] Dazu klagen Männer in Milizämtern eher über die zeitliche Belastung, Konflikte im Umfeld und ihr geringes Fachwissen, als Frauen dies tun (Abbildung 4.10).[60] Ferner treten die

---

59 Es gilt noch anzumerken, dass die Beschwerlichkeiten des Milizamts signifikant häufiger in den grossen Gemeinden wahrgenommen werden (hier nicht dokumentiert).

60 Nicht uninteressant ist, dass Frauen vor dem Stellenantritt zwar grössere Befürchtungen hinsichtlich ihrer mangelnden Fachkompetenz hegen als Männer, Letztere aber im Nachhinein diesbezüglich über grössere Schwierigkeiten berichten (hier nicht dokumentiert). Kurzum: Männer über- und Frauen unterschätzen vorab tendenziell ihr fachliches Können in der Milizarbeit.

Abbildung 4.10: Tatsächliche Schwierigkeiten bei der Amtsausübung in den lokalen Milizbehörden nach Geschlecht und Alter

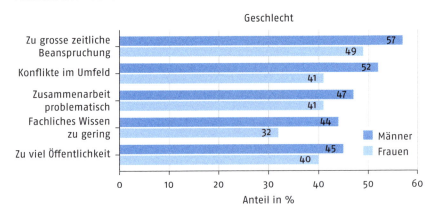

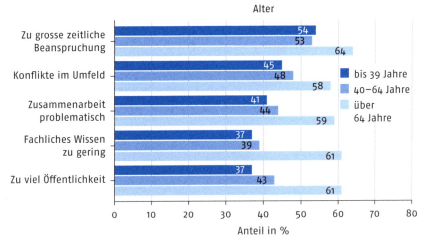

Anmerkung: Abgebildet sind die gerundeten Anteile der Befragten in Prozent.

Schwierigkeiten in der Miliztätigkeit in Abhängigkeit vom Alter auf: Es sind vermehrt die über 64-Jährigen, die über Probleme hinsichtlich der zeitlichen Beanspruchung, der Zusammenarbeit im Kollegium oder des fachlichen Könnens berichten (Abbildung 4.10). Schliesslich wird deutlich, dass vor allem selbstständig erwerbende Miliztätige auftretende Schwierigkeiten schildern (vgl. Abbildung 4.11). Sie sehen sich mehr als die unselbstständig Beschäftigten mit einer zu starken zeitlichen

Abbildung 4.11: Tatsächliche Schwierigkeiten bei der Amtsausübung in den lokalen Milizbehörden nach Erwerbsstatus

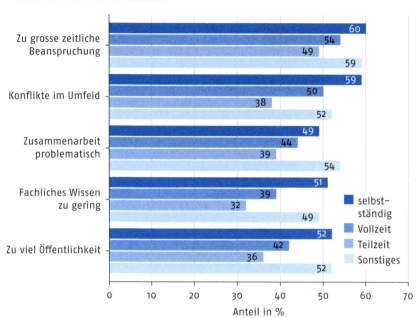

Anmerkung: Abgebildet sind die gerundeten Anteile der Befragten in Prozent.

Belastung, Konflikten im Umfeld und Problemen im Kollegium konfrontiert. Zudem erachten sie ihre mangelnde Kompetenz und die öffentliche Anteilnahme an ihrem Wirken als problematisch.[61]

Abbildung 4.12 verdeutlicht ausserdem, dass die Differenzen zwischen den erwarteten und tatsächlichen Schwierigkeiten in Abhängigkeit von der Gemeindegrösse unterschiedlich ausfallen. Im Allgemeinen fielen die Bedenken in Gemeinden mit mehr als 10 000 Personen im Vorfeld geringer aus. In grösseren Gemeinden wurden die mit dem Amt verbundenen Schwierigkeiten also besonders unterschätzt. In aussergewöhnlichem

---

61 Bei den Selbstständigen finden sich im Vergleich zu den übrigen Gruppen der unselbstständig Erwerbstätigen durchweg die grössten Differenzen zwischen Befürchtungen und tatsächlichen Schwierigkeiten (hier nicht dokumentiert). Mit anderen Worten: Die Anforderungen an ein Milizamt werden von den Selbstständigen vorab systematisch unterschätzt.

4 Motive, Ansichten und Überzeugungen von Miliztätigen

Abbildung 4.12: Differenz zwischen erwarteten und tatsächlichen Schwierigkeiten bei der Amtsausübung in den lokalen Milizbehörden

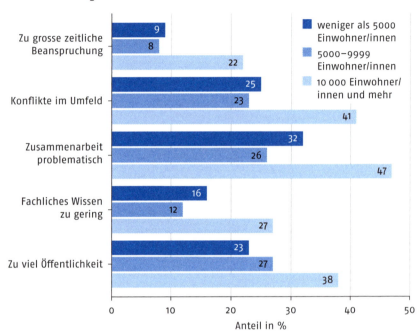

Anmerkung: Abgebildet sind die gerundeten Differenzen in Prozentpunkten (Anteile für «eher starke Befürchtung» und «starke Befürchtung» zusammengefasst).

Mass gilt dies für die Zusammenarbeit mit den Kolleginnen und Kollegen. Hier beläuft sich die entsprechende Differenz zwischen erwartetem und wirklichem Geschehen auf 47 Prozentpunkte; der Haussegen im Milizkollegium hängt in grösseren Gemeinden also bedeutend öfter schief als erwartet.

4.4 Anerkennung und Wertschätzung der Milizarbeit in den lokalen Behörden

Die Anerkennung der geleisteten Arbeit stillt ein zentrales Bedürfnis freiwillig und weitgehend unbezahlt tätiger Menschen (Musick und Wilson 2008). Immer wieder wird aber schweizweit ins Feld geführt, dass die Miliztätigen in den Gemeinden zu wenig Wertschätzung für ihr Engage-

4.4 Anerkennung und Wertschätzung der Milizarbeit in den lokalen Behörden

ment erfahren und sich deshalb von der Milizarbeit abwenden oder diese gar nicht anstreben.[62] Hierbei gilt es gemäss unseren Auswertungen zu differenzieren. So erfahren zwischen 35 und 46 Prozent aller Befragten grosse beziehungsweise eher grosse Hochachtung durch Parteikolleginnen und Parteikollegen, durch andere Mitglieder der Milizbehörde, durch ihr persönliches Umfeld und durch die Verwaltungsmitarbeitenden in den Gemeinden (siehe auch Ketterer et al. 2015b: 129f.). Allerdings stellen wir auch hiervon abfallende Einschätzungen ausserhalb der engeren Zirkel, mit denen die Miliztätigen in direktem Kontakt stehen, fest.[63] Nur 24 beziehungsweise gerade einmal 9 Prozent berichten von einer Wertschätzung der Milizarbeit seitens der Bürgerinnen und Bürger und der Medien.[64] In der Regel berichten die Exekutivmitglieder am häufigsten von Anerkennung, gefolgt von den Legislativangehörigen (vgl. Abbildung 4.13). Am geringsten fällt der Zuspruch zugunsten der Kommissionsvertreterinnen und Kommissionsvertreter aus. Bis auf die

---

62 Die *Luzerner Zeitung* (29. August 2018, S. 25) berichtet etwa von Mord- oder Gewaltdrohungen gegenüber Gemeinderäten und Gemeindeangestellten in der Gemeinde Wikon. Grund dafür seien die im November 2017 beschlossenen Steuererhöhungen um vier Zehntel auf 2,5 Einheiten, vermutet der Gemeindepräsident des 1500-Seelen-Dorfs (siehe auch: https://www.srf.ch/news/regional/zentralschweiz/behoerden-wollen-sich-wehren-in-wikon-werden-gemeinderaete-und-angestellte-bedroht).

63 Unsere Resultate korrespondieren im Grossen und Ganzen mit denen von Ketterer et al. (2015a: 239). Auch bei ihnen fällt die Anerkennung durch andere Mitglieder der Behörde, durch die Verwaltung und durch das persönliche Umfeld stärker aus als die Wertschätzung durch andere Bürgerinnen und Bürger der Gemeinde.

64 Die *Neue Zürcher Zeitung* berichtet davon, dass diverse Schweizer Gemeinden ihre Mitteilungsorgane nicht zuletzt auch aus Misstrauen gegenüber Zeitungsjournalisten ausbauen: «In einem Bericht des Branchenblatts ‹Schweizer Journalist› sagt es der Gemeindeschreiber von Uznach so: ‹Ich habe mir immer Mühe gegeben, die Geschäfte differenziert darzustellen. Ich hatte keine Chance. In der Zeitung war dann alles nur schwarzweiss. Und dann dachte ich jedes Mal: Sie haben es wieder nicht begriffen.› Seit Anfang 2017 erscheinen in der Gemeinde nun jeden zweiten Freitag die amtlichen Mitteilungen (‹Linthsicht›)» (*Neue Zürcher Zeitung*, 4. August 2018, S. 9).

Abbildung 4.13: Anerkennung und Wertschätzung der Milizarbeit in den lokalen Milizbehörden

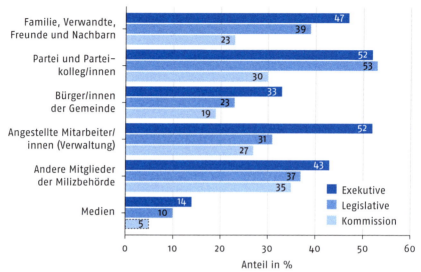

Anmerkung: Abgebildet sind die gerundeten Anteile der Befragten in Prozent (Anteile für «eher gross» und «sehr gross» zusammengefasst).
Gestrichelter Balken: Der ausgewiesene Wert beruht auf weniger als 30 Beobachtungen.

Wertschätzung durch andere Mitglieder der Behörde zeigen sich hierbei durchweg signifikante Unterschiede zwischen den Behördenmitgliedern.

Die Gemeindegrösse spielt bei diesen Einschätzungen indes eine vergleichsweise geringe Rolle (hier nicht dargestellt). Deutliche Unterschiede bestehen nur hinsichtlich des Respekts durch die Partei beziehungsweise durch die Parteikolleginnen und Parteikollegen. Dieser ist in Gemeinden mit mehr als 10 000 Einwohnerinnen und Einwohnern stärker ausgeprägt als in kleineren Gemeinden, was auf die geringere Bedeutung der Lokalparteien in eher dörflichen Gemeinden zurückzuführen sein dürfte. Kleinere Unterschiede nach Gemeindegrösse gibt es auch bei der Anerkennung durch das nahe Umfeld (diese ist in Gemeinden mit mehr als 10 000 Personen ausgeprägter) und der Wertschätzung durch die Medien (fällt in Gemeinden mit 5000 bis 10 000 Einwohnerinnen und Einwohnern etwas höher aus). Über einen substanziell höheren Anteil an Anerkennung aus dem näheren Umfeld (Familie, Freunde, Nachbarn und Kollegen) berichten überdies auch jüngere Miliztätige (unter 40 Jahre), Frauen und Hochgebildete (hier nicht dargestellt).⁶⁵ Unterschiede in der wahrgenommenen Anerkennung bestehen zum Teil auch in Abhängigkeit von der Sprachregion. Demnach empfinden die Miliztätigen aus der lateinischen Schweiz eine stärkere Wertschätzung durch die eigene Partei und durch die anderen Mitglieder der Behörde (hier nicht dokumentiert). Der zuletzt genannte Punkt überrascht und deckt einen gewissen Widerspruch zum Antwortverhalten in Bezug auf die Konkurrenzsituation innerhalb der Behörde auf: Obwohl sich die Befragten der lateinischen Schweiz von ihren Kolleginnen und Kollegen in der Behörde stärker wertgeschätzt fühlen als die Miliztätigen der Deutschschweiz, nehmen sie zugleich eine stärkere Konkurrenz innerhalb der Behörde wahr (vgl. Kapitel 2).

4.5 Vorzüge der Milizarbeit in den lokalen Behörden

Gefragt nach den Vorzügen eines Milizamts verweisen die Befragten recht deutlich auf eine vielfältige und herausfordernde Tätigkeit, die zum Verständnis politischer Prozesse beiträgt. Die diesbezüglichen Zustimmungswerte liegen über alle Befragten hinweg bei 91, 87 beziehungsweise 85 Prozent und verweisen damit auf die Milizarbeit als eine nicht unbedeutende Schule der Demokratie. Weit weniger wird die Einschätzung vertreten, die Milizarbeit biete Raum für kreative Ideen (49 Prozent) oder sei der Ort, eigenverantwortliche Entscheidungen zu treffen und Ideen zu verwirklichen (52 bzw. 60 Prozent). Im Allgemeinen unterscheiden sich die Bewertungen durch die Exekutivmitglieder von jenen der beiden anderen Befragtengruppen (vgl. Abbildung 4.14). Die Exekutivmitglieder sehen ihre Tätigkeit in noch stärkerem Mass als vielfältig und herausfordernd an als Legislativ- und Kommissionsangehörige (98 bzw. 95 Prozent). Darüber hinaus verbinden die Gemeinderätinnen und Gemeinderäte mit ihrer Tätigkeit eher die Vorstellung, Ideen verwirklichen zu können, eigenverantwortliche Entscheidungen zu treffen und kreative Ideen einzubringen. Parlamentsangehörige wiederum sehen mehr noch als Exekutiv- und Kommissionsmitglieder im Verständnis politischer Prozesse den grösseren Nutzen der Milizarbeit (95 Prozent im Vergleich zu 88 bzw. 80 Prozent). Zudem erleichtert die Miliztätigkeit in der Legislative

---

65 Miliztätige der jüngsten Alterskohorte schildern auch eine hohe Achtung seitens der Verwaltung.

Abbildung 4.14: Vorzüge der Tätigkeit in den lokalen Milizbehörden

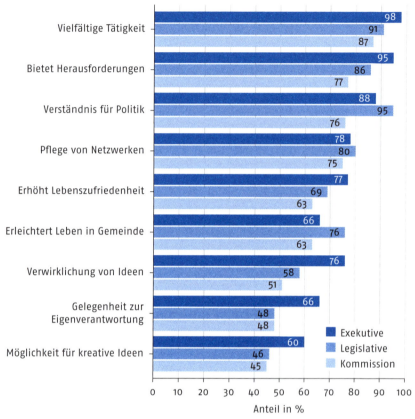

Anmerkung: Abgebildet sind die gerundeten Anteile der Befragten in Prozent (Anteile für «stimme eher zu» und «stimme voll und ganz zu» zusammengefasst).

das Leben in der Gemeinde (76 Prozent). Kommissionsmitglieder stimmen am ehesten den Aussagen zu, ihre Tätigkeit sei vielfältig und herausfordernd, diene der Klarsicht bei politischen Vorgängen und helfe bei der Pflege von Netzwerken.

Eine Ausdifferenzierung der Einschätzungen nach einzelnen Altersklassen bringt einige überzufällige Unterschiede zwischen den jüngeren (bis 39 Jahre) und älteren Miliztätigen (über 64 Jahre) hervor (Abbildung 4.15). Insbesondere Personen im Rentenalter empfinden ihre Miliztätigkeit als vielfältig und werten ihr Engagement als positiven Beitrag zu ihrer Lebens-

4.5 Vorzüge der Milizarbeit in den lokalen Behörden

Abbildung 4.15: Vorzüge der Tätigkeit in den lokalen Milizbehörden nach Alter

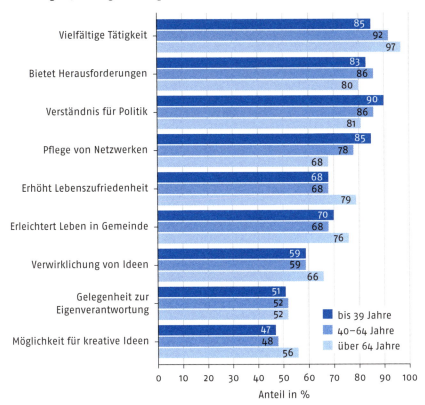

Anmerkung: Abgebildet sind die gerundeten Anteile der Befragten in Prozent (Anteile für «stimme eher zu» und «stimme voll und ganz zu» zusammengefasst).

zufriedenheit. Im Gegensatz dazu schätzen Befragte unter 40 Jahren deutlich stärker die Gelegenheit, durch die Amtsausübung das eigene Netzwerk zu pflegen und ein besseres Verständnis für politische Prozesse zu entwickeln. Letzteres trifft im Wesentlichen für jüngere Exekutivmitglieder zu. Eine gesonderte Betrachtung für die einzelnen Milizbehörden zeigt darüber hinaus, dass die unterschiedlichen Einschätzungen der Altersgruppen hinsichtlich der Vernetzungsmöglichkeit verstärkt bei den jüngeren Exekutiv- und Legislativmitgliedern hervortreten. Demgegenüber ist der attestierte Nutzen einer vielseitigen Tätigkeit vor allem auf die älteren Legislativ- und Kommissionsmitglieder zurückzuführen (hier nicht dargestellt).

Wertet man die Antworten zu den Vorteilen der Miliztätigkeit getrennt nach Geschlechtern aus, ergeben sich im Grossen und Ganzen keine systematischen Unterschiede. Während männliche Vertreter der Exekutiven und Kommissionen etwas häufiger die Vielfältigkeit der Miliztätigkeit bestätigen, verweisen die Parlamentarierinnen vehementer auf die Herausforderung ihres Mandats (hier nicht dargestellt). Mehr Unterschiede finden sich entlang der Gemeindegrössenklassen (vgl. Abbildung 4.16). Vor allem in Gemeinden mit mehr als 10 000 Einwohnerinnen und Einwohnern trägt die Miliztätigkeit bei den Befragten zu deren Lebenszufrie-

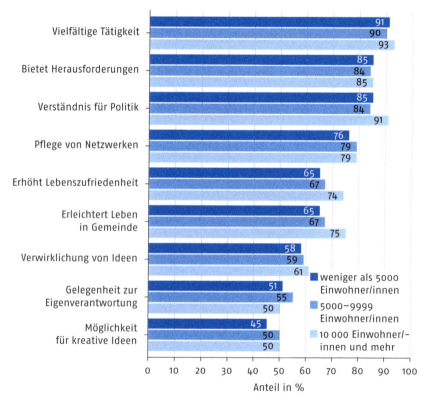

Abbildung 4.16: Vorzüge der Tätigkeit in den lokalen Milizbehörden nach Gemeindegrösse

Anmerkung: Abgebildet sind die gerundeten Anteile der Befragten in Prozent (Anteile für «stimme eher zu» und «stimme voll und ganz zu» zusammengefasst).

denheit bei, macht das Leben in der Gemeinde angenehmer und fördert das Verständnis politischer Vorgänge.

Darüber hinaus schätzen Hochgebildete den Vorzug der Vernetzung als Folge der Milizarbeit eher als weniger gut Gebildete (Abbildung 4.17). Im Vergleich der Milizbehörden verbinden Exekutivmitglieder mit Tertiärabschluss in mehrfacher Hinsicht diverse Vorteile mit ihrer Miliztätigkeit und nennen diesbezüglich die Eigenverantwortlichkeit, Herausforderung sowie die Erschaffung und Verwirklichung von Ideen (hier nicht dargestellt). Angehörige der Legislative ohne Tertiärabschluss wiederum erkennen in ihrem Mandat eine Gelegenheit, kreative Ideen zu entwickeln und politische Prozesse besser zu durchschauen (hier nicht dargestellt).

Eine getrennte Auswertung der Beurteilungen unserer Befragten nach Erwerbsstatus verdeutlicht unter anderem, dass die Miliztätigkeit die Lebenszufriedenheit insbesondere bei denjenigen erhöht, die weder selbstständig noch in Voll- oder Teilzeit erwerbstätig sind (vgl. Abbildung 4.18). Diese Meinung wird im Übrigen am wenigsten von den Selbstständigen

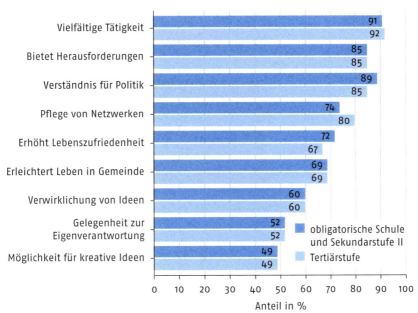

Abbildung 4.17: Vorzüge der Tätigkeit in den lokalen Milizbehörden nach Bildung

Anmerkung: Abgebildet sind die gerundeten Anteile der Befragten in Prozent (Anteile für «stimme eher zu» und «stimme voll und ganz zu» zusammengefasst).

geteilt und gilt besonders für Exekutiv- beziehungsweise Kommissionsmitglieder und weniger für Legislativangehörige (hier nicht dargestellt). Weiterhin ist der mit dem Amt verbundene Vorzug der Netzwerkpflege vor allem für Vollzeiterwerbstätige (und hier gerade für Gemeinderätinnen und Gemeinderäte) von Bedeutung.

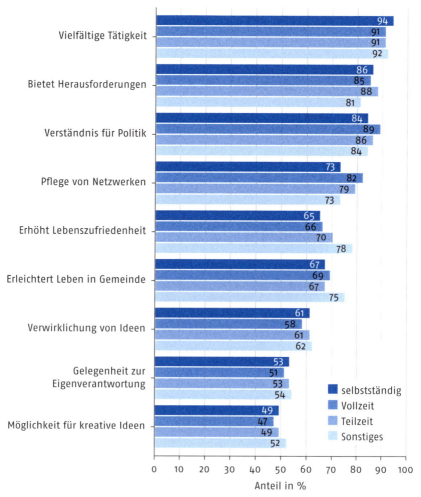

Abbildung 4.18: Vorzüge der Tätigkeit in den lokalen Milizbehörden nach Erwerbstatus

Anmerkung: Abgebildet sind die gerundeten Anteile der Befragten in Prozent (Anteile für «stimme eher zu» und «stimme voll und ganz zu» zusammengefasst).

Schliesslich bestehen bei drei Vorzügen der Milizarbeit signifikante Unterschiede in Abhängigkeit von der Sprachregion. Demnach sind Befragte in der lateinischen Schweiz deutlich häufiger als ihre Deutschschweizer Kolleginnen und Kollegen der Ansicht, dass die Miliztätigkeit dazu beitrage, das Leben in der Gemeinde angenehmer zu machen und politische Entscheidungsprozesse zu verstehen. Miliztätige aus der Deutschschweiz betonen demgegenüber häufiger den Vorzug, eigenverantwortlich Entscheidungen treffen zu können (hier nicht dargestellt).

4.6 Zufriedenheit mit der Milizarbeit in den lokalen Behörden

Nach der allgemeinen Zufriedenheit mit ihrer Miliztätigkeit gefragt, berichten die Befragten über einen durchschnittlichen Skalenwert von 7,4.[66] Allerdings treten Unterschiede zwischen den Vertreterinnen und Vertretern der einzelnen Milizbehörden auf. Exekutivmitglieder sind im Schnitt (7,8) zufriedener mit ihrer Arbeit als die Miliztätigen in den Gemeindekommissionen (7,5) und signifikant klagloser als diejenigen der Gemeindeparlamente (7,2; vgl. Abbildung 4.19). Es muss bei den Auswertungen aber wohl in Rechnung gestellt werden, dass besonders unzufriedene Miliztätige in unserer Befragung untervertreten sind. Einerseits scheiden diese schneller wieder aus dem Milizsystem aus und stehen für eine Erhebung wie der vorliegenden damit nicht zur Verfügung. Andererseits weisen bisherige Studien zu politischen Eliten darauf hin, dass eine positive Grundeinstellung zum Untersuchungsgegenstand diese eher zu einer Umfragebeteiligung animiert (Bundi et al. 2018b). Im Folgenden soll erörtert werden, mit welchen Rahmenbedingungen, Ansichten, Umständen und soziodemografischen Merkmalen die Zufriedenheit der Miliztätigen zusammenhängt.[67]

---

66 Die Fragestellung lautete: «Auf einer Skala von 0 (sehr unzufrieden) bis 10 (sehr zufrieden), wie zufrieden sind Sie alles in allem mit Ihrer Miliztätigkeit?»

67 Im vorliegenden Text werden alle Beziehungsmuster substanzieller Art, die also eine statistische Signifikanz aufweisen, explizit erwähnt. Bei allen anderen Merkmalszusammenhängen werden Tendenzen berichtet, die im strengen statistischen Sinn rein zufällig auftreten können.

Abbildung 4.19: Zufriedenheit mit der Miliztätigkeit in den lokalen Milizbehörden

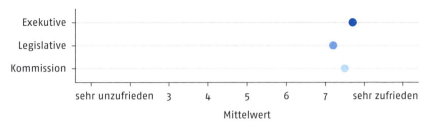

Anmerkung: Abgebildet sind die Mittelwerte der Zufriedenheit auf einer Skala von 0 (sehr unzufrieden) bis 10 (sehr zufrieden).

4.7 Soziodemografische Merkmale und Zufriedenheit mit der Miliztätigkeit

Während sich hinsichtlich der Zufriedenheit mit der Milizarbeit nahezu keine Unterschiede zwischen den Geschlechtern finden lassen, nimmt das Wohlbehagen mit dem politischen Engagement mit dem Alter zu. Unabhängig von der Behörde sind Miliztätige im Pensionsalter signifikant zufriedener als ihre jüngeren Kolleginnen und Kollegen. Wer über ein gutes Haushaltseinkommen verfügt, zeigt sich tendenziell ebenfalls zufriedener mit seiner Tätigkeit. Ausserdem lässt sich noch berichten, dass die deutschsprachigen Miliztätigen substanziell zufriedener sind als ihre französischsprachigen, nicht aber als die italienischsprachigen Befragten. Dazu sind konfessionell gebundene Miliztätige systematisch zufriedener als diejenigen ohne Religionszugehörigkeit. Diese beiden letzten Zusammenhänge sind statistisch signifikant. Im Vergleich der Behördenmitglieder gilt es anzumerken, dass Parlamentsmitglieder tendenziell weniger zufrieden sind als die anderen Miliztätigen (hier nicht dargestellt).

4.8 Soziale und politische Einbindung und Zufriedenheit mit der Miliztätigkeit

Den Forschungen zum Sozialkapital entnehmen wir, dass sozial eingebundene Menschen eine höhere Lebenszufriedenheit vermelden als gesellschaftlich isolierte Personen (Freitag 2016). Können diese Befunde auch auf das Wohlbehagen mit der Milizarbeit übertragen werden? Unsere Auswertungen zeigen zunächst einmal, dass Verwitwete und Geschiedene tendenziell zufriedener sind als ledige, verheiratete oder in einer Partnerschaft lebende Miliztätige. Bei Letzteren könnte dies auf Probleme bezüglich der Vereinbarkeit des Milizamts mit familiären Belangen hindeuten. In der Tendenz sind Miliztätige zufriedener, wenn sie länger in ihrer Gemeinde wohnen. Befragte mit einer Familientradition im Milizwesen zeigen sich hingegen nicht substanziell zufriedener als diejenigen ohne miliztätiges Familienmitglied.

Die Analysen weisen auch darauf hin, dass im Vereinswesen engagierte Personen eine ungetrübtere Einstellung gegenüber ihrem politischen Amt aufweisen als diejenigen, die nicht organisatorisch eingebunden sind. Die höchsten Werte finden wir bei Befragten, die bei einem Migrantenverein (7,8), einer politischen Partei (7,8) oder einem Jugendverein (7,8) tätig sind. Ähnlich wie die Parteilosen zeigen die Miliztätigen der bürgerlichen und der Mitteparteien tendenziell eine etwas höhere Zufriedenheit als ihre Kolleginnen und Kollegen aus dem linken Lager. Mit geringfügigen Ausnahmen wiederholt sich dieses Bild über die Milizbehörden der Exekutive, Legislative und der Kommissionen hinweg (hier nicht dargestellt).

4.9 Rahmenbedingungen und Zufriedenheit mit der Miliztätigkeit

Von naheliegendem Interesse sind die Beziehungen zwischen den Gegebenheiten des Behördenamts und der Zufriedenheit der Miliztätigen, die in diesem Umfeld operieren und agieren müssen. Es zeigt sich beispielsweise, dass die Präsidentinnen und Präsidenten der jeweiligen Milizbehörden signifikant zufriedener sind als ihre Amtskolleginnen und -kollegen (vgl. Abbildung 4.20).[68] Darüber hinaus weisen all die Miliztätigen höhere Zufriedenheitswerte auf, die viel Zeit in ihr Amt investieren. Unter Umständen sind zufriedenere Miliztätige eben auch eher bereit,

---

68 Bei allen diesbezüglichen Analysen muss vorausgeschickt werden, dass die Kausalrichtung des Zusammenhangs weitgehend unbestimmt bleibt. Es ist also offen, ob die Zufriedenheit mit der Miliztätigkeit die Übernahme des Präsidiums fördert, oder ob die Tätigkeit als Präsidentin oder Präsident zur Zufriedenheit führt.

Abbildung 4.20: Zufriedenheit mit der Miliztätigkeit und den Rahmenbedingungen I (Präsidium, zeitliche Belastung und Sitzungszeitpunkt)

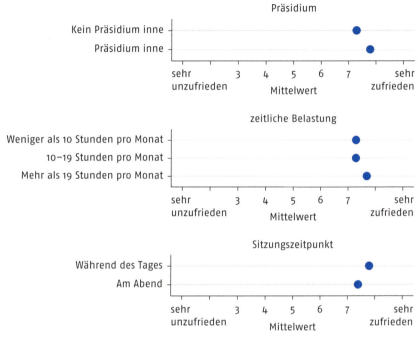

Anmerkung: Abgebildet sind die Mittelwerte der Zufriedenheit auf einer Skala von 0 (sehr unzufrieden) bis 10 (sehr zufrieden).

mehr Zeit für ihr Amt zur Verfügung stellen, da sie dieses gerne ausführen. Abbildung 4.20 veranschaulicht zudem, dass Miliztätige signifikant zufriedener sind, wenn die Sitzungen am Tag (7,8) und nicht am Abend (7,4) stattfinden (dies trifft in erster Linie auf Exekutiv- und Kommissionsmitglieder und nicht auf Parlamentsangehörige zu). Mit Blick auf den Sitzungsrhythmus wird deutlich, dass die Miliztätigen eine hohe Taktfrequenz eher zufriedenstellt. Miliztätige, die wöchentlich (7,7) oder alle zwei Wochen (7,8) zusammenfinden, sind glücklicher mit ihrer Miliztätigkeit als diejenigen, die sich nur alle vier Wochen oder noch seltener (7,4) versammeln (hier nicht dokumentiert). Dies gilt allerdings nicht für Parlamentarierinnen und Parlamentarier, die eher zufrieden sind, wenn sie einem grosszügigeren Sitzungsrhythmus Folge leisten können.

4.9 Rahmenbedingungen und Zufriedenheit mit der Miliztätigkeit

Unzufriedenheit mit dem Milizamt korrespondiert ferner mit kurzen Sitzungen von weniger als zwei Stunden Dauer. Dieser Befund lässt darauf schliessen, dass Miliztätige ihre politische Arbeit ernst nehmen und Sachprobleme ohne nervösen Blick auf die Uhr ausdiskutieren möchten. Interessante Ergebnisse vermitteln die Auswertungen zur Beziehung zwischen der Art der finanziellen Entschädigung und der Befindlichkeit im Milizamt (vgl. Abbildung 4.21). Es fällt dabei auf, dass Miliztätige mit einem fixen Pensum (6,9) unzufriedener sind als Personen, die ihre Milizarbeit ohne finanzielle Entschädigung (7,4) oder nur mit einer Spesenvergütung (7,4) ausüben. Es scheint, als ob eine Annäherung an die Erwerbsarbeit mit einer sinkenden Zufriedenheit mit dem Milizamt einhergeht. Die mit einer Jahrespauschale ausgestatteten Miliztätigen (und hier insbesondere die Exekutivmitglieder) weisen wiederum die höchste Zufriedenheit auf (8,0). Unabhängig vom Milizamt macht eine Entschädigung ab 10 000 Franken die Miliztätigen zudem signifikant zufriedener als diejenigen Kollegen und Kolleginnen, die eine geringere Vergütung für ihre politische Milizarbeit erhalten (vgl. Abbildung 4.21).

Abbildung 4.21: Zufriedenheit mit der Miliztätigkeit und den Rahmenbedingungen II (Art und Höhe der finanziellen Entschädigung)

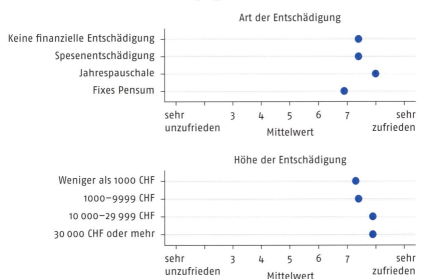

Anmerkung: Abgebildet sind die Mittelwerte der Zufriedenheit auf einer Skala von 0 (sehr unzufrieden) bis 10 (sehr zufrieden).

Die Zufriedenheit mit dem Milizamt wird weiterhin durch die Zusammenarbeit in den Behörden bestimmt. Führt ein hohes Arbeitsaufkommen zu einem grossen Zeitdruck, sind die Miliztätigen signifikant unzufriedener (Skalenwert von 7,7 gegenüber 7,2; Abbildung 4.22). Dieser Unterschied zeigt sich besonders bei den Parlamentsmitgliedern (7,6 gegenüber 6,9). In Gemeinden, in denen die Verwaltung die politischen Entscheidungen im Sinn der Milizbehörde umsetzt und die Miliztätigen über wichtige Dinge informiert werden, fällt die Zufriedenheit unter den Befragten zudem signifikant höher aus als in Gemeinden, in denen dies von den Befragten in Abrede gestellt wird (7,6 gegenüber 6,5 bzw. 6,7). Bei den Exekutivmitgliedern nagt darüber hinaus die Konkurrenz im Kollegium in besonderer Weise an der Zufriedenheit mit dem Milizamt (7,1 gegenüber 7,9; hier nicht dargestellt). Bei den Angehörigen der Kommissionen steht und fällt das Wohlbehagen mit dem Grad der kollegialen Unterstützung unter Zeitdruck (6,8 gegenüber 7,7) oder wenn eine gewisse Orientierungslosigkeit bezüglich der Aufgaben vorherrscht (6,7 gegenüber 7,6; hier nicht dargestellt).

Abbildung 4.22: Zufriedenheit mit der Miliztätigkeit und den Rahmenbedingungen III (Zusammenarbeit in der Milizbehörde)

Anmerkung: Abgebildet sind die Mittelwerte der Zufriedenheit auf einer Skala von 0 (sehr unzufrieden) bis 10 (sehr zufrieden). Hellblaue Punkte zeigen die Zufriedenheit der Miliztätigen, die eine eher hohe oder sehr hohe Zustimmung gegenüber den aufgeführten Rahmenbedingungen äussern. Dunkelblaue Punkte zeigen die Zufriedenheit der Miliztätigen, die eine sehr geringe oder eher geringe Zustimmung gegenüber den aufgeführten Rahmenbedingungen äussern.

4.10 Belastung, Anerkennung und Zufriedenheit mit der Miliztätigkeit

Die mit dem Milizamt verbundenen Belastungen sind in unterschiedlicher Weise mit der Zufriedenheit verknüpft. Miliztätige in der Exekutive sind signifikant unzufriedener, wenn die zeitliche Beanspruchung gross ist (7,5 gegenüber 8,1). Parlamentsmitglieder sind missgestimmter, wenn sie Konflikte im Umfeld haben, die Zusammenarbeit mit anderen Miliztätigen problematisch ist und sie über mangelndes Fachwissen verfügen. Die Zufriedenheit der Mitglieder der Kommissionen wird indes nicht signifikant durch gegenwärtige Belastungen beeinträchtigt (hier nicht dargestellt).

Ein sehr klares Bild vermitteln die Zusammenhänge zwischen der Wertschätzung der geleisteten Milizarbeit und der Zufriedenheit der Miliztätigen (vgl. Abbildung 4.23). Diese sind quer durch die Behörden umso zufriedener, je häufiger sie Anerkennung erfahren. Dabei fällt der Zuspruch durch die Medien (8,1) und die Bürgerschaft (8,0) am stärksten ins Gewicht. Spiegelbildlich fallen die Zufriedenheitswerte geringer aus,

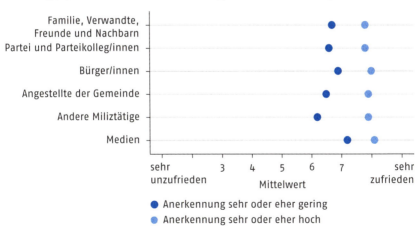

Abbildung 4.23: Zufriedenheit mit der Miliztätigkeit und Wertschätzung

Anmerkung: Abgebildet sind die Mittelwerte der Zufriedenheit auf einer Skala von 0 (sehr unzufrieden) bis 10 (sehr zufrieden). Hellblaue Punkte zeigen die Zufriedenheit der Miliztätigen, die eine eher hohe oder sehr hohe Anerkennung durch die verschiedenen Gruppen erfahren. Dunkelblaue Punkte zeigen die Zufriedenheit der Miliztätigen, die eine sehr geringe oder eher geringe Anerkennung durch die verschiedenen Gruppen erfahren.

wenn die Wertschätzung seitens der anderen Miliztätigen und der Angestellten der Gemeinde (6,2 bzw. 6,5), der Partei (6,6) oder des privaten Umfelds (6,7) ausbleibt. Die Exekutiv- und Kommissionsmitglieder sind besonders zufrieden, wenn ihr Schaffen durch die Medien anerkannt wird (8,5 bzw. 8,2). Die Parlamentsangehörigen wiederum freuen sich am meisten, wenn ihre Arbeit durch die Bürgerinnen und Bürger der Gemeinde wertgeschätzt wird (7,8; hier nicht dargestellt).

4.11 Anstösse, Motive, Vorzüge, Karriere und Zufriedenheit mit der Miliztätigkeit

Wer von einem Verband oder Verein zur Kandidatur angefragt wurde (7,8) oder sich aktiv auf eine Ausschreibung beworben hat (7,7), ist am zufriedensten mit seinem Milizamt. Sofern der Einsatz per Amtszwang (7,5) oder über die Anfrage eines Mitglieds der Milizbehörde (7,3) in die Wege geleitet wurde, geht dies mit einer geringeren Zufriedenheit einher (bei Letzterem gar in signifikanter Weise). Insgesamt weisen Exekutivmitglieder nahezu unabhängig vom Anstoss für die Kandidatur die höchsten Werte auf (hier nicht dargestellt).

Darüber hinaus gehen der Spass an der Miliztätigkeit und die Zufriedenheit mit dieser Hand in Hand. Wem es zudem wichtig ist, sich mit seinem Milizamt uneigennützig für die Allgemeinheit zu engagieren (Wertefunktion, 7,5), seine Fähigkeiten anzuwenden (Erfahrungsfunktion, 7,5) oder auch die persönliche Entwicklung zu fördern (Selbstwertfunktion, 7,5), ist signifikant zufriedener als Miliztätige, die der politischen Arbeit diese Funktionen nicht zuschreiben. In besonderem Mass gilt dies für die Gemeinderätinnen und Gemeinderäte. Mitglieder der Exekutive und der Legislative, die ihre Tätigkeit als politisches Sprungbrett ansehen, weisen dazu auch eine signifikant höhere Zufriedenheit auf als ihre Kolleginnen und Kollegen, die der Milizarbeit keine Karrierefunktion attestieren (hier nicht dargestellt).

Abbildung 4.24 zeigt zudem, dass vor allem diejenigen Miliztätigen signifikant zufriedener sind, bei denen die Milizarbeit der Verwirklichung von Ideen dient, Raum für kreative Ideen bietet und die Möglichkeit zu eigenverantwortlichen Entscheidungen vorsieht (Skalenwert jeweils 7,7). In diesen Merkmalen unterscheiden sie sich substanziell von ihren Kolle-

4.11 Anstösse, Motive, Vorzüge, Karriere und Zufriedenheit mit der Miliztätigkeit | 137

Abbildung 4.24: Zufriedenheit mit der Miliztätigkeit und Vorzüge der Milizarbeit

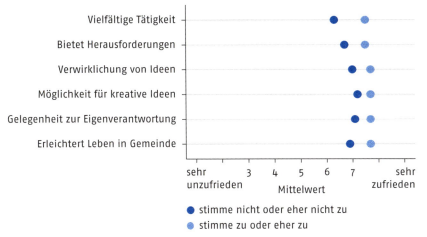

Anmerkung: Abgebildet sind die Mittelwerte der Zufriedenheit auf einer Skala von 0 (sehr unzufrieden) bis 10 (sehr zufrieden). Hellblaue Punkte zeigen die Zufriedenheit der Miliztätigen, die eine eher hohe oder sehr hohe Zustimmung gegenüber den einzelnen Vorzügen äussern. Dunkelblaue Punkte zeigen die Zufriedenheit der Miliztätigen, die eine sehr geringe oder eher geringe Zustimmung gegenüber den einzelnen Vorzügen äussern.

ginnen und Kollegen, die diese Vorzüge nahezu unabhängig von den Behörden nicht in ihrer Milizarbeit erkennen. Die Miliztätigen sind ebenfalls signifikant zufriedener, wenn das Milizamt nach ihrem Empfinden vielfältig und abwechslungsreich ist (7,5), eine Herausforderung bietet, an der man wachsen kann (7,5), und es das Leben in der Gemeinde angenehmer macht (7,7).

Schliesslich sind Miliztätige signifikant zufriedener, die vorsehen, zukünftig in ihrer Funktion weiterzuarbeiten (7,8) oder planen, für ein höheres politisches Amt zu kandidieren (7,7) (vgl. Abbildung 4.25). Personen, die besonders unzufrieden mit ihrer Amtstätigkeit sind (6,5), werden die Milizarbeit eher aufgeben. Das gilt insbesondere für die Parlamentsmitglieder, die signifikant unzufriedener sind (5,9) als die Exekutiv- beziehungsweise Kommissionsangehörigen (7,3 bzw. 6,8; hier nicht dokumentiert).

Abbildung 4.25: Zufriedenheit mit der Miliztätigkeit und Karriereaspekte

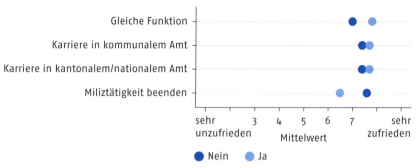

Anmerkung: Abgebildet sind die Mittelwerte der Zufriedenheit auf einer Skala von 0 (sehr unzufrieden) bis 10 (sehr zufrieden). Hellblaue Punkte zeigen die Zufriedenheit der Miliztätigen, die die dargelegten Karriereaspekte für sich reklamieren. Dunkelblaue Punkte zeigen die Zufriedenheit der Miliztätigen, die die dargelegten Karriereaspekte nicht für sich reklamieren.

4.12 Zusammenfassung

Warum engagieren sich Menschen in der Milizarbeit, und was veranlasst sie, ihre Tätigkeit aufzunehmen? Wir haben in Kapitel 3 erfahren, dass gewisse soziodemografische und charakterliche Ressourcen oder auch soziale und politische Gelegenheiten ein politisches Engagement im Milizwesen wahrscheinlich machen. Darüber hinaus vermögen auch konkrete Anstösse oder Motive die Aufnahme der Milizarbeit zu begünstigen. Anregungen zum Milizengagement können von Parteien, Organisationen und bereits engagierten Personen ebenso ausgehen wie vom familiären, kollegialen oder beruflichen Umfeld. Hinsichtlich möglicher Beweggründe der Milizarbeit kann davon ausgegangen werden, dass der Verweis auf Altruismus und Eigennutz allein nicht ausreicht, um die Vollständigkeit der Motivationen zu klassifizieren. Vielversprechender erscheint ein funktionaler Ansatz, der dem Milizengagement verschiedene Funktionen für unterschiedliche Individuen zuordnet.

Unseren Auswertungen zufolge schreiben die befragten Miliztätigen ihrer Arbeit in erster Linie eine Wertefunktion zu. Damit kommt dem Aspekt des uneigennützigen Engagements für die Gemeinschaft eine übergeordnete Bedeutung zu. Ferner zählen die Gestaltungs- oder Erfahrungsfunktion zu den wichtigen Beweggründen, im Besonderen die Wünsche, die Gemeindepolitik mitzubestimmen und in der Milizarbeit die eigenen Talente und Kenntnisse einzusetzen. Am wenigsten Bedeutung messen die Miliztätigen den Motiven des Zuverdiensts und eines möglichen Karrieresprungbretts zu. Die Beweggründe unterscheiden sich bisweilen entlang der Behörden und soziodemografischer Merkmale. Für jüngere Miliztätige sind beispielsweise der Einsatz ihrer Talente und Kenntnisse, die persönliche Weiterentwicklung, der Nutzen für die berufliche Tätigkeit und die mögliche Lancierung einer politischen Karriere durch die Miliztätigkeit relevant. Die älteren Miliztätigen bewerten dagegen tendenziell Aspekte der Integration und der Mitbestimmung in der Gemeinde höher als ihre jüngeren Kolleginnen und Kollegen.

Die meisten Befragten in den von uns einbezogenen Schweizer Gemeinden kandidierten in erster Linie aufgrund von Absprachen mit der eigenen politischen Partei oder Gruppierung für ihr Milizamt, infolge einer Rekrutierung durch amtierende Behördenmitglieder oder anderer Persönlichkeiten aus der Gemeinde oder aus eigenem Antrieb. Von nachrangiger Relevanz waren dagegen der Amtszwang, Anfragen von Vereinen oder Verbänden oder die Bewerbung auf Ausschreibungen.

Befürchtungen vor der Übernahme des Amts betrafen vor allem und kaum überraschend die mit der Tätigkeit verbundene zeitliche Belastung. Dazu werden die Sorgen genannt, dass das eigene fachliche Wissen nicht ausreichend ist oder dass mögliche Konflikte im eigenen Umfeld durch das Amt ausgelöst werden könnten. Im Vergleich der drei Behördengruppen hegen die Exekutivmitglieder die grössten Befürchtungen. Fragt man nach den tatsächlich wahrgenommenen Schwierigkeiten, erhält die zeitliche Belastung ebenfalls die meisten Nennungen. Darauf folgen durch die Amtsausübung erzeugte Konflikte im eigenen Umfeld sowie Probleme bei der Zusammenarbeit im Kollegium. Auffällig ist, dass die tatsächlich wahrgenommenen Schwierigkeiten ausgeprägter sind als die vorab gehegten Befürchtungen. Dies gilt insbesondere für Befragte in Gemeinden mit mehr als 10 000 Einwohnerinnen und Einwohnern.

In Bezug auf die Anerkennung zeigen unsere Daten, dass die Wertschätzung durch das nahe persönliche Umfeld, durch Parteikolleginnen und Parteikollegen, durch andere Mitglieder der Behörde und Verwaltungsmitarbeitende in den Gemeinden vergleichsweise hoch ausfällt. Allerdings bemängeln die Befragten vor allem den geringen Zuspruch durch die Öffentlichkeit, sprich durch die Einwohnerschaft und die Medien.

Die Zufriedenheit mit der Miliztätigkeit fällt bei den Befragten vergleichsweise angemessen aus. Mitglieder der Exekutiven finden dabei noch etwas mehr Gefallen an ihrer Arbeit als die Angehörigen der Gemeindeparlamente und -kommissionen. Unter anderem gehören zufriedene Miliztätige in der Regel einer Konfession an, leben in der Deutschschweiz, präferieren längere Sitzungen am Tag (mit Ausnahme der Parlamentsmitglieder), erhalten eine vergleichsweise hohe Jahrespauschale und üben eine zeitintensive, aber vielfältige, kreative und eigenverantwortliche Tätigkeit aus. Sie sind quer durch die Behörden umso zufriedener, je häufiger sie eine Anerkennung seitens des nahen und fernen Umfelds erfahren. Ferner wächst die Zufriedenheit der Miliztätigen mit der Freude am Amt, insbesondere für Angehörige der Kommissionen. Wer es darüber hinaus als wichtig einschätzt, sich mit seiner Milizarbeit uneigennützig für die Allgemeinheit zu engagieren, seine Fähigkeiten anzuwenden oder auch die persönliche Entwicklung zu fördern, ist signifikant zufriedener als Miliztätige, die ihrer politischen Arbeit diese Funktionen nicht zuschreiben. In besonderem Mass gilt dies für die Gemeinderätinnen und Gemeinderäte. Mitunter reift bei zufriedenen Miliztätigen der Gedanke, die angestammte Arbeit weiterzuführen oder sogar für ein höheres politisches Amt zu kandidieren.

5 Gemeindeorganisation und Miliztätigkeit

Das Milizprinzip steht und fällt mit der Verfügbarkeit geeigneter Personen, die die insgesamt 100 000 Behördensitze in den Exekutiven, Parlamenten oder Kommissionen in den über 2200 Gemeinden der Schweiz besetzen können. Allerdings bedingt das Milizamt – wie bisher in diesem Band dargelegt – diverse persönliche Voraussetzungen. Darüber hinaus lehren uns zahlreiche Erfahrungsberichte von Miliztätigen und insbesondere von Exekutivmitgliedern, dass sich ihr Aufgabengebiet in einem zunehmend erschwerten Umfeld bewegt: Einerseits werden die mit dem Amt verbundenen Aufgaben immer anspruchsvoller und zeitaufwendiger (Geser 2007; aber auch bereits Riklin 1982a).[69] Wie unsere eigenen Auswertungen zeigen, werden die mit der Miliztätigkeit verknüpften Aufgaben zudem vor Stellenantritt bisweilen stark unterschätzt. Andererseits wachsen sowohl die beruflichen Ansprüche als auch das Missfallen gegenüber der Tätigkeit in der breiten Öffentlichkeit: «Die Arbeit eines Milizpolitikers ist undankbar: Die fachlichen Anforderungen werden immer grösser, der Ruf in der Öffentlichkeit ist mässig, die Entlöhnung mau, und die Bereitschaft der Unternehmen, ihre Angestellten zum Wohle der Allgemeinheit freizustellen, sinkt.»[70] Nicht von ungefähr bekunden zahlreiche Schweizer Gemeinden enorme Schwierigkeiten, ihre Behördenstellen zu besetzen.[71] Schon jetzt gibt es Gemeinden, die mit dem

---

69 Die (wenigen) ehemaligen Miliztätigen unter den Befragten gaben hauptsächlich die hohe Arbeitsbelastung, Einschränkungen im Privatleben (zu wenig Zeit für Familie und Freunde) und die Konzentration auf die berufliche Tätigkeit als Gründe ihres Rückzugs an. Damit verbunden sind die Überzeugungen, die Pflicht als Bürgerin und Bürger erledigt zu haben und Platz für neue Kräfte zu schaffen.
70 Siehe *Neue Zürcher Zeitung*, 11. Januar 2018, S. 12.
71 Siehe *Neue Zürcher Zeitung*, 31. Juli 2018, S. 12.

Amtszwang drohen oder gar, wie Simplon Dorf, damit operieren.[72] In Solothurn musste sich die Gemeinde Zullwil unlängst zwangsverwalten lassen, weil sie keine Gemeinderätinnen und Gemeinderäte mehr fand.[73] Allerdings widerstehen viele Gemeinden bislang der Versuchung, die Amtsmandate zu verberuflichen, «weil die Arbeitsauslastung zu gering ist, die Kosten zu hoch wären und die Herausbildung einer volksfernen professionellen ‹Kaste› von Machtträgern als Widerspruch zum Schweizer Demokratieverständnis empfunden würde» (Geser 2009: 2).

Alternative administrative Lösungsansätze des immer deutlicher werdenden Rekrutierungsdilemmas beschränken sich indes nicht allein auf die Verpflichtung der Bürgerinnen und Bürger des Orts oder eines Zwangsverwalters, sondern erstrecken sich in den letzten Jahren verstärkt auch auf Massnahmen im Bereich der organisatorischen Rahmenbedingungen im Sinn einer institutionellen Professionalisierung (Bütikofer 2015: 85).[74] Neben Gemeindefusionen zur Verschlankung dörflicher Doppelspurigkeiten und zur Vergrösserung des potenziellen Kandidierendenpools wird in jüngerer Zeit insbesondere die Ausgestaltung der Gemeindeverwaltung diskutiert (Dlabac et al. 2014; 2015). Hierbei geht es im Kern um die Frage, wie die Kompetenzen zwischen dem Gemeinderat und der Verwaltung, aber auch zwischen den einzelnen Gemeinderatsmitgliedern verteilt sind. Die Aufgaben, die zeitliche Belastung und die damit verbundene Attraktivität des Exekutivamts hängen nicht zuletzt von der Organisation der Gemeindeverwaltung ab (Gemeindeammännervereinigung des Kantons Aargau 2016). Vor diesem Hintergrund veränderten beispielsweise eine Reihe von Gemeinden im Kanton Luzern ihre lokale Verwaltungsorganisation und verbanden damit die Hoffnung auf die Gewinnung neuer Gemeinderätinnen und Gemeinderäte (Bürkler und Lötscher 2014: 41; Dlabac et al. 2015: 49). Entsprechende Evaluationen aus dem Kanton Aargau lassen erahnen, dass solche Aufgabenverschiebungen zwischen Gemeinderat und Verwaltung die zeitliche Belastung

---

72 Siehe *Neue Zürcher Zeitung*, 5. September 2017, S. 15.

73 Siehe *Solothurner Zeitung*, 15. Mai 2018 (Onlineversion).

74 Professionalisierung bezieht sich auf den Wandel vom ehrenamtlichen zum professionellen Status der Milizarbeit (Bogumil et al. 2017: 43). Während die institutionelle Professionalisierung auf eine Veränderung der Rahmenbedingungen der Miliztätigkeit abzielt, setzt die individuelle Professionalisierung bei der oder dem Miliztätigen an (vgl. auch Bütikofer 2015: 85).

der Exekutivmitglieder begrenzen oder reduzieren können (Gemeindeammännervereinigung des Kantons Aargau 2016). Ein interkantonaler Vergleich zwischen den Kantonen St. Gallen, Luzern, Zürich und Aargau kommt ferner zum Schluss, dass Aufwand und Entschädigung in den ausgeprägten Milizstrukturen der beiden letztgenannten Kantone in einem deutlich schlechteren Verhältnis stehen als in den Gemeinden der Kantone St. Gallen und Luzern. Dort haben Professionalisierungsbemühungen in Form des hauptamtlichen Ammanns beziehungsweise der Etablierung von Teilämtern Einzug gehalten (Dlabac et al. 2015: 43)

Wir möchten in diesem Kapitel der Frage nachgehen, mit welchen Konsequenzen die jeweiligen Gemeindeorganisationen aus Sicht der Miliztätigen verbunden sind. Hierzu werden in einem ersten Schritt die einzelnen Führungsmodelle sowie ihre Verteilung auf die in unsere Untersuchung einbezogenen Gemeinden vorgestellt. In einem zweiten Schritt werden Einschätzungen zur Belastung der Miliztätigen präsentiert, die entlang der Organisationsmodelle existieren.

5.1 Gemeindeführungsmodelle in der Schweiz

Die Schweizer Gemeinden zeichnen sich durch eine grosse Varianz bei der Organisation ihrer Führung aus, wobei Überblicksdarstellungen für die gesamte Schweiz bislang noch nicht vorliegen. Der Wahl des Führungsmodells wird eine grosse Bedeutung beigemessen, da es die Funktionen des Gemeinderats sowie die Art der Verwaltungsführung vorgibt. Die in den Schweizer Gemeinden existierenden Führungsmodelle können dabei grob in vier gebräuchliche Grundtypen unterteilt werden: operatives Modell, Delegiertenmodell, Geschäftsleitungsmodell und CEO-Modell. Die einzelnen Organisationsprinzipien unterscheiden sich primär durch die Zuteilung der Verantwortungsbereiche auf die einzelnen Gemeinderatsmitglieder. Die Verwaltung übernimmt diejenigen Aufgaben, die nicht den Gemeinderätinnen und Gemeinderäten zugesprochen werden (Bürkler und Lötscher 2014; Dlabac et al. 2014; 2015; Flick 2017; Gemeindeammännervereinigung des Kantons Aargau 2016). Folgende Fragestellungen sind dabei massgebend: (a) Wem obliegt die Leitung der Gemeindeverwaltung? (b) Worin besteht das Aufgabengebiet der Exekutive? Ist der Gemeinderat nur für strategische oder auch für operative Aufgaben zuständig? (c) Wie hoch ist die Arbeitsbelastung der Gemeinderätinnen und Gemeinderäte, sprich wie hoch sind die Pensen der Exekutivmitglieder?[75]

5.2 Das CEO- oder Geschäftsführermodell der Gemeindeführung

Das zentrale Merkmal des CEO- oder Geschäftsführermodells besteht darin, dass die leitende Person der Verwaltung nicht politisch gewählt, sondern nach «fachlich ausgewählten Kriterien» vom Gemeinderat angestellt wird (Bürkler und Lötscher 2014: 29).[76] Als direkte Folge etabliert sich eine konsequente Trennung zwischen politischem Auftrag (von den Stimmberechtigten an den Gemeinderat) und verwaltungstechnischer Anordnung (von der gewählten Exekutive an die Verwaltung; vgl. Abbildung 5.1). Zwar können den Exekutivmitgliedern auch hier einzelne Ressorts zugewiesen sein, ihre Aufgaben beschränken sich aber auf die politische und strategische Führung. Eine Linienverantwortung in die Ressorts besteht nicht, sodass die Arbeitspensen für alle Gemeinderätinnen und Gemeinderäte geringer ausfallen können. Die Führung der Verwaltung liegt beim CEO, ebenso die Verantwortung über die ordnungsgemässe Erledigung des Tagesgeschäfts.

---

75 Während auf der strategischen Ebene visionäre und auch kontrollierende Elemente vorherrschen, ist die operative Ebene für die Umsetzung der Strategie zuständig. Wird das Gemeindehaus saniert, bedarf es der strategischen Entscheide über die Notwendigkeit, die Rahmenbedingungen, den Ausbaustandard, die Kosten und den terminlichen Ablauf. Die operative Umsetzung beschäftigt sich mit der Detailplanung, der Auftragsvergabe, der eigentlichen Umsetzung des Bauvorhabens, der Bauherrenvertretung und mit der Koordination der Arbeiten. Kurzum: Wo die Garderobe platziert wird, welche Farbgestaltung das Gemeindehaus hat oder wer die Möbel liefert, gehört nicht ins Aufgabengebiet der Strategie (Baumann 2015).
76 Wir betrachten CEO-Modell und Geschäftsführermodell als Synonyme. Um die Gefahr der Verwechslung von Geschäftsführer- und Geschäftsleitungsmodell zu verringern, sprechen wir im Folgenden immer vom CEO-Modell.

Abbildung 5.1: Organigramm des CEO-Modells

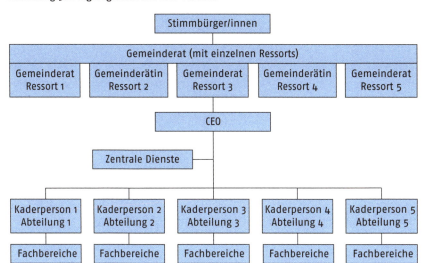

Quelle: Bürkler und Lötscher (2014: 30).

Das CEO-Modell bringt verschiedene Vorteile mit sich. Zum einen ist die Kontinuität der Verwaltungsleitung und -arbeit unabhängig vom Ausgang der Gemeinderatswahlen sichergestellt. Zum anderen machen die Beschränkung auf strategische Aufgaben und die damit verbundene geringere Arbeitsbelastung die Milizarbeit möglicherweise für neue Bevölkerungsgruppen interessant, die ansonsten wegen der Unvereinbarkeit des Amts mit der hauptberuflichen Tätigkeit von einer Kandidatur absehen. Die Übertragung der Verwaltungsleitung an den CEO führt allerdings auch dazu, dass der Gemeinderat weniger gut über Details informiert ist. Bisweilen besteht deshalb die Gefahr für den Gemeinderat, den direkten Draht zur Bevölkerung zu verlieren. Schliesslich dürfte die Anstellung einer Verwaltungsleiterin oder eines Verwaltungsleiters mit höheren Kosten verbunden sein, wenn zusätzlich zur Gemeindeschreiberin oder zum Gemeindeschreiber eine Verwaltungsleitungsstelle geschaffen wird (Gemeindeammännervereinigung des Kantons Aargau 2016: 14)

5.3 Das Delegiertenmodell der Gemeindeführung

Im Delegiertenmodell überträgt der Gemeinderat die Linienführung der Verwaltung, das heisst die fachliche und personelle Führung an eine Delegierte oder einen Delegierten des Gemeinderats. Der Gemeinderat selbst ist für die strategischen Entscheidungen zuständig. Den Exekutivmitgliedern sind normalerweise keine Ressorts zugewiesen, es besteht also keine Linienverantwortung für die Verwaltung. Im Gegensatz zum CEO-Modell wird die Verwaltungsführung aber nicht durch eine angestellte Geschäftsführerin oder einen angestellten Geschäftsführer, sondern durch ein delegiertes Mitglied des Gemeinderats ausgeübt, das in der Regel gleichzeitig als Gemeindepräsidentin oder Gemeindepräsident fungiert (auch Modell «Primus», vgl. Dlabac et al. 2015: 49). Der oder dem Delegierten kommt damit eine Doppelrolle zu, indem sie oder er nicht nur als Teil des Gemeinderats für die politische und strategische Ebene zuständig ist, sondern auch das operative Tagesgeschäft auf Verwaltungsebene verantwortet. Ihr oder ihm obliegt die Linienverantwortung für die gesamte Verwaltung (Bürkler und Lötscher 2014: 31 f.; vgl. Abbildung 5.2). Dies bringt es mit sich, dass die oder der Delegierte im Gegensatz zu den übrigen Gemeinderatsmitgliedern einer deutlich höhe-

Abbildung 5.2: Organigramm des Delegiertenmodells

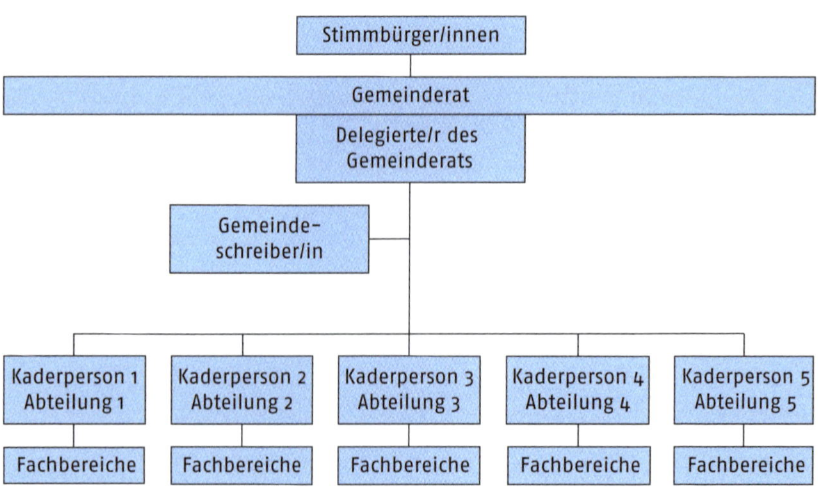

Quelle: Bürkler und Lötscher (2014: 33).

ren Arbeitsbelastung ausgesetzt ist, die mithin (aber nicht zwingend) in einem Vollpensum absolviert wird.

Die Vorteile des Delegiertenmodells entsprechen weitgehend jenen des CEO-Modells. Auch in diesem Organisationsprinzip werden die Exekutivangehörigen wegen der Delegation der Verwaltungsführung an ein Gemeinderatsmitglied zeitlich entlastet, sodass die Arbeitspensen der übrigen Exekutivmitglieder vergleichsweise gering ausfallen (Gemeindeammännervereinigung des Kantons Aargau 2016: 10). Hinzu kommt beim Delegiertenmodell, dass der Informationsfluss über das operative Geschehen in den Gemeinderat durch die Delegierte oder den Delegierten eher sichergestellt ist als beim CEO-Modell. Angesichts fehlender Ressortverantwortung aufseiten des Gemeinderats ist zudem weniger zu befürchten, dass die einzelnen Mitglieder Ressortinteressen stärker gewichten als das Gemeindewohl. Allerdings bringt die herausgehobene Stellung der oder des Delegierten die Gefahr mit sich, dass die übrigen Mitglieder des Gemeinderats im politischen Alltag marginalisiert werden.

5.4 Das operative Modell der Gemeindeführung

Im Gegensatz zum CEO- und Delegiertenmodell zeichnet sich das operative Modell (auch Modell «Sachbearbeitung», vgl. Dlabac et al. 2015: 49) in erster Linie dadurch aus, dass der Gemeinderat für die strategische, aber auch für die operative Führung der Gemeinde zuständig ist. Die Gemeindeschreiberin oder der Gemeindeschreiber fungiert hierbei als Stabsstelle des Gemeinderats. Die einzelnen Gemeinderätinnen und Gemeinderäte tragen in fachlicher und personeller Hinsicht Ressortverantwortung und werden hier auch selbst operativ tätig (vgl. Abbildung 5.3.). Die mitunter starke Einbindung in die Verwaltungsarbeit schlägt sich in einer vergleichsweise hohen zeitlichen und inhaltlichen Arbeitsbelastung der Exekutivmitglieder nieder. In kleinen Gemeinden ist dabei von einem minimalen Zeiteinsatz von umgerechnet 20 Stellenprozenten für ein Gemeinderatsmandat auszugehen (Gemeindeammännervereinigung des Kantons Aargau 2016: 6).

Das operative Modell empfiehlt sich am ehesten für kleine Gemeinden, in denen der Arbeitsanfall nicht hoch genug ist, um eine Aufteilung der Funktionen von strategischer Führung und operativer Umsetzung zu rechtfertigen. Die Vorteile des operativen Modells liegen in der klaren

Abbildung 5.3: Organigramm des operativen Modells

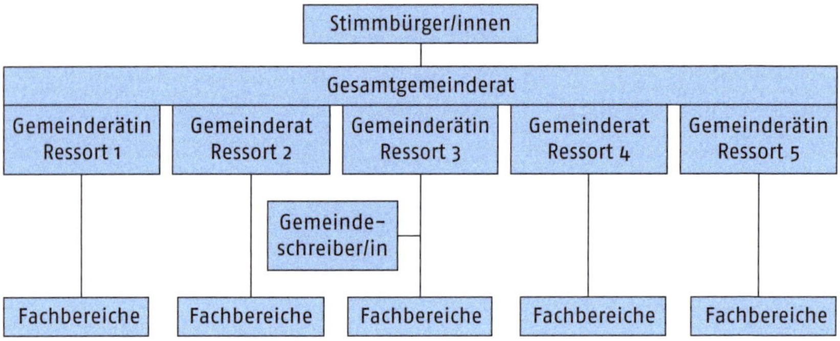

```
                          ┌─────────────────────┐
                          │  Stimmbürger/innen  │
                          └──────────┬──────────┘
          ┌──────────────────────────┴──────────────────────────┐
          │                   Gesamtgemeinderat                 │
          └─┬──────────┬──────────┬──────────┬──────────┬───────┘
            │          │          │          │          │
     ┌──────┴───┐ ┌────┴─────┐ ┌──┴───────┐ ┌┴─────────┐ ┌┴─────────┐
     │Gemeinde- │ │Gemeinderat│ │Gemeinde- │ │Gemeinderat│ │Gemeinde- │
     │rätin     │ │Ressort 2  │ │rätin     │ │Ressort 4  │ │rätin     │
     │Ressort 1 │ │           │ │Ressort 3 │ │           │ │Ressort 5 │
     └────┬─────┘ └───────────┘ └──┬───────┘ └───────────┘ └────┬─────┘
          │                        │                            │
          │                 ┌──────┴───────┐                    │
          │                 │ Gemeinde-    │                    │
          │                 │ schreiber/in │                    │
          │                 └──────────────┘                    │
     ┌────┴──────┐ ┌──────────┐ ┌──────────┐ ┌──────────┐ ┌─────┴────┐
     │Fachbereiche│ │Fachbereiche│ │Fachbereiche│ │Fachbereiche│ │Fachbereiche│
     └───────────┘ └──────────┘ └──────────┘ └──────────┘ └──────────┘
```

Quelle: Bürkler und Lötscher (2014: 38).

Zuordnung der Verantwortlichkeiten, den kurzen Entscheidungs- und Kommunikationswegen und in der Dossiersicherheit der Exekutivmitglieder. Nachteilig kann sich auswirken, dass in den einzelnen Ressorts die Kontinuität der Verwaltungsarbeit über die Wahlperioden hinweg nicht gewährleistet ist. Neu gewählte Gemeinderätinnen und Gemeinderäte stehen in diesem Modell vor einer doppelten Herausforderung, indem sie sich nicht nur in die strategische Gemeindeführung einarbeiten müssen, sondern auch in die fachlichen Aufgaben ihres Verantwortungsbereichs. Die Ressortverantwortlichkeit der einzelnen Gemeinderatsmitglieder kann zudem dazu führen, dass Ressortinteressen höher gewichtet werden als das Gesamtwohl der Gemeinde. Zudem ist der vom einzelnen Exekutivmitglied zu leistende zeitliche Einsatz angesichts der geforderten Vollzugstätigkeiten vergleichsweise hoch, worunter die Attraktivität des Amts leiden kann.

5.5 Das Geschäftsleitungsmodell der Gemeindeführung

Im Geschäftsleitungsmodell fungiert der Gemeinderat als Geschäftsleitungsgremium. Die Organisationsstruktur weist verschiedene Parallelen zum operativen Modell auf. Beispielsweise tragen die einzelnen Gemeinderatsmitglieder jeweils die Verantwortung für ein oder mehrere Ressorts. Neben der strategischen Führung der Gemeinde sind die Gemeinderätinnen und Gemeinderäte auch für die fachliche und personelle Verwaltungsführung zuständig, wobei ihnen die Abteilungsleiterinnen und Abteilungsleiter für operative Arbeiten in einer Art «Tandemmodell» direkt unterstellt sind (Verband Luzerner Gemeinden 2005: 13).[77] Anders als im operativen Modell führen die Gemeinderatsmitglieder aber nicht selbst operative Aufgaben aus, sondern übertragen diese an die Verwaltung (Bürkler und Lötscher 2014: 34 f.; vgl. Abbildung 5.4). In der Regel resultiert aus dieser Trennung zwischen politischer Führung und administrativem Vollzug im Vergleich zum operativen Modell eine geringere Arbeitsbelastung der Gemeinderätinnen und Gemeinderäte. Wie bei Letzterem sind die Mitglieder des Gemeinderats im Geschäftsleitungsmodell über die Vorgänge auf der administrativen Ebene gut informiert. Gegenüber dem CEO- und dem Delegiertenmodell ist die Verwaltungsführung schliesslich nicht von einer Person und deren Qualitäten abhängig.[78]

Zusammenfassend kann festgehalten werden, dass das CEO- wie auch das Delegierten- und Geschäftsleitungsmodell eine Entlastung der Exekutive mit sich bringen und die Vereinbarkeit der Milizarbeit mit einer hauptberuflichen Tätigkeit ermöglichen sollen. Vor diesem Hintergrund darf angenommen werden, dass sich die Veränderung in der Organisati-

---

77 Illustriert wird das Modell von der Gemeinde Fislisbach im Aargau: «Mit der Einführung des Geschäftsleitungsmodells erhält jedes Gemeinderatsmitglied einen verantwortlichen Abteilungsleiter zugewiesen.» Beispielsweise steht jetzt dem Gemeindeammann als Pendant in der Verwaltung der Gemeindeschreiber bei, dem Ressortverantwortlichen Finanzen der Leiter Finanzen und Steuern oder dem Ressortvorsteher Bildung die Schulpflege. «Das sogenannte ‹Tandem-Modell› schafft eine klare Organisation. Es verhindert, dass Probleme bei den Schnittstellen zwischen Gemeinderat und Verwaltung entstehen.» (*AZ Badener Tagblatt,* 10. Januar 2018, Onlineversion).

78 An dieser Stelle sei darauf hingewiesen, dass das Geschäftsleitungsmodell in der Auslegeordnung der Gemeindeammännervereinigung des Kantons Aargau (2016: 13) unseres Erachtens weniger einer Tandemstruktur entspricht, sondern vielmehr einem (erweiterten) CEO-Modell. Es beinhaltet die Delegation der Linienführung in personeller und fachlicher Hinsicht von der Exekutive an ein Gremium von Verwaltungskadern unter dem Vorsitz der Gemeindeschreiberin beziehungsweise des Gemeindeschreibers. Unsere Ausführungen verwenden die Terminologie und Definitionen des Verbands der Luzerner Gemeinden (2005) und der Publikation von Bürkler und Lötscher (2014). Die Darstellung basiert auf Flick Witzig (2017).

Abbildung 5.4: Organigramm des Geschäftsleitungsmodells

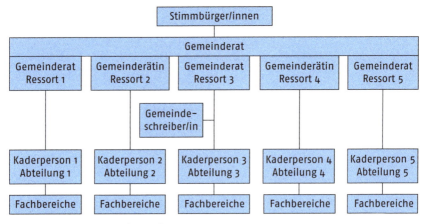

Quelle: Bürkler und Lötscher (2014: 35).

onsstruktur auf die Rekrutierungspotenziale von Behördenmitgliedern niederschlägt. Zudem ist nicht auszuschliessen, dass die Ausgestaltung der Gemeindeführung die Ansichten, Motive und Überzeugungen der Miliztätigen in unterschiedlicher Weise prägt. Eine diesbezügliche Analyse steht für die Schweizer Gemeinden aber bislang aus. Im Folgenden wird diese Lücke erstmalig angegangen.

5.6 Führungsmodelle in ausgewählten Gemeinden der Schweiz

Welche Gemeindeführungsmodelle finden sich in den von uns untersuchten 75 Schweizer Gemeinden zwischen 2000 und 30 000 Einwohnerinnen und Einwohnern? Zur Beantwortung dieser Frage haben wir die jüngste Befragung der Schweizer Gemeindeschreiberinnen und Gemeindeschreiber ausgewertet (Ladner 2018). Diese wurden unter anderem gefragt, wer in der Gemeinde für die operative Verwaltungsführung zuständig sei. Sofern diese Zuständigkeit beim Gemeindepräsidium oder bei einem anderen Exekutivmitglied angesiedelt ist, gehen wir vom Delegiertenmodell aus. Leiten Gemeindeschreiber oder andere nicht gewählte Personen die operativen Verwaltungsarbeiten, werden die Gemeinden dem CEO-Modell zugeordnet. Liegt die Verwaltungsleitung dagegen bei allen Mitgliedern der Exekutive, werten wir dies als Fall des operativen Modells. Schliesslich ist auch die Variante des Geschäftsleitungsmodells vertreten. Für 69 der untersuchten 75 Gemeinden finden sich entsprechende Hinweise in der Gemeindeschreiberbefragung. Die übrigen sechs Gemeinden wurden eigenständig zugeordnet. Diese Zuteilung basiert auf Informationen zur Organisationsstruktur und zur Kompetenzaufteilung zwischen Gemeinderat und Verwaltung, wie sie den Websites der Gemeinden entnommen werden können.[79]

In den von uns untersuchten Gemeinden sind diese vier Modelle wie folgt verteilt: 9 Gemeinden verfolgen das Geschäftsleitungsmodell, 40 lassen sich dem CEO-Modell zuordnen, 16 operieren entsprechend dem Delegiertenmodell und 10 mit dem operativen Modell. Der Blick auf die Sprachregionen zeigt, dass das CEO-Modell in den deutsch- und französischsprachigen Gemeinden am stärksten verbreitet ist (vgl. Tabelle 5.1). Auffällig ist, dass das Geschäftsleitungsmodell nur in deutschsprachigen Gemeinden unserer Stichprobe zum Einsatz kommt. Ansonsten sind die Unterschiede nach den Sprachregionen gering, wobei für die Gemeinden der italienisch- und französischsprachigen Schweiz aufgrund der sehr geringen Fallzahlen kaum belastbare Aussagen möglich sind. Auswertungen der jüngsten Gemeindeschreiberbefragung des Jahrs 2016 legen aber nahe, dass die Exekutiven in der lateinischen Schweiz mit mehr Stellenprozenten dotiert sind (im Schnitt 133 Stellenprozente) als jene der Deutschschweiz (im Schnitt 77 Stellenprozente, vgl. Ladner 2018; eigene Auswertung).

Bei der Verteilung der Führungsmodelle über die Gemeindegrössenklassen ist das CEO-Modell überall am weitesten verbreitet, gefolgt vom Delegiertenmodell (vgl. Tabelle 5.2). Das operative Modell ist in unserer Stichprobe in grösseren Gemeinden (ab 5000 Einwohnerinnen und Einwohner) im Gegensatz zu der in der Literatur geäusserten Empfehlung etwas weiter verbreitet als in kleineren Gemeinden.

---

79 Die Zuteilung für die sechs Gemeinden ist mit einer gewissen Unsicherheit behaftet. Es ist nicht auszuschliessen, dass die in den Quellen der Gemeinden verlautbarten Kompetenzaufteilungen die tatsächliche Praxis nicht in allen Fällen adäquat abbilden. Es gilt dabei auch zu beachten, dass die vier Organisationsprinzipien nicht immer und überall in Reinkultur vorkommen.

5 Gemeindeorganisation und Miliztätigkeit

Tabelle 5.1: Verteilung der Gemeindeführungsmodelle auf die Sprachregionen der Schweiz

	Geschäftsleitungs-modell	CEO-Modell	Delegierten-modell	Operatives Modell	Total
DE	18 (9)	55 (27)	20 (10)	6 (3)	100 (49)
FR	–	57 (13)	22 (5)	22 (5)	100 (23)
IT	–	–	33 (1)	67 (2)	100 (3)

Anmerkung: Abgebildet sind die gerundeten Anteile der untersuchten Gemeinden in Prozent. In Klammern sind die absoluten Zahlen angegeben. DE = deutschsprachige Schweiz (inklusive der rätoromanischen Gemeinde Disentis/Mustér); FR = französischsprachige Schweiz; IT = italienischsprachige Schweiz.

Tabelle 5.2: Verteilung der Gemeindeführungsmodelle nach Gemeindegrösse

	Geschäftsleitungs-modell	CEO-Modell	Delegierten-modell	Operatives Modell	Total
Gemeinden mit weniger als 5000 Einwohner/innen	15 (5)	56 (19)	24 (8)	6 (2)	100 (34)
Gemeinden mit 5000 bis 9999 Einwohner/innen	13 (3)	52 (12)	17 (4)	17 (4)	100 (23)
Gemeinden mit mehr als 10 000 Einwohner/innen	6 (1)	50 (9)	22 (4)	22 (4)	100 (18)

Anmerkung: Abgebildet sind die gerundeten Anteile der untersuchten Gemeinden in Prozent. In Klammern sind die absoluten Zahlen angegeben.

Im Folgenden wird überprüft, ob und inwieweit die einzelnen Gemeindeführungsmodelle mit bestimmten Wahrnehmungen und Wünschen der Miliztätigen in Zusammenhang stehen. Da die Gemeindeführungsmodelle in erster Linie das Verhältnis zwischen Exekutive und Verwaltung betreffen, werden dafür nur die Ansichten der Exekutivmitglieder, nicht aber jene der Parlaments- und Kommissionsangehörigen einbezogen. Darüber hinaus werden wir den Einfluss weiterer organisatorischer Rahmenbedingungen prüfen. Hier interessiert insbesondere, ob die Exekutive administrative Arbeiten ausführt und ob die Mitglieder des Gemeinderats Linienvorgesetzte des Verwaltungspersonals sind. Die entsprechenden Angaben haben wir wiederum der jüngsten Gemeindeschreiberbefragung entnommen (Ladner 2018). Fehlende Angaben bei einzelnen Gemeinden wurden eigenständig recherchiert.

Aufgrund der unterschiedlichen Kompetenzverteilungen zwischen Exekutive und Verwaltung ist zu vermuten, dass die wahrgenommene zeitliche Belastung, der Wunsch nach Unterstützungsleistungen durch die Gemeinde und die allgemeine Zufriedenheit mit der Miliztätigkeit von den Gemeindeführungsmodellen sowie den weiteren einbezogenen Merkmalen der Gemeindeorganisation abhängen. Es ist etwa zu erwarten, dass eine hohe Belastung der Exekutive mit administrativen Aufgaben die wahrgenommene zeitliche Belastung erhöht, den Wunsch nach Unterstützungsleistungen stärkt und die allgemeine Zufriedenheit beeinträchtigt.

5.7 Organisation der Gemeindeführung und Einschätzungen der Miliztätigkeit

Mit Blick auf die Abbildungen 5.5 und 5.6 können wir zunächst eine leichte Tendenz erkennen, dass Gemeinderätinnen und Gemeinderäte ohne administrative Belastung und Führungsverantwortung etwas zufriedener mit ihrer Tätigkeit sind als ihre Kolleginnen und Kollegen mit derartigen Aufgaben.[80] Darüber hinaus zeigen sich auch leicht höhere Zufriedenheitswerte unter denjenigen Exekutivmitgliedern, deren Gemeinden dem Geschäftsleitungs- oder dem operativen Modell folgen (vgl. Abbildung 5.7). Weitere hier nicht dokumentierte Analysen zeigen, dass diese Zusammenhänge womöglich auch kulturell überlagert werden.[81] Die Exekutivmitglieder in der lateinischen Schweiz sind deutlich weniger zufrieden mit ihrer Miliztätigkeit als jene der Deutschschweiz (vgl. Kapitel 4).

Die Miliztätigen wurden weiterhin gefragt, ob die zu grosse zeitliche Belastung im Rahmen der Amtsausübung eine Schwierigkeit darstelle, ob aufgrund des hohen Arbeitsaufkommens häufig grosser Zeitdruck bestehe

---

80 Im vorliegenden Text werden alle Beziehungsmuster substanzieller Art, sprich solche, die eine statistische Signifikanz aufweisen, explizit erwähnt. Bei allen anderen Merkmalszusammenhängen werden lediglich Tendenzen berichtet, die im strengen statistischen Sinn rein zufällig auftreten können.
81 Werden die Analysen zur Zufriedenheit getrennt für die beiden Sprachregionen vorgenommen, verschwinden bisweilen die hier berichteten Tendenzen.

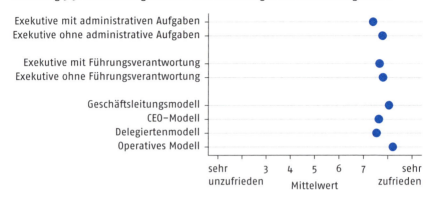

Abbildung 5.5: Gemeindeorganisation und Einstellungen der Exekutivmitglieder I

Anmerkung: Abgebildet sind die Mittelwerte der Zufriedenheit auf einer Skala von 0 (sehr unzufrieden) bis 10 (sehr zufrieden).

und ob es schwierig sei, Beruf, Familie und Miliztätigkeit in Einklang zu bringen. Alle drei Aspekte werden bis auf eine Ausnahme von denjenigen Gemeinderätinnen und Gemeinderäten stärker bejaht, die administrative Arbeiten ausführen oder als Linienvorgesetzte des Verwaltungspersonals auftreten (vgl. Abbildungen 5.5 und 5.6). Der Zusammenhang zwischen der Funktion als Linienvorgesetzte beziehungsweise -vorgesetzter und der zu grossen zeitlichen Belastung ist dabei signifikant. Im Vergleich der Gemeindeführungsmodelle fällt auf, dass sich die Exekutivmitglieder des Delegiertenmodells tendenziell eher über fehlende zeitliche Ressourcen beklagen. Nur die Befragten des operativen Modells sehen noch grössere Schwierigkeiten, wenn es um die Vereinbarkeit von Amt, Beruf und Familie geht (vgl. Abbildung 5.7).[82]

Exekutivmitglieder mit administrativer Belastung und Führungsverantwortung wünschen sich tendenziell (mit einer Ausnahme) auch eher Beistand bei der Ausübung ihrer Miliztätigkeit, sei es in Form des Ausbaus der Verwaltung oder einer generellen Unterstützung durch die Gemeinde (in Form von personeller, administrativer oder infrastruktureller Hilfe; vgl. Abbildungen 5.5 und 5.6). Darüber hinaus wird der Verwal-

---

[82] Allerdings bleiben die ohnehin wenig substanziellen Beziehungen nicht erhalten, wenn die Sprachregionen (Deutschschweiz versus lateinische Schweiz) gesondert betrachtet werden (hier nicht dokumentiert).

5.7 Organisation der Gemeindeführung und Einschätzungen der Miliztätigkeit | 155

Abbildung 5.6: Gemeindeorganisation und Einstellungen der Exekutivmitglieder II

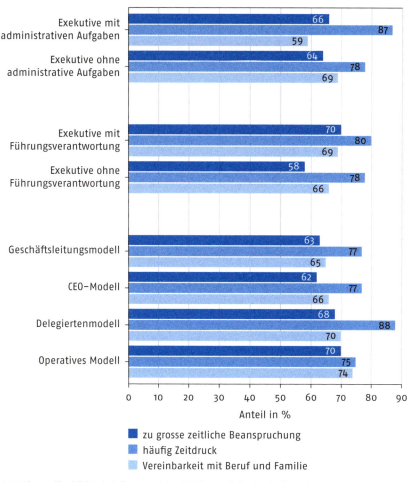

Anmerkung: Abgebildet sind die gerundeten Anteile der Befragten in Prozent.

tungsausbau von Befragten aus Gemeinden mit dem Geschäftsleitungsmodell deutlich weniger befürwortet als von Befragten, deren Gemeinden einem anderen Modell folgen (vgl. Abbildung 5.6; der Zusammenhang ist signifikant).[83] Zudem fordern Befragte aus Gemeinden mit einem operati-

---

83 Betrachtet man jedoch die Sprachregionen gesondert, bleibt der Zusammenhang auch hier nicht erhalten (hier nicht dokumentiert). Dies ist einerseits

Abbildung 5.7: Gemeindeorganisation und Einstellungen der Exekutivmitglieder III

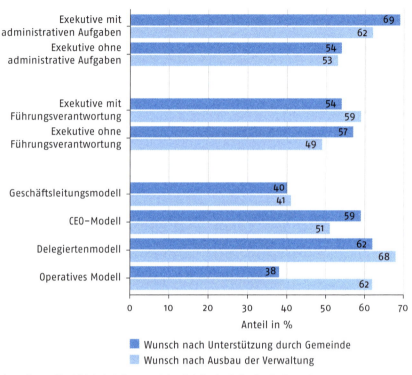

■ Wunsch nach Unterstützung durch Gemeinde
▨ Wunsch nach Ausbau der Verwaltung

Anmerkung: Abgebildet sind die gerundeten Anteile der Befragten in Prozent.

ven oder Geschäftsleitungsmodell weniger stark eine kommunale Unterstützung. Diese Zusammenhänge sind signifikant und bleiben auch dann erhalten, wenn gesonderte Auswertungen für die Sprachregionen vorgenommen werden. Allerdings äussern in der Deutschschweiz vor allem Vertreterinnen und Vertreter aus Gemeinden mit einem Delegiertenmodell den Wunsch nach Unterstützungsleistungen, während dieses Anlie-

> darauf zurückzuführen, dass das Geschäftsleitungsmodell nur in Deutschschweizer Gemeinden unserer Stichprobe vorkommt. Andererseits ist der Wunsch nach einem Ausbau der Verwaltung in der lateinischen Schweiz unabhängig vom Gemeindeführungsmodell stärker ausgeprägt als in den deutschsprachigen Gemeinden.

gen in der lateinischen Schweiz stärker von Vertreterinnen und Vertretern des CEO-Modells vorgebracht wird. Über alle organisatorischen Modelle hinweg ist der Wunsch nach Unterstützung in personeller, administrativer oder infrastruktureller Form seitens der Exekutivmitglieder in den beiden Landesteilen gleich stark ausgeprägt, während der Ausbau der Verwaltung vor allem ein Anliegen der Exekutivmitglieder der lateinischen Schweiz ist (hier nicht dokumentiert).

5.8 Zusammenfassung

Das lokale Milizsystem der Schweiz leidet unter zunehmenden Rekrutierungsproblemen (Dlabac et al. 2015). Ein möglicher Lösungsweg aus dieser ernsthaften Problematik führt über die Organisationsstruktur der Gemeinde (Bürkler und Lötscher 2014). Hierbei wird argumentiert, dass Führungsmodelle, die zur zeitlichen Entlastung der Miliztätigen führen und die Vereinbarkeit von Miliz- und Erwerbsarbeit ermöglichen, das Behördenamt attraktiver erscheinen lassen und das Interesse möglicher Kandidatinnen und Kandidaten wecken. In den Schweizer Gemeinden können grob vier Gemeindeführungsmodelle unterschieden werden: operatives Modell, Delegiertenmodell, Geschäftsleitungsmodell und CEO-Modell. Die zentralen Punkte zur Differenzierung zwischen den Gemeindeführungsmodellen sind das Ausmass an operativ-ausführenden Tätigkeiten der Gemeinderätinnen und Gemeinderäte einerseits und die Zuteilung der Personalführungsaufgaben andererseits. Werden diese Aufgaben von den Gemeinderätinnen und Gemeinderäten nicht übernommen, rückt die Verwaltung in die Verantwortung und erhält dadurch vermehrt Kompetenzen (Bürkler und Lötscher 2014). Handkehrum werden die Miliztätigen entsprechend entlastet.

Unter den von uns analysierten Gemeinden ordnen sich 9 dem Geschäftsleitungsmodell zu, 40 rubrizieren unter dem CEO-Modell, 16 verfolgen das Delegiertenmodell und 10 das operative Modell. Bei der Verteilung der Modelle über die Sprachregionen fällt auf, dass das Geschäftsleitungsmodell in unserer Stichprobe ausschliesslich in Deutschschweizer Gemeinden praktiziert wird. Ansonsten sind die Unterschiede zwischen den Sprachregionen gering. Sowohl in der Deutschschweiz als auch in der französischsprachigen Schweiz ist das CEO-Modell am weitesten verbreitet.

Machen Gemeindeführungsmodelle und weitere organisatorische Merkmale einen systematischen Unterschied aus hinsichtlich der Zufriedenheit mit der Ausübung eines Milizamts, des Wunsches nach Unterstützung und der zeitlichen Belastung? Die hier durchgeführten Analysen unterstützen diesbezügliche Vermutungen nur schemenhaft und lassen vorsichtig vermuten, dass sich eine stärkere administrative Belastung und personale Führungsverantwortung der Exekutivmitglieder tendenziell in einer geringeren Zufriedenheit, einem Verlangen nach Unterstützung und einem Empfinden des Zeitmangels und -drucks niederschlagen. Im Vergleich der Führungsmodelle sind ebenfalls nur wenig systematische Unterschiede in den Einschätzungen der dort tätigen Gemeinderätinnen und Gemeinderäte zu erkennen. In der Tendenz wirken die Exekutivmitglieder in den Gemeinden mit einem Geschäftsleitungsmodell etwas zufriedener, verspüren weniger Zeitmangel und äussern weniger stark den Wunsch nach Hilfeleistungen. Dagegen zeigen sich die Gemeinderätinnen und Gemeinderäte in Gemeinden mit einem Delegiertenmodell tendenziell unzufriedener, klagen eher über terminlichen Druck und zeitliche Engpässe und verlangen nach grösserer Unterstützung.

Mitunter sind diese Ergebnisse aber kulturell überlagert, da sich für die hier untersuchten Aspekte der Zeitnot, der gewünschten Unterstützung und der Zufriedenheit auffällige Unterschiede in Abhängigkeit von der Sprachregion zeigen. Exekutivmitglieder aus französisch- oder italienischsprachigen Gemeinden sind nicht nur weniger zufrieden mit ihrer Miliztätigkeit als jene der Deutschschweiz (vgl. Kapitel 4). Sie nehmen auch den mit dem Amt verbundenen zeitlichen Aufwand stärker als belastend wahr und sprechen sich häufiger für einen Ausbau der Verwaltung aus als die Kolleginnen und Kollegen der Deutschschweiz.

6 Die Zukunft der Miliztätigkeit. Reformvorschläge aus Sicht der Beteiligten

Die Hinweise auf eine Erosion des Schweizer Milizwesens verdichten sich und es gibt nur wenige Anzeichen, die für die Unvergänglichkeit dieser politischen Partizipationsform sprechen. Umso dringlicher erscheinen Reformen, um dieses politische Kapital der eidgenössischen Beteiligungsdemokratie zu sichern. Die diesbezüglichen Vorstellungen konzentrieren sich sowohl auf die Teilnahme*bereitschaft* als auch auf die Teilnahme*berechtigung* und *-fähigkeit*. Sie schliessen neben Ideen zur Neugestaltung von Tätigkeitsfeldern und der Professionalisierung auch Gedanken hinsichtlich der Honorierung und Zugänglichkeit der Milizarbeit ein. In der Öffentlichkeit werden sie mitunter kontrovers debattiert (Müller 2015b; 2018).[84]

Mit Blick auf die Teilnahmeberechtigung wird beispielsweise die *Aufhebung der lokalen Wohnsitzpflicht* als Voraussetzung für die Übernahme eines Milizamts ins Feld geführt, um auftretende Rekrutierungsengpässe zu überwinden und das Missverhältnis zwischen Angebot und Nachfrage auf dem Milizmarkt zu justieren.[85] Mitunter wird auch über die *Zulas-*

---

84 Siehe beispielsweise *Aargauer Zeitung,* 26. April 2018 (Onlineversion); *Neue Zürcher Zeitung,* 31. Juli 2018, oder auch *Blick,* 27. April 2018 (Onlineversion).

85 Die Handhabung der Wohnsitzpflicht unterscheidet sich zwischen den Kantonen. Während beispielsweise der Kanton Aargau nur den «in der Gemeinde wohnhaften Mitgliedern» die Wählbarkeit in den Gemeinderat attestiert (Gemeindegesetz, § 34, Abs. 1) und im Kanton Zürich die Wahl in die Gemeindebehörden nur den Stimmberechtigten «mit politischem Wohnsitz in der Gemeinde» gewährt wird (Wahlgesetz § 2), dürfen sich in den St. Galler Gemeinden auch Personen zur Wahl stellen, die nicht in der Gemeinde wohnen. Allerdings müssen die Gewählten ihren Wohnsitz innerhalb eines halben Jahrs in die entsprechende Gemeinde verlegen. Nach schwyzerischem

sung juristischer Personen (Politikunternehmen) bei Wahlen sinniert, die reine Fachspezialistinnen und Fachspezialisten in die zu besetzenden Ämter delegieren (Eichenberger 2001). Über die Teilnahmefähigkeit entscheidet ferner das politische Wissen oder die Fertigkeit, politische Urteile zu fällen. Vor diesem Hintergrund wird die Förderung der *politischen Bildung* im schulischen Curriculum oder auch die *Etablierung spezifischer Einführungskurse und Schulungen* für Miliztätige erörtert.[86] Zum einen wird den Schweizer Jugendlichen im internationalen Vergleich ein nur ungenügendes politisches Wissen attestiert (Müller 2018: 82). Zum anderen erfordere die zunehmende Komplexität der Aufgaben qualifizierte Bürgerinnen und Bürger, deren Laienwissen bei Eintritt in die Tätigkeit oftmals an Grenzen stosse (Müller 2015b: 187). Ein weiterer Reformgedanke setzt am Rekrutierungspotenzial an und plädiert für eine *Öffnung der kommunalen Ämter für niedergelassene Ausländerinnen und Ausländer.*[87] Die Zulassung dieser Personengruppe zur Milizarbeit würde nicht nur die Schweizer Bürgerinnen und Bürger entlasten, sondern auch zur Integration der Zugewanderten beitragen. Bislang findet

---

Recht ist der Wohnsitz im jeweiligen Gemeinwesen für die Wahlen in die Bezirks- und Gemeinderäte wiederum keine Wählbarkeitsvoraussetzung (Regierungsrat des Kantons Schwyz, Beschluss Nr. 654/2016). Mit anderen Worten: Wer im Kanton Schwyz in ein Amt gewählt werden will, der muss zwar im Kanton, nicht aber in der Gemeinde wohnen. Dies gilt auch für bereits Gewählte (siehe auch *Schweiz am Sonntag*, 11. September 2016, Onlineversion (abgerufen am 8. Januar 2019). Zudem bestehen unterschiedliche Regelungen hinsichtlich der Wählbarkeit bei den Parlamentswahlen in den Kantonen.

86 Siehe auch die Motion 14.3904 zur Stärkung des Milizprinzips auf Gemeindeebene durch Weiterbildungsangebote, von Christine Bulliard-Marbach (CVP, FR) am 25. September 2014 im Nationalrat eingereicht.

87 Neben Ausländerinnen und Ausländern gilt auch der Rekrutierung von jungen Mitbürgerinnen und Mitbürgern und Rentnerinnen und Rentnern besondere Aufmerksamkeit. Eine stärkere Beteiligung Letzterer trüge der demografischen Entwicklung Rechnung, würde den Übergang vom Erwerbsleben in den Ruhestand moderieren und verspräche den wichtigen Einsatz von ansonsten brachliegender Lebens- und Berufserfahrung (Müller 2018: 83). Jüngere Personen wiederum könnten sich aktiv an der Gestaltung ihres künftigen Lebensraums beteiligen.

sich die politische Umsetzung dieser Forderung nur bruchstückhaft in einigen Westschweizer Kantonen.[88] Geht es schliesslich bei der Teilnahmefähigkeit um die berufliche Abkömmlichkeit, wird vor allem die *Unterstützung durch den Arbeitgeber* erwogen. Hier kommen beispielsweise flexible Arbeitszeiten oder gar Freistellungen in Betracht. Generell finden Vorschläge zu Anreiz- und Kompensationsmöglichkeiten für das Entgegenkommen auf Arbeitgeberseite allerdings nur wenig Unterstützung (Müller 2015b: 181). Die politischen Entscheidungsträgerinnen und Entscheidungsträger bescheinigen sich nur wenige Einflussmöglichkeiten, bei Unternehmen auf die Unterstützung eines Behördenengagements der Mitarbeitenden hinzuwirken.[89] Hinzu kommt, dass insbesondere mittlere und grössere Betriebe angesichts ihrer zunehmend nationalen und internationalen Ausrichtung nicht mehr allzu stark in der lokalen Politik verankert sind.[90]

Wird darüber hinaus die *Honorierung und Anerkennung* der Miliztätigkeit ins Visier genommen, stehen etwaige Reformvorschläge bereits in Zusammenhang mit der Teilnahme*bereitschaft* der Bürgerinnen und Bürger. Diese könnten vielleicht eher für die Milizarbeit gewonnen werden, wenn die Behörde als Ort des Lernens aufgefasst und das durch die ehrenamtliche politische Tätigkeit erworbene *Wissen zertifiziert* werden würde.

---

88 Aktives und passives Wahlrecht für Zugewanderte besteht in allen Gemeinden der Kantone Freiburg, Neuenburg, Waadt und Jura. In den Gemeinden des Kantons Genf dürfen Ausländerinnen und Ausländer abstimmen und wählen, allerdings dürfen sie sich nicht für eine Wahl zur Verfügung stellen. Mit Appenzell Ausserrhoden, Graubünden und Basel-Stadt stellen es drei Deutschschweizer Kantone ihren Gemeinden frei, das Ausländerstimmrecht einzuführen. Davon machten 3 beziehungsweise 23 Gemeinden in AR und GR Gebrauch (https://www.ekm.admin.ch/ekm/de/home/staatsbuergerschaft-citoyennete/Citoy/stimmrecht.html (30. Dezember 2018).

89 Siehe beispielsweise die Antwort des Regierungsrats des Kantons Zürich (161/2001) auf eine entsprechende Anfrage.

90 Beispiele von Unternehmen, die die Vereinbarkeit von öffentlichem Mandat und beruflicher Tätigkeit unterstützen, finden sich unter: www.chgemeinden.ch/milizsystem/fuer-unternehmen/best-practices/. Unter anderem gewähren die Schweizerischen Bundesbahnen (SBB) politisch engagierten Mitarbeitenden neben dem allgemeingültigen Ferienanspruch bis zu 15 zusätzliche bezahlte Urlaubstage.

Milizpolitikerinnen und Milizpolitiker, die aufgrund ihres Engagements keine Zeit für berufsbegleitende Weiterbildungen aufbringen können, sollen ihre dann diplomierten praktischen Erfahrungen chancengleich auf dem Arbeitsmarkt einsetzen und im besten Fall gar als Vorteil ausspielen können.[91] Besonders junge Erwachsene verbinden mit ihrem Engagement häufig die Vorstellung, aus ihrer freiwilligen Tätigkeit einen Nutzen für die berufliche Laufbahn ziehen zu können (siehe Kapitel 4).[92] Die Teilnahmebereitschaft liesse sich in Anschluss an Ladner (2015: 121) auch durch attraktivere und interessantere Ämter stimulieren. In der Regel befassen sich Miliztätige vornehmlich mit operativen Aufgaben unter den Restriktionen eines beschränkten Gestaltungsspielraums. Eine Verlagerung der Miliztätigkeit weg von Alltagsgeschäften hin zu vermehrt strategischen Arbeiten sollte die Bereitwilligkeit zur Übernahme eines Behördenamts positiv beeinflussen.

Unter den diskutierten Anreizmechanismen wird der materiellen Abfindung eine besondere Bedeutung beigemessen: «Würde keine Entschädigung geleistet, wären die Rekrutierungsprobleme sicher drastischer. Vermutlich ist ein bestimmter Sockelbetrag als Untergrenze unverzichtbar. Die Obergrenze liegt aber dort, wo die Entschädigung einem Erwerbseinkommen entspricht» (Müller 2015b: 182). Die vielerorts bereits angepassten Vergütungen haben indes die Schwierigkeiten der Anwerbung in den letzten Jahren nicht wesentlich entschärft (Ladner 2015). Romantisch verklärend ausgelegt, mag dies auf die zugrunde liegenden intrinsischen Motive der Milizarbeit zurückzuführen sein, die von den Miliztätigen mehrheitlich angeführt werden und gegenüber materiellen Anreizen weitgehend immun sind.[93] Einer rational nüchternen Perspektive folgend ist die gegenwärtige Entlohnung in Anbetracht der Art der Aufgaben und der damit einhergehenden Lebensumstände weiterhin zu

---

91 Ebenfalls denkbar ist, die praktische Arbeit in der Milizbehörde an Weiterbildungs- und Führungslehrgänge anrechnen zu lassen (siehe auch Postulat 179/2018 [Kantonsrat Zürich]).

92 Siehe auch Ackermann et al. (2017b) für entsprechende Befunde aus der Freiwilligkeitsforschung.

93 Freitag et al. (2016: 18) fassen für die Freiwilligen in der Schweiz zusammen, dass die Attraktivität eines Ehrenamts nicht allein auf der finanziellen Anerkennung beruht.

gering bemessen.[94] Ein nächster Vorschlag zur Attraktivitätssteigerung bezieht sich deshalb auf die Auflösung der Nebenämter und spricht sich für die verstärkte Einführung von *milizförmigen Teilämtern* mit fixen Anstellungen aus, die alternative Abfindungspraktiken in Form von Jahrespauschalen und Rückvergütungen der Spesen ablösen könnten. Eine derartige Reform entzieht der Milizarbeit freilich den ehrenamtlichen Charakter und nähert sie der beruflichen Erwerbstätigkeit an. Vor diesem Hintergrund erscheinen Empfehlungen angezeigter, die sich auf fiskalische Anreize in Form der *Steuerbefreiung* milizbezogener Entschädigungen beziehen, was sich allerdings über das geltende Bundesrecht hinwegsetzen würde (Müller 2015b: 183).

Neben der Veränderung materieller Rahmenbedingungen setzen andere Reformvorschläge an der zeitlichen Verfügbarkeit potenzieller Kandidatinnen und Kandidaten an. Gemäss der vorliegenden Erhebung investieren Exekutivmitglieder monatlich rund 40 Stunden in ihre Miliztätigkeit (Parlamentarierinnen und Parlamentarier 16 Stunden; Kommissionsmitglieder 12 Stunden). Insgesamt stellen 52 Prozent unserer Befragten eine Zunahme der zeitlichen Belastung während ihrer Amtszeit fest. Nicht zuletzt deshalb werden Massnahmen erörtert, die Aufgaben und Kompetenzen in Zusammenhang mit der Milizarbeit auf die Verwaltungsebene übertragen oder an Einzelpersonen delegieren. Im Ergebnis soll die Behördentätigkeit so weit wie möglich von aufwendigen Verwaltungs- und Routinearbeiten befreit und auf wesentliche (strategische) Fragen komprimiert werden. Diesbezügliche Empfehlungen richten ihre Aufmerksamkeit auf die Gemeindeorganisation und skizzieren verschiedene Führungsmodelle oder diskutieren den Ausbau der Verwaltung beziehungsweise der Gemeindesekretariate.[95] Derartige Reformen im Sinn einer institutionellen Professionalisierung der organisatorischen Strukturen werden jedoch mit Informationsasymmetrien zuungunsten der Behördenmitglieder

---

94 Siehe auch das Postulat 14.3831 zu Entschädigungen für Personen mit öffentlichen Aufgaben, von Jean-Pierre Grin (SVP, VD) am 25. September 2014 im Nationalrat eingereicht. Oder auch das Postulat 19.3174 zu Massnahmen für ein zukunftsfähiges Milizamt, von Nadine Masshardt (SP, BE) am 20. März 2019 im Nationalrat eingereicht.

95 Ins Blickfeld rücken dabei das Delegiertenmodell (meist mit vollamtlichem Gemeindepräsidium), das CEO-Modell und das Geschäftsleitungsmodell (siehe Kapitel 5).

erkauft. Vorschläge zur Rekrutierungspraxis möchten derlei Tendenzen vermeiden und widmen sich eher der Stärkung lokaler Parteien. Um deren Funktion als Mobilisierungsagentur zu stärken, wird unter anderem die Durchsetzung einer staatlichen Parteienfinanzierung gefordert.

Um wieder mehr Personen für die Milizarbeit zu gewinnen, existieren aber auch radikalere Reformideen. Neben einem zu etablierenden *Rücktrittsverbot* während der Amtszeit wird beispielsweise vorgeschlagen, ein Engagement im Milizsystem als *Bürgerpflicht* zu verstehen und anzurechnen (Schellenbauer 2015).[96] Im Mittelpunkt steht dabei die Idee einer allgemeinen Dienstpflicht von 200 Tagen, die wahlweise in der Armee, in einem Schutz- oder in einem Gemeinschaftsdienst geleistet werden kann. Zu Letzterem zählen Tätigkeiten in den Bereichen Pflege und Betreuung, Transport, Schule sowie in Vereinen oder eben auch Behörden. Neben Schweizerinnen und Schweizern sollen auch in der Schweiz niedergelassene Ausländerinnen und Ausländer verpflichtet werden. Obschon der Zwang zur Milizarbeit etwaige sozioökonomische Hürden eines Engagements aushebeln und Rekrutierungsprobleme beheben könnte, ist die Idee einer allgemeinen Dienstpflicht nicht zuletzt wegen der Sorge um mögliche Einbussen hinsichtlich der Arbeitsqualität umstritten. Unklar bleibt auch, ob eine solche Vorgabe mit dem in der Europäischen Menschenrechtskonvention postulierten Verbot der Zwangs- und Pflichtarbeit vereinbar ist (Studiengruppe Dienstpflichtsystem 2016: 74, 163). Nicht auszuschliessen ist schliesslich, dass die Einführung einer Dienstpflicht zu einer raschen Fluktuation der Amtsträgerinnen und Amtsträger und einem damit einhergehenden Wissensabfluss führt.[97]

Fast jede der aufgeführten Massnahmen kratzt am Ideal des Milizwesens. Höhere Entschädigungen überführen die Milizarbeit mehr und mehr

---

96 In einigen Kantonen werden zumindest stichhaltige Gründe für den Rückzug während der Amtsperiode verlangt (Müller 2015b: 175). In Appenzell Innerrhoden, Bern, Luzern, Nidwalden, Solothurn, Uri, Wallis und Zürich kann die Gemeinde ihre Bürgerinnen und Bürger auch dazu zwingen, ein Amt zu übernehmen, in das sie gewählt worden sind (vgl. Kapitel 1).

97 Forschungen kommen darüber hinaus zum Schluss, dass fremdbestimmte Freiwilligenarbeit weniger zufrieden macht und der Gesundheit nicht dienlich ist (Musick und Wilson 2008: 514; Ramos und Wehner 2015: 119, 123).

in die Erwerbsarbeit, die Entlastung von Aufgaben bringt eine gewisse Sinnentleerung der Tätigkeit mit sich und lässt das Engagement zur Folklore verkommen. Qualifizierungserfordernisse und anspruchsvoller Aufgabenzuwachs entwerten wiederum das hochgelobte Laienwissen und schmälern das Rekrutierungspotenzial. Vor diesem Hintergrund scheint ein brauchbarer Ausweg aus dem Milizdilemma in verstärkten Anerkennungs- und Sensibilisierungsbemühungen zu liegen. Analysen zu ehrenamtlich Tätigen verweisen hierbei immer wieder auf die Bedeutung der deutlich artikulierten Wertschätzung des Engagements seitens der Öffentlichkeit als Schlüsselgrösse der Mobilisierung (Freitag et al. 2016). Eine wahrnehmbare Tendenz zur ständigen Beanstandung der ausgeführten Arbeiten verschliesst für viele aber die Tür zum Einstieg ins Milizwesen: «Darum trauen sich viele eine Milizarbeit nicht mehr zu oder haben einfach keine Lust, sich der öffentlichen Kritik auszusetzen und damit ihr persönliches Umfeld zu belasten» (Müller 2015b: 183).

Dieses Kapitel widmet sich der Beliebtheit einzelner Reformvorschläge bei den betroffenen Miliztätigen in 75 Schweizer Gemeinden zwischen 2000 und 30 000 Einwohnerinnen und Einwohnern. Dabei werden die Befragten nicht nur nach ihrer Meinung zu den dargelegten Empfehlungen gefragt, sondern auch gebeten, in einem in die Befragung integrierten Experiment die bevorzugten Merkmale eines künftigen Milizamts auszuwählen.

6.1 Einstellungen zu Reformvorschlägen der Milizarbeit

Die verschiedenen Reformvorschläge finden unter den befragten Miliztätigen unterschiedlichen Anklang. 73 Prozent befürworten eine stärkere Trennung zwischen strategischen und operativen Aufgaben im Prozess der Milizarbeit. Die Gewährung von mehr Handlungs- und Entscheidungskompetenzen (68 Prozent) sowie eine bezahlte Schulung für Einsteigerinnen und Einsteiger (67 Prozent) finden ebenfalls starken Rückhalt. Zudem unterstützen fast 60 Prozent der Befragten die Idee eines vollamtlichen Gemeindepräsidiums oder einer fest angestellten, geschäftsführenden Person. Auch die Vorschläge, die Entschädigungen für die Miliztätigkeit zu erhöhen und Gemeinden zusammenzuschliessen (57 bzw. 53 Prozent), finden mehrheitlich Zustimmung. Die geringste Rückendeckung erhalten das Rücktrittsverbot für Amtsträgerinnen und Amtsträger (13 Prozent), die Zulassung von juristischen Personen zu Milizämtern (15 Prozent) und die Vergrösserung der Milizbehörden (17 Prozent).[98] Die beliebtesten Reformvorschläge finden in den verschiedenen Behörden nahezu identischen Rückhalt (vgl. Abbildung 6.1). Allerdings ist der Anteil der Kommissionsmitglieder, die die Milizbehörde vergrössern möchten, signifikant kleiner als bei den Parlamentsangehörigen (11 bzw. 20 Prozent). Dagegen unterstützen sie im Vergleich mit den Exekutivmitgliedern überzufällig häufiger die Verkleinerung der Behörde (42 bzw. 33 Prozent). Der Vorschlag eines vollamtlichen Gemeindeoberhaupts wird von den Parlamentsmitgliedern wiederum signifikant stärker unterstützt als von den übrigen Miliztätigen. Gemeinderätinnen und Gemeinderäte bevorzugen eher eine geschäftsführende Person (64 Prozent) als die Legislativ- und Kommissionsmitglieder (54 bzw. 57 Prozent). Die Trennung zwischen strategischen und operativen Aufgaben ist für die Exekutivmitglieder dringender geboten als für die Kommissionsangehörigen (76 bzw. 69 Prozent). Letztere können darüber hinaus dem Vorschlag eines Ausbaus der Verwaltung deutlich weniger abgewinnen als die Mitglieder der Exekutive und Legislative (34 bzw. 54 und 48 Prozent). Dies mag unter Umständen auf die geringere Arbeitsbelastung und die grössere Verwaltungsferne ihrer Behördentätigkeit zurückzuführen sein. Ebenfalls weisen die Kommissionen einen signifikant geringeren Anteil an Personen aus, die eine höhere Entschädigung fordern (50 bzw. 68 und 57 Prozent). Dafür unterstützen Kommissionsmitglieder eher ein Rücktrittsverbot während der Amtsperiode und die Zulassung juristischer Personen für das Milizamt als Exekutiv- und Legislativangehörige. Gemeindefusionen werden schliesslich deutlicher von Parlamentarierinnen und Parlamentariern unterstützt als von den übrigen Behördenmitgliedern.[99]

---

98 Etwaig berichtete Werte für alle Befragten lassen sich nicht aus den in den Abbildungen dargestellten Werten der einzelnen Subgruppen ableiten, da die Anzahl der Befragten zwischen den Behörden variiert.

99 Strebel (2018) zeigt für den Kanton Freiburg auf, dass insbesondere die Gefahr eines möglichen Machtverfalls die Entscheidung für oder gegen eine Fusion beeinflusst. Parlamente scheinen diesbezüglich merklich weniger skeptisch zu sein, da der Machtverlust eines einzelnen Mitglieds deutlich weniger gross ist als der eines Exekutiv- oder Kommissionsmitglieds. Im Gegenteil: Parlamente erfahren mit Zunahme der Gemeindegrösse oft einen Machtzuwachs.

6.1 Einstellungen zu Reformvorschlägen der Milizarbeit | 167

Abbildung 6.1: Reformvorschläge für das Milizamt nach lokalen Behörden

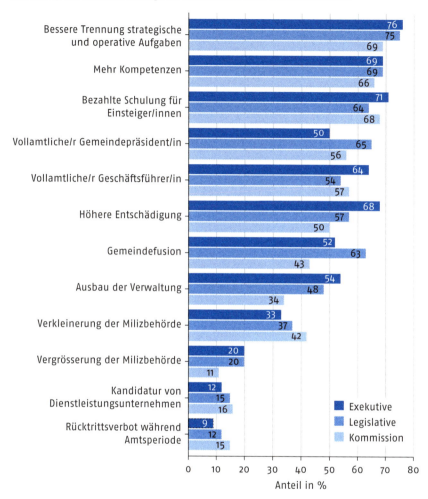

Anmerkung: Abgebildet sind die gerundeten Anteile der Befragten in Prozent, die dem Vorschlag «eher» oder «voll und ganz» zustimmen.
Gestrichelter Balken: Der ausgewiesene Wert beruht auf weniger als 30 Beobachtungen.

Mit Blick auf die verschiedenen Reformideen unterscheiden sich einzelne Voten signifikant zwischen den Geschlechtern (vgl. Abbildung 6.2). Frauen unterstützen häufiger Vorschläge, die Verwaltung auszubauen und eine bezahlte Schulung für Amtsneulinge einzuführen. Männer hingegen bevorzugen in stärkerem Mass die Vorschläge, das Milizamt mit mehr

168 | 6 Die Zukunft der Miliztätigkeit. Reformvorschläge aus Sicht der Beteiligten

Abbildung 6.2: Reformvorschläge für das Milizamt nach Geschlecht

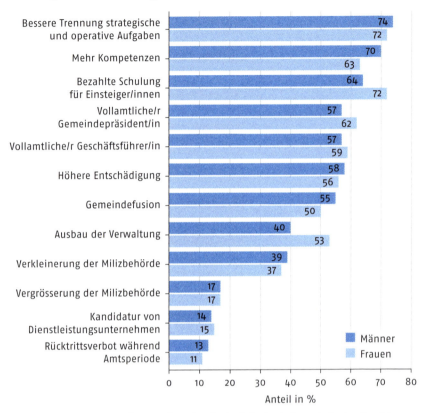

Anmerkung: Abgebildet sind die gerundeten Anteile der Befragten in Prozent, die dem Vorschlag «eher» oder «voll und ganz» zustimmen.

Kompetenzen auszustatten und die Gemeinden zu fusionieren. Ferner präferieren Miliztätige im Pensionsalter signifikant weniger häufig ein vollamtliches Gemeindepräsidium oder eine Geschäftsführerin beziehungsweise einen Geschäftsführer als die jüngsten Personen (vgl. Abbildung 6.3). Darüber hinaus spricht sich die gleiche Gruppe auch weniger stark für höhere Entschädigungen aus. Die Ansichten der Miliztätigen unterscheiden sich zudem überzufällig entlang ihres Bildungsgrads (vgl. Abbildung 6.4). Miliztätige mit einer höheren Bildung unterstützen häufiger die Verkleinerung der Milizbehörde, eine Gemeindefusion sowie bezahlte Schulungen für Einsteigerinnen und Einsteiger. Personen mit

6.1 Einstellungen zu Reformvorschlägen der Milizarbeit | 169

Abbildung 6.3: Reformvorschläge für das Milizamt nach Alter

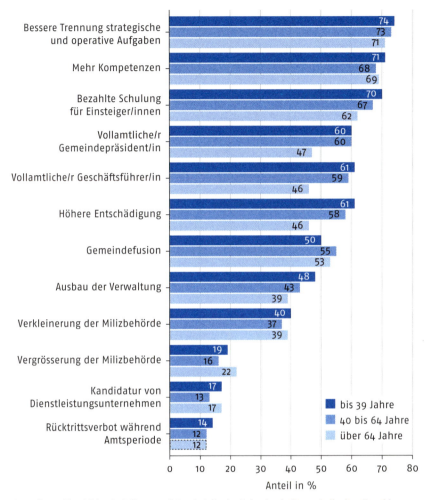

Anmerkung: Abgebildet sind die gerundeten Anteile der Befragten in Prozent, die dem Vorschlag «eher» oder «voll und ganz» zustimmen.
Gestrichelter Balken: Der ausgewiesene Wert beruht auf weniger als 30 Beobachtungen.

einer geringen formalen Bildung fordern hingehen zahlreicher eine Vergrösserung der Milizbehörde, ein Rücktrittsverbot während der Amtsperiode sowie die Zulassung juristischer Personen. Ausserdem wünschen sich Miliztätige aus kleineren Gemeinden signifikant seltener ein vollamt-

6 Die Zukunft der Miliztätigkeit. Reformvorschläge aus Sicht der Beteiligten

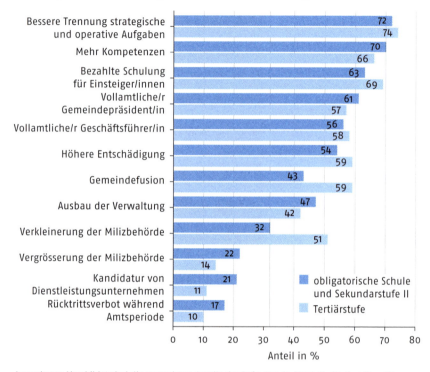

Abbildung 6.4: Reformvorschläge für das Milizamt nach Bildung

Anmerkung: Abgebildet sind die gerundeten Anteile der Befragten in Prozent, die dem Vorschlag «eher» oder «voll und ganz» zustimmen.

liches Gemeindepräsidium, während Miliztätige aus grossen Gemeinden der Idee einer vollzeitlichen Geschäftsführung weniger abgewinnen können (vgl. Abbildung 6.5). Zudem entziehen Miliztätige aus einwohnerschwächeren Gemeinden dem Vorschlag, das Milizamt mit mehr Kompetenzen auszustatten, substanziell häufiger ihre Unterstützung. Miliztätige in einem Teilzeitarbeitsverhältnis befürworten in überzufälliger Weise den Ausbau der Verwaltung, während sich Selbstständige systematisch gegen eine bezahlte Schulung für Einsteigerinnen und Einsteiger aussprechen (hier nicht dokumentiert).

Nach Auskunft über die gewünschte Form der Unterstützung gebeten, gibt die Mehrheit der Befragten zunächst einmal an, dass sie keiner zusätzlichen Hilfe bedürfen. Allerdings fällt der Anteil der Exekutivmitglieder

6.1 Einstellungen zu Reformvorschlägen der Milizarbeit

Abbildung 6.5: Reformvorschläge für das Milizamt nach Gemeindegrösse

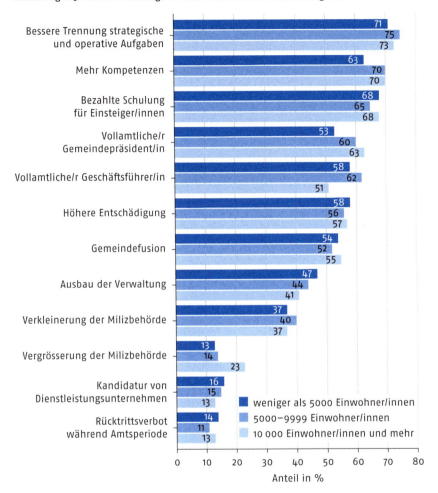

Anmerkung: Abgebildet sind die gerundeten Anteile der Befragten in Prozent, die dem Vorschlag «eher» oder «voll und ganz» zustimmen.

mit 45 Prozent hier signifikant tiefer aus als bei den Befragten der anderen Behörden (vgl. Abbildung 6.6). Die Gemeinderätinnen und Gemeinderäte wünschen sich im Vergleich zu den Parlaments- und Kommissionsmitgliedern eher Unterstützung auf der administrativen Ebene (etwa durch Sekretariate; 33 bzw. 16 und 12 Prozent). Nur wenige Miliztätige wün-

6 Die Zukunft der Miliztätigkeit. Reformvorschläge aus Sicht der Beteiligten

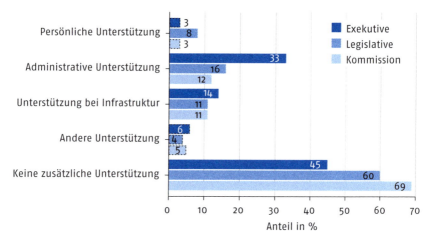

Abbildung 6.6: Bevorzugte Unterstützung für das Milizamt nach lokalen Behörden

Anmerkung: Abgebildet sind die gerundeten Anteile der Befragten in Prozent, die sich am ehesten die entsprechende Unterstützungsform wünschen.
Gestrichelte Balken: Die ausgewiesenen Werte beruhen auf weniger als 30 Beobachtungen.

schen sich persönliche Hilfestellungen (beispielsweise in Form von Kinderbetreuung) oder eine Unterstützung im Bereich der Infrastruktur (beispielsweise einen Arbeitsplatz).[100]

Im Hinblick auf mögliche Gegenleistungen für die geleistete Arbeit vertreten 88 Prozent der von uns befragten Miliztätigen die Meinung, dass es bestimmter Abgeltungen für das Behördenengagement bedarf. Die weiteren Auswertungen machen deutlich, wo die diesbezüglichen Vorlieben der Befragten liegen: Die grösste Unterstützung findet hierbei ein steuerlicher Abzug der Miliztätigkeit, wofür sich 55 Prozent aussprechen.[101] Auch der Vorschlag, die Miliztätigkeit als Weiterbildung anzuerkennen,

---

100 Wenige Nennungen zielen auf andere Hilfeleistungen in den Bereichen Ausbildung, externe Beratung und technische Unterstützung. Zudem sprechen sich hochgebildete Miliztätige zahlreicher für eine persönliche und eine andere Form des Beistands aus.

101 Der Hang zum Steuerabzug entspricht dem Schweizer Faible für steuerliche Entlastungen. Wir finden beispielsweise in der Familien- oder Energiepolitik (Amstalden et al. 2007; Stadelmann-Steffen 2011) diesbezügliche Regelun-

findet mit 45 Prozent vergleichsweise grossen Beifall unter den Miliztätigen. Die Möglichkeit bezahlter Fortbildungen während der Amtsausübung ist in den Augen von 36 Prozent der Befragten eine adäquate Massnahme zur Steigerung der Attraktivität der Milizarbeit. Den übrigen Vorschlägen stehen die Miliztätigen indes eher kritisch gegenüber. Nur ein knappes Viertel der Befragten spricht sich für eine angemessene finanzielle Entschädigung aus, und nur knapp 12 Prozent befürworten die Anrechenbarkeit der Miliztätigkeit als Dienstpflicht. 10 bzw. 6 Prozent erachten eine bezahlte Haft- und Unfallversicherung oder die Finanzierung der Sozialversicherung als geeignete Massnahmen.

Es gilt freilich festzuhalten, dass erhebliche Unterschiede zwischen den Mitgliedern der einzelnen Behörden existieren (vgl. Abbildung 6.7). Unabhängig von der Entschädigungsform zeigen sich die Parlamentarierinnen und Parlamentarier eher zurückhaltend, wenn es um eine mögliche Erstattung des politischen Engagements geht (beinahe jedes fünfte Mitglied wünscht sich beispielsweise keine Gegenleistung). Einzig die Empfehlung, die Miliztätigkeit als Dienstpflicht anzurechnen, stösst bei den Legislativmitgliedern auf substanziell höhere Gegenliebe als bei den anderen Miliztätigen. Wesentlich aufgeschlossener gegenüber möglichen Entschädigungsformen zeigen sich die Gemeinderätinnen und Gemeinderäte, die nahezu allen Vorschlägen stärker zustimmen als die Mitglieder der übrigen Behörden. Dies wird nicht zuletzt der zeitlichen Belastung geschuldet sein, die bei den Exekutivmitgliedern wesentlich höher ausfällt als bei den beiden anderen Gruppen (siehe Kapitel 2). Insbesondere favorisieren sie die Anerkennung der Miliztätigkeit als Weiterbildung (53 Prozent), die steuerliche Abzugsfähigkeit (50 Prozent) oder bezahlte Weiterbildungen innerhalb des Amts (49 Prozent). Darüber hinaus plädieren sie für eine angemessene finanzielle Entschädigung ihrer Tätigkeit (47 Prozent). Die Angehörigen der Kommissionen wiederum positionieren sich hinsichtlich ihrer Präferenzen häufig zwischen den Exekutiv- und den Legislativmitgliedern und priorisieren vor allem eine steuerliche Anrechenbarkeit ihres Engagements.

---

gen. Bei Ersterer existiert etwa der Kinderabzug, während bei der Energiepolitik die Investitionen in energetische Gebäudesanierungen bei den Einkommenssteuern gegengerechnet werden können.

Abbildung 6.7: Einstellungen zu Entschädigungsformen für die Milizarbeit nach lokalen Behörden

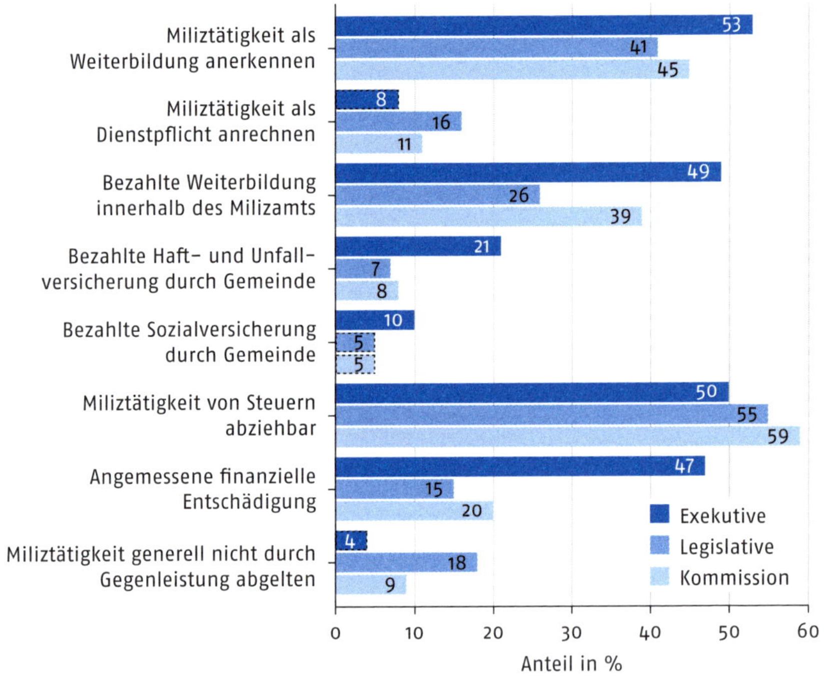

Entschädigungsform	Exekutive	Legislative	Kommission
Miliztätigkeit als Weiterbildung anerkennen	53	41	45
Miliztätigkeit als Dienstpflicht anrechnen	8	16	11
Bezahlte Weiterbildung innerhalb des Milizamts	49	26	39
Bezahlte Haft- und Unfallversicherung durch Gemeinde	21	7	8
Bezahlte Sozialversicherung durch Gemeinde	10	5	5
Miliztätigkeit von Steuern abziehbar	50	55	59
Angemessene finanzielle Entschädigung	47	15	20
Miliztätigkeit generell nicht durch Gegenleistung abgelten	4	18	9

Anteil in %

Anmerkung: Abgebildet sind die gerundeten Anteile der Befragten in Prozent.
Gestrichelte Balken: Die ausgewiesenen Werte beruhen auf weniger als 30 Beobachtungen.

Die Frage der Abgeltung ist nach Geser et al. (2011: 7) besonders für diejenigen Miliztätigen bedeutend, die ihr Amt in Einklang mit der beruflichen Karriere bringen müssen. Abbildung 6.8 zeigt diesbezüglich, dass die Aspekte der Fortbildung (entweder als anerkannte Praxistätigkeit oder in Form einer bezahlten Weiterbildung während des Amts) bei den jüngeren Alterskohorten einen höheren Stellenwert geniesst als bei den über 64-Jährigen. Letztere unterstützen am häufigsten den Vorschlag, die Miliztätigkeit generell nicht durch eine Gegenleistung abzugelten. Mehr als die übrigen Altersgruppen finden die jüngeren Miliztätigen auch Gefallen am Vorschlag, die Miliztätigkeit als Dienstpflicht anzuerkennen (22 Prozent). Den breitesten Rückhalt über alle Alterskohorten hinweg erfährt allerdings die Anregung, die Behördentätigkeit steuerlich absetzen zu können.

Abbildung 6.8: Einstellungen zu Entschädigungsformen für die Milizarbeit nach Alter

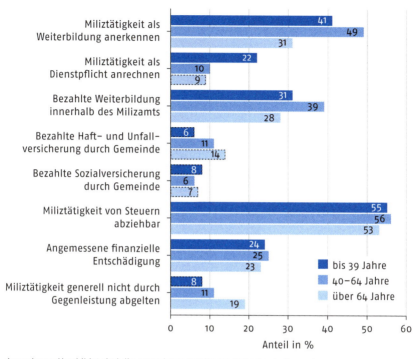

Anmerkung: Abgebildet sind die gerundeten Anteile der Befragten in Prozent.
Gestrichelte Balken: Die ausgewiesenen Werte beruhen auf weniger als 30 Beobachtungen.

Hier nicht dokumentiere Analysen lassen darüber hinaus die folgenden Erkenntnisse zu: Die vorgelegten Massnahmen finden auch im Vergleich der Geschlechter unterschiedliche Akzeptanz. So unterstützen Frauen beispielsweise signifikant häufiger den Vorschlag, die Miliztätigkeit als Weiterbildung anzuerkennen. Männer hingegen sprechen sich überzufällig oft dafür aus, die Miliztätigkeit als Dienstpflicht anrechnen zu lassen und favorisieren eine bezahlte Sozialversicherung durch die Gemeinde und die Anregung des steuerlichen Abzugs der Miliztätigkeit. Im Gegensatz zu gering Gebildeten befürworten auch Befragte mit hoher Bildung häufiger den Vorschlag einer Dienstpflicht. Schliesslich unterstützen Teilzeitbeschäftige mehr als alle anderen Erwerbstätigen den Vorschlag, die Miliztätigkeit als Weiterbildung zu würdigen.

6.2 Das Milizamt der Zukunft

Nach den ersten Fingerzeigen hinsichtlich denkbarer Reformen aus Sicht der Beteiligten soll in einem zweiten Schritt die Frage nach dem möglichen Zuschnitt eines künftigen Milizamts anhand eines experimentellen Verfahrens vertieft erörtert werden.[102] Aus diesem Grund wurden den Befragten nach einer kurzen Einführung in drei Durchgängen jeweils zwei fingierte Profile von Milizämtern zur Auswahl vorgelegt, die Aspekte der Teilnahmebereitschaft (Entschädigung), der Rekrutierungspraxis (Besetzungsmodus und Aufnahmeverfahren) sowie der Teilnahmeberechtigung (Wohnsitz, Bürgerrecht) umfassen, die wiederum verschiedene Ausprägungen annehmen können (vgl. Tabelle 6.1). Die paarweise vorgestellten Amtsprofile unterschieden sich teilweise oder vollständig in fünf verschiedenen Dimensionen. Bei jeder Gegenüberstellung mussten die Befragten angeben, welches der beiden Profile sie bevorzugen würden, und beide Alternativen auf einer Skala von 0 («sehr schlecht») bis 10 («sehr gut») bewerten.

Mit diesem Conjoint-Experiment kann ermittelt werden, welche Attribute eines Milizamts im Verhältnis zu den übrigen Charakteristiken eine besonders wichtige oder eine eher untergeordnete Rolle in der Einschätzung der Befragten spielen.[103] Eine solche Beurteilung kommt der realen

---

102 Dieses in Schweizer Gemeinden bereits erprobte Conjoint-Experiment (Haus et al. 2016) versteht sich als eine statistische Methode, die kausale Effekte von mehreren Variablen gleichzeitig untersuchen kann (Ackermann 2018; Hainmueller et al. 2014). Im Gegensatz zu einem traditionellen Experiment, bei dem der Fokus auf einem bestimmten Merkmal (Treatment) liegt, wird bei einem Conjoint-Experiment die realitätsnähere Mehrdimensionalität eines Gegenstands (hier eines Milizamts) berücksichtigt.

103 Die statistische Modellierung orientiert sich am Ansatz von Hainmueller et al. (2014: 11 ff.). Es werden die durchschnittlichen marginalen Komponenteneffekte (Average marginal component effects; AMCE) berichtet. Diese definieren Hainmueller und Hopkins (2015: 537) als «the average difference in the probability of being preferred [...] when comparing two different attribute values». Technisch gesprochen resultieren die AMCE aus einer OLS-Regression mit der binären Entscheidungsvariable als abhängiger Variable und den Merkmalsausprägungen als unabhängige Grössen (Hainmueller et al. 2014). Ausserdem werden unterschiedliche Erklärungsfaktoren auf Mikro- und Makroebene hinzugezogen, um die Varianz in der Bewertung aufzuklären.

6.2 Das Milizamt der Zukunft | 177

Tabelle 6.1: Dimensionen eines Milizamts

Dimensionen	Ausprägungen
Entschädigung: Wie soll das Milizamt entschädigt werden?	1. ehrenamtliche Tätigkeit mit Spesenentschädigung (*Referenzkategorie*) 2. ehrenamtliche Tätigkeit mit angemessener Jahrespauschale 3. Anstellung der Gemeinde mit fixem Jahressalär
Besetzung: Wie soll das Milizamt besetzt werden?	1. ordentliche Wahl (*Referenzkategorie*) 2. Losverfahren 3. Ernennung durch bisherige Mitglieder (nach öffentlicher Ausschreibung)
Aufnahme: Wie soll die Aufnahme ins Milizamt geschehen?	1. ohne Zwang, auf freiwilliger Basis (*Referenzkategorie*) 2. Pflicht, per Amtszwang
Wohnsitz: Woher sollen die Miliztätigen stammen?	1. Wohnsitz in Gemeinde nötig (*Referenzkategorie*) 2. Wohnsitz in Gemeinde nicht nötig
Bürgerrecht: Soll Ausländer/innen das Milizamt offenstehen?	1. Ausländer/innen steht das Milizamt nicht offen (*Referenzkategorie*) 2. Ausländer/innen steht das Milizamt offen

Anmerkung: Die Tabelle führt sämtliche Merkmale und deren Ausprägungen auf, die für die Erstellung hypothetischer Profile der Milizämter herangezogen wurden. Die Conjoint-Befragung wurde in Deutsch, Französisch und Italienisch durchgeführt.

Situation näher als die herkömmliche Befragung zu einzelnen Merkmalen, da ein Milizamt nicht nur durch ein zentrales Element, sondern anhand mehrerer Eigenschaften beschrieben und beurteilt werden kann. Das Experiment begrenzt zudem das Risiko sozial erwünschter Antworten, die eine direkte Abfrage einzelner Kennzeichen mit sich bringt. Nichtsdestotrotz kann auch mit diesem Verfahren nur eine limitierte Anzahl von Merkmalen berücksichtigt werden, um die hypothetischen Profile zu erstellen.

Zunächst soll die Frage beantwortet werden, wie die einzelnen Kennzeichen des Milizamts im Gesamtzusammenhang von allen Miliztätigen bewertet werden. Abbildung 6.9 zeigt die Resultate des Conjoint-Experiments, die auf über 8800 einzelnen Bewertungen verschiedenster Profile von Milizämtern beruhen.[104] Dargelegt ist die Bedeutung einzelner Merk-

---

[104] 1469 Miliztätige haben jeweils drei Paarprofile gegeneinander abgewogen. Das ergibt insgesamt 4407 Paarvergleiche beziehungsweise 8814 einzelne Bewertungen von Profilen.

Abbildung 6.9: Präferenzen für das Milizamt bei Schweizer Miliztätigen

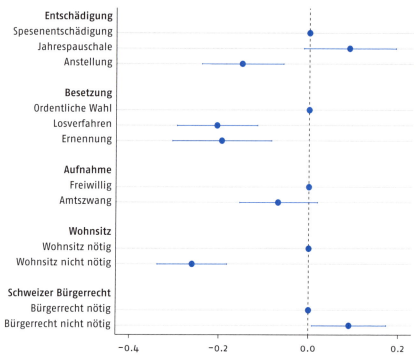

Anmerkung: Die x-Achse zeigt die Veränderung in der Wahrscheinlichkeit, dass ein Profil gewählt wird. Lesebeispiel: Die Wahrscheinlichkeit für die Wahl eines Profils sinkt um mehr als 20 Prozent, wenn dieses Profil des Milizamts den Wohnsitz in der Milizgemeinde als nicht notwendig erachtet; im Gegensatz zu einem Profil, in dem der Wohnsitz in der Gemeinde als nötig befunden wird (Referenzkategorie).

male für die Wahrscheinlichkeit, dass ein Profil bei der Befragung ausgewählt wurde. Die Punkte in der Grafik zeigen für jede Ausprägung der einzelnen Merkmale die durchschnittliche Veränderung in der Wahrscheinlichkeit, dass ein Profil unterstützt wird, sofern diese Ausprägung anstelle der Referenzkategorie im Profil enthalten ist. Die horizontalen Linien rechts und links der Punkte bilden die 95-prozentigen Vertrauensintervalle ab. Sofern die Vertrauensintervalle nicht die gestrichelte, vertikale Nulllinie schneiden, ist das Ergebnis statistisch signifikant. In diesen Fällen ist anzunehmen, dass die durch die Punkte visualisierten Veränderungen gegenüber der Referenzkategorie nicht auf zufälligen Schwankungen beruhen. Die Punkte ohne Vertrauensintervall stellen die jeweiligen

Referenzkategorien dar. Die errechneten Effekte zeigen sich unabhängig von den übrigen Merkmalen in einem zu bewertenden Profil.[105]

Der Analyse kann zunächst entnommen werden, dass die Miliztätigen mit einer geringeren Wahrscheinlichkeit für ein Milizamt optieren, das als Anstellung mit einem fixen Jahressalär geführt wird. Auch bevorzugen sie eine ordentliche Wahl im Gegensatz zu einem Losverfahren beziehungsweise einer Ernennung, auch wenn Letzteres einen Hauch weniger negativ beurteilt wird. Keine klare Meinung offenbart sich indes bezüglich der Frage, ob die Miliztätigkeit freiwillig oder per Amtszwang in Angriff genommen werden soll. Allerdings beeinflusst Letzterer die Auswahlwahrscheinlichkeit eines Profils tendenziell negativ. Die grösste Bedeutung wird dem Wohnsitz beigemessen. Profile, die den Wohnsitz in der Gemeinde als nicht notwendig mitführten, wurden von den Miliztätigen signifikant seltener ausgewählt. Dazu kommt ein Befund mit Signalwirkung: Aus Sicht der Miliztätigen sollte das Behördenamt Ausländerinnen und Ausländern offenstehen.

Werden die Auswertungen in einem zweiten Schritt getrennt nach Milizbehörde vorgenommen, ergibt sich folgendes Bild (vgl. Abbildung 6.10): Die Gemeinderätinnen und Gemeinderäte weichen insbesondere bei ihrem Urteil über die Art der Entschädigung von den oben dokumentierten Befunden ab. Hier offenbaren die Exekutivmitglieder eine mehr als 20-prozentig höhere Wahrscheinlichkeit, ein Profil auszuwählen, wenn die Vergütung als angemessene Jahrespauschale angeboten wird.[106] Obschon nicht statistisch signifikant, werden auch fixe Anstellungen der reinen Spesenentschädigung für die Milizarbeit vorgezogen. Diese Präferenzen lassen sich unter Umständen wiederum mit dem höhe-

---

105 Durch die zufällige Generierung verschiedener Merkmale des Milizamts wird die Auswirkung eines bestimmten Merkmals in Kombination mit allen möglichen Varianten bewertet. Abgebildet wird schliesslich der durchschnittliche Effekt, der somit als unabhängig von der restlichen Zusammenstellung des Profils aufgefasst werden kann.

106 Gemäss Geser (2009: 4) liegen die Vorzüge bei Jahrespauschalen im geringen administrativen Aufwand und in der übersichtlichen Budgetierung. Zudem bringt diese Art der Vergütung gegenüber Teilanstellungen die Vorteile mit sich, dass die Miliztätigen ihren herkömmlichen Beruf weiterhin voll ausüben können und dass führungserfahrene Kräfte aus der Privatwirtschaft eher angezogen werden (Geser et al. 2011: 103, 112).

180 | 6 Die Zukunft der Miliztätigkeit. Reformvorschläge aus Sicht der Beteiligten

Abbildung 6.10: Präferenzen für das Milizamt nach lokalen Behörden

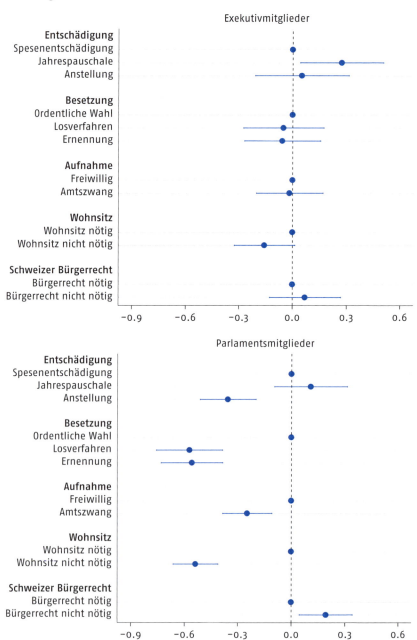

Abbildung 6.10: Fortsetzung

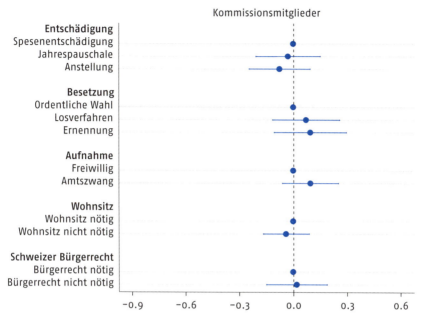

Anmerkung: Die x-Achse zeigt die Veränderung in der Wahrscheinlichkeit, dass ein Profil gewählt wird. Lesebeispiel: Die Wahrscheinlichkeit für die Wahl eines Profils durch ein Exekutivmitglied steigt um mehr als 20 Prozent, wenn dieses Profil eine Jahrespauschale beinhaltet; im Gegensatz zu einem Profil, bei dem eine Spesenentschädigung vorgesehen ist (Referenzkategorie).

ren Zeitaufwand der Exekutivmitglieder erklären (siehe Kapitel 2). Sowohl bei der Rekrutierungspraxis (Besetzungsmodus und Aufnahmeverfahren) als auch bei der Teilnahmeberechtigung (Wohnsitz, Bürgerrecht) weisen die Exekutivmitglieder keine klaren Vorlieben auf.

Im Unterschied zur Exekutive lehnen Parlamentsmitglieder die Vorstellung der Milizarbeit als Teilzeitanstellung deutlich ab. Vorgestellte Amtsprofile mit einem fixen Jahressalär werden überzufällig weniger häufig ausgewählt als diejenigen mit einer Spesenentschädigung. Eine Stellenbesetzung durch Losverfahren oder Ernennung wird von den Legislativangehörigen ebenfalls sehr kritisch beäugt. Die Wahrscheinlichkeit, ein solches Profil auszuwählen, sinkt um fast 60 Prozent im Vergleich zu einem Milizamt mit ordentlicher Wahl. Darüber hinaus ist für die Parlamentarierinnen und Parlamentarier die Milizarbeit freiwillig auszuführen und nicht an das Schweizer Bürgerrecht, aber sehr wohl an den Wohnsitz gebunden. Amtsprofile mit diesen Attributen werden von dieser Behördengruppe systematisch öfter ausgewählt.

Unsere Auswertungen legen schliesslich nahe, dass die Kommissionsmitglieder keine systematischen Präferenzen hinsichtlich der Ausgestaltung ihres Milizamts aufweisen. Dies gilt für die Frage der Entschädigungspraxis ebenso wie für die Rekrutierung und die Teilnahmeberechtigung. Tendenziell sehen die Angehörigen der Gemeindekommissionen die Milizarbeit als ein Ehrenamt, das durch Spesen entschädigt werden sollte und bei dem neben der ordentlichen Wahl durchaus auch andere Rekrutierungsverfahren (Los, Ernennung oder auch Zwang) denkbar wären.

Der Hinweis auf sprachregionale Unterschiede in den Strukturen, Inhalten und Prozessen der Schweizer Politik wie Verwaltung gehört zum Standardrepertoire einschlägiger Forschungsarbeiten (Freitag und Vatter 2015; Ritz und Brewer 2013; Vatter 2016). Auch die bisherigen Auswertungen in dieser Studie haben teils deutliche Abweichungen der Ansichten und Überzeugungen von Miliztätigen entlang des Rösti- und Polentagrabens hervorgebracht (siehe insbesondere Kapitel 2 und 4). Abbildung 6.11 legt nahe, dass in Bezug auf die präferierte Ausgestaltung der Milizämter ebenfalls markante Differenzen zwischen der deutschsprachigen und der lateinischen Schweiz existieren.[107] Die deutschsprachigen Miliztätigen sympathisieren tendenziell mit einer Jahrespauschale oder gar einer Festanstellung, während die französisch- und italienischsprachigen Miliztätigen eher eine Spesenentschädigung für die Milizarbeit bevorzugen und ein fixes Stellenpensum klar ablehnen. Darüber hinaus scheinen Deutschschweizer Miliztätige einem Losverfahren oder einer Ernennung eher zugeneigt zu sein (wenn auch nicht signifikant), während die Behördenmitarbeitenden der lateinischen Schweiz solchen Besetzungsverfahren sehr kritisch gegenüberstehen: Milizämter mit einem Losverfahren haben im Gegensatz zu Amtsprofilen mit einer ordentlichen Wahl eine 90-prozentig geringere Wahrscheinlichkeit, von französisch- oder italienischsprachigen Miliztätigen ausgewählt zu werden. Ferner geniesst die Idee des Amtszwangs in der Deutschschweiz durchaus eine gewisse Sympa-

---

107 Da nur wenige Beobachtungen aus dem italienischsprachigen und dem rätoromanischen Landesteil vorhanden sind, ist eine gesonderte Auswertung für diese beiden Sprachgebiete nicht möglich. Sie wurden daher zusammen mit den französischsprachigen Gemeinden der lateinischen Schweiz zugerechnet.

6.2 Das Milizamt der Zukunft | 183

Abbildung 6.11: Präferenzen für das Milizamt nach Sprachregion

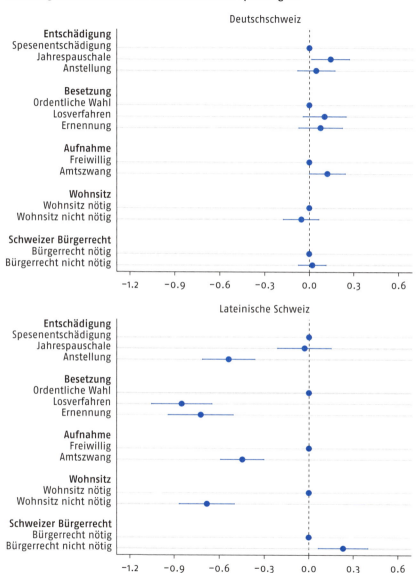

Anmerkung: Die x-Achse zeigt die Veränderung in der Wahrscheinlichkeit, dass ein Profil gewählt wird. Lesebeispiel: Die Wahrscheinlichkeit für die Wahl eines Profils durch eine miliztätige Person aus der lateinischen Schweiz sinkt um beinahe 60 Prozent, wenn dieses Profil eine fixe Anstellung beinhaltet; im Gegensatz zu einem Profil, bei dem eine Spesenentschädigung vorgesehen ist (Referenzkategorie).

184 | 6 Die Zukunft der Miliztätigkeit. Reformvorschläge aus Sicht der Beteiligten

Abbildung 6.12: Präferenzen für das Milizamt nach Gemeindegrösse

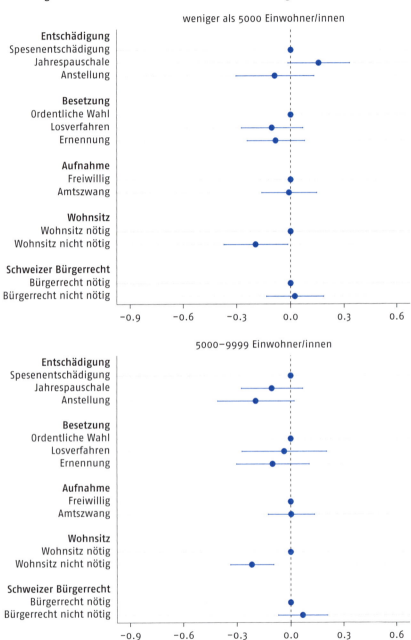

Abbildung 6.12: Fortsetzung

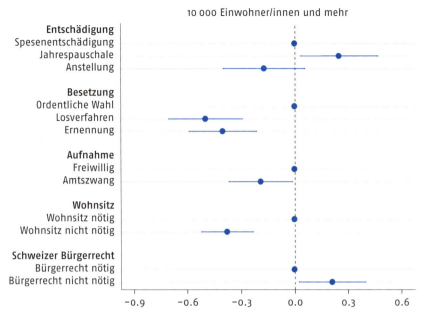

Anmerkung: Die x-Achse zeigt die Veränderung in der Wahrscheinlichkeit, dass ein Profil gewählt wird. Lesebeispiel: Die Wahrscheinlichkeit für die Wahl eines Profils durch eine miliztätige Person aus einer Gemeinde mit mehr als 9999 Einwohnerinnen und Einwohnern steigt um mehr als 20 Prozent, wenn dieses Profil eine Jahrespauschale beinhaltet; im Gegensatz zu einem Profil, bei dem eine Spesenentschädigung vorgesehen ist (Referenzkategorie).

thie, wenn es um die Rekrutierung möglicher Kandidatinnen und Kandidaten geht. In der lateinischen Schweiz sinkt dagegen die Wahrscheinlichkeit, ein Amtsprofil auszuwählen, wenn es mit einer Verpflichtung verbunden ist. Im Gegensatz zu ihren deutschsprachigen Kolleginnen und Kollegen erachten die französisch- und italienischsprachigen Miliztätigen den Wohnsitz als wichtiges Kriterium zur Übernahme eines Amts. Zudem präferieren sie in systematischer Weise eine kommunale politische Laienarbeit, die auch Ausländerinnen und Ausländern offensteht.

Gewisse Unterschiede in den Vorlieben bezüglich der Ausgestaltung des Milizamts offenbart ferner auch der Vergleich zwischen kleinen, mittleren und grossen Gemeinden (vgl. Abbildung 6.12). Miliztätige in kleineren oder grösseren Gemeinden präferieren eher eine Jahrespauschale als Vergütung der Milizarbeit, während ihre Kolleginnen und Kollegen aus den

186 | 6 Die Zukunft der Miliztätigkeit. Reformvorschläge aus Sicht der Beteiligten

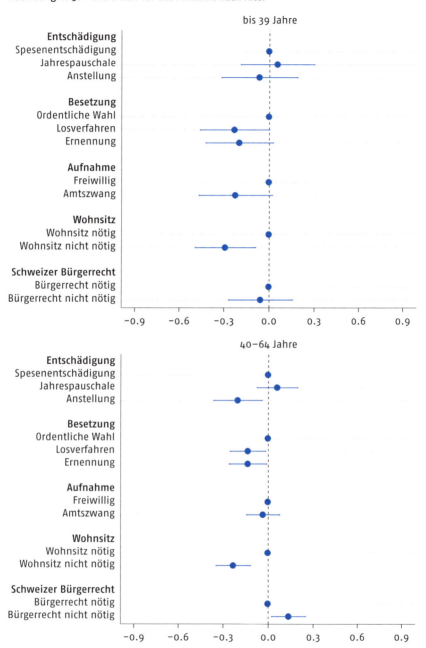

Abbildung 6.13: Präferenzen für das Milizamt nach Alter

Abbildung 6.13: Fortsetzung

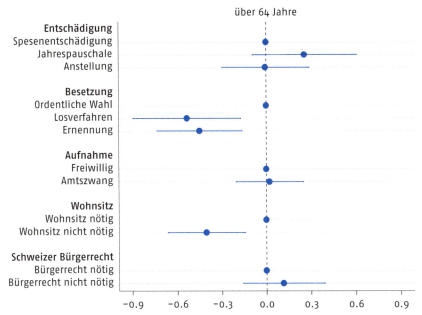

Anmerkung: Die x-Achse zeigt die Veränderung in der Wahrscheinlichkeit, dass ein Profil gewählt wird. Lesebeispiel: Die Wahrscheinlichkeit für die Wahl eines Profils durch eine miliztätige Person zwischen 40 und 64 Jahren sinkt um mehr als 20 Prozent, wenn dieses Profil mit einer fixen Anstellung einhergeht; im Gegensatz zu einem Profil, bei dem eine Spesenentschädigung vorgesehen ist (Referenzkategorie).

mittleren Gemeinden eher eine Tendenz Richtung Spesenentschädigung zeigen. Unabhängig von der Gemeindegrösse wird der Wohnsitz in der Gemeinde als unabdingbar für die Ausübung eines Milizamts gesehen. Miliztätige in grösseren Gemeinden lehnen zudem Profile mit einem Amtszwang tendenziell und solche mit Besetzungsverfahren ohne ordentliche Wahl statistisch signifikant eher ab, während es in kleineren und grösseren Gemeinden hierzu keine eindeutige Meinung gibt. Allerdings bevorzugen Miliztätige in grösseren Gemeinden deutlicher und systematischer als ihre Kolleginnen und Kollegen aus den kleineren Gemeinden Milizämter, die den ausländischen Mitbürgerinnen und Mitbürgern offenstehen.

Im Vergleich der Alterskohorten unserer befragten Miliztätigen bringt das experimentelle Verfahren folgende Unterschiede zum Vorschein (vgl. Abbildung 6.13): Miliztätige zwischen 40 und 64 Jahren sprechen sich

6 Die Zukunft der Miliztätigkeit. Reformvorschläge aus Sicht der Beteiligten

Abbildung 6.14: Präferenzen für das Milizamt nach Bildung

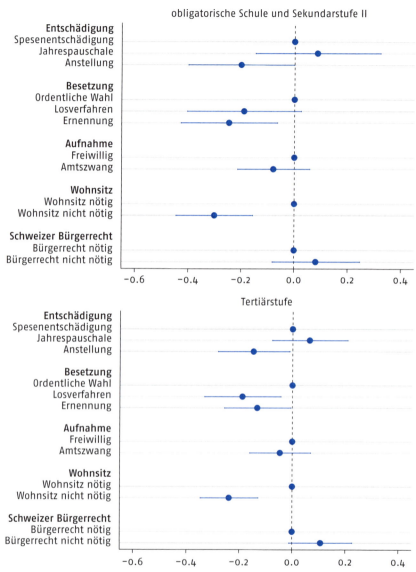

Anmerkung: Die x-Achse zeigt die Veränderung in der Wahrscheinlichkeit, dass ein Profil gewählt wird. Lesebeispiel: Die Wahrscheinlichkeit für die Wahl eines Profils durch eine miliztätige Person mit einer weniger hohen Bildung sinkt um fast 30 Prozent, wenn dieses Profil keine Wohnsitzpflicht in der Gemeinde vorsieht; im Gegensatz zu einem Profil, bei dem ein Wohnsitz in der Gemeinde vorgesehen ist (Referenzkategorie).

klar gegen die Idee einer Anstellung mit fixem Jahressalär aus, während die übrigen Altersgruppen keine wesentlichen Vorlieben der Vergütungspraxis offenlegen. Geht es um das Rekrutierungsverfahren, zeigen vor allem die jungen Miliztätigen tendenziell eine Abneigung gegen einen gesetzlich verordneten Amtszwang. Ältere Miliztätige lehnen offensichtlich Losverfahren im Vergleich zur ordentlichen Wahl ab. Während der Wohnsitz in der Gemeinde für die Amtsausübung bei allen Altersgruppen präferiert wird, bevorzugen nur Miliztätige im Alter zwischen 40 und 64 Jahren Milizämter, die keinen Nachweis des Schweizer Bürgerrechts einfordern. Bei diesem Attribut zeigen sich bei den jüngeren und bei den älteren Miliztätigen keine signifikanten Präferenzen.

Beim Vergleich der Vorlieben nach formellem Bildungsgrad wird schliesslich deutlich, dass sich weniger formal gebildete Miliztätige signifikant häufiger gegen eine Ernennung durch Besetzungsverfahren aussprechen, während hochgebildete ein Losverfahren systematisch ablehnen (vgl. Abbildung 6.14).[108] Beide Bildungsgruppen lehnen darüber hinaus die Vorstellung einer Anstellung mit fixem Jahressalär ebenso ab wie die Idee, dass der Wohnsitz auch ausserhalb der Milizgemeinde liegen kann. Deutlicher als die geringer formal gebildeten Miliztätigen bevorzugen die hochgebildeten Laienpolitikerinnen und Laienpolitiker schliesslich ein Milizamt, das auch Ausländerinnen und Ausländern offensteht.

6.3 Zusammenfassung

Die Milizarbeit ist durch einen hohen Verpflichtungsgrad, eine gewisse Langfristigkeit des Engagements und eine besondere Gemeinwohlorientierung charakterisiert. Gerade deshalb setzen ihr die zeitgeistlichen Trends der Individualisierung, Ungebundenheit und Flexibilisierung der Lebenswelten besonders zu. Dieses Kapitel hat sich den Reformvorschlägen zur Sanierung des Milizwesens gewidmet. Hierfür wurden zahlreiche

---

108 Die tiefere Bildungsgruppe bezieht alle diejenigen Miliztätigen mit ein, die einen obligatorischen Bildungsabschluss, eine Berufslehre oder eine Berufsmaturität besitzen. Alle Befragten mit einer höheren Berufsbildung oder einem noch höheren Abschluss (Pädagogische Hochschule, Höhere Fachschule, Fachhochschule, Universität/ETH) sind der Gruppe der Hochgebildeten zugeordnet.

in der Literatur diskutierte Empfehlungen auf den empirischen Prüfstand gestellt und den von uns befragten Miliztätigen zur Bewertung und Einschätzung vorgelegt.

Im Urteil der betroffenen Behördenmitglieder bedarf es vor allem einer deutlicheren Trennung zwischen strategischen und operativen Aufgaben sowie eines Ausbaus der Entscheidungskompetenzen. Zudem verlangen die Befragten eine bezahlte Schulung für Einsteigerinnen und Einsteiger. Diese Forderungen werden unabhängig vom ausgeübten Milizamt von über zwei Dritteln der Miliztätigen vorgetragen. Mit anderen Worten: Ein Milizamt benötigt einen klar umrissenen Aufgabenbereich, dem ein bestimmtes Mass an Gestaltungsspielraum innewohnt und für den die Kandidatin oder der Kandidat durch vorab angeworbenes Know-how gewappnet sein möchte.

Über 60 Prozent sprechen sich ferner entweder für ein vollamtliches Gemeindepräsidium oder eine Geschäftsführerin beziehungsweise einen Geschäftsführer aus (Ersteres unterstützen hauptsächlich junge Miliztätige). Eine (weniger grosse) Mehrheit der Befragten unterstützt auch Gemeindefusionen und höhere Entschädigungen, um die Rekrutierungsprobleme in den Milizämtern zu lösen. Ersteres steht insbesondere in der Gunst der Parlamentsmitglieder, Letzteres wird vornehmlich von den Gemeinderätinnen und Gemeinderäten vorgebracht. Vorschläge wie ein Rücktrittsverbot während der Amtsperiode oder die Zulassung von juristischen Personen finden hingegen keinen Rückhalt unter den befragten Laienpolitikerinnen und Laienpolitikern.

Weit über vier Fünftel der Befragten erwarten bestimmte Gegenleistungen für ihr Behördenengagement. Eine Mehrheit spricht sich hierbei für einen steuerlichen Abzug der Milizarbeit aus. Beliebt ist auch der Vorschlag, die Miliztätigkeit als Weiterbildung anzuerkennen (insbesondere bei jüngeren Miliztätigen). Dies könnte beispielsweise in Kombination mit einem reduzierten Nachdiplomstudiengang in Form eines *Diploma* oder *Certificate of Advanced Studies* ausgestaltet werden. Auch der Wunsch nach bezahlten Weiterbildungen innerhalb des Amts wird von den (jüngeren) Miliztätigen gerne vorgebracht. Es darf indes nicht unerwähnt bleiben, dass hinsichtlich möglicher Entschädigungsformen deutliche Differenzen zwischen den Mitgliedern der einzelnen Behörden zutage treten. Gerade die Gemeinderätinnen und Gemeinderäte stimmen nahezu allen Vorschlägen stärker zu als die Mitglieder der Legislative und der Kommissionen. Zudem ist diese Gruppe mehrheitlich an weitergehenden Unterstützungsleistungen ihrer Tätigkeit interessiert.

Geht es um Aspekte der Teilnahmebereitschaft (Entschädigung), der Rekrutierungspraxis (Besetzungsmodus und Aufnahmeverfahren) und der Teilnahmeberechtigung (Wohnsitz, Bürgerrecht) eines künftigen Milizamts, zeigen unsere Auswertungen, dass die Betroffenen eine Tätigkeit bevorzugen, die nicht in einem Anstellungsverhältnis mit fixem Salär, sondern als Ehrenamt mit Spesenentschädigung oder Jahrespauschale absolviert wird. Die Miliztätigen sollen zudem durch ordentliche Wahlen und nicht durch Losverfahren oder Ernennung in ihre Ämter gelangen. Im Gegensatz zum Schweizer Bürgerrecht wird der Wohnsitz in der Gemeinde für nahezu unabdingbar angesehen. Die Idee des passiven Wahlrechts für Ausländerinnen und Ausländer gefällt besonders Parlamentsmitgliedern und Miliztätigen aus der lateinischen Schweiz, aus grösseren Gemeinden und mit einer höheren formalen Bildung. Mit einer fixen Jahrespauschale sympathisieren vor allem Exekutivmitglieder und Miliztätige aus grösseren Gemeinden. Der in der Öffentlichkeit immer wieder prominent diskutierte Amtszwang wird tendenziell abgelehnt, insbesondere von Parlamentsmitgliedern, Miliztätigen in der lateinischen Schweiz und von jüngeren Behördenmitgliedern. Allerdings hegen die Miliztätigen der Deutschschweiz durchaus eine gewisse Sympathie für diese radikale Rekrutierungspraxis.

Unsere Befunde machen deutlich, dass sich den Gemeinden vielfältige Möglichkeiten bieten, das Milizwesen zu reformieren und dessen Attraktivität zu steigern. Die diesbezüglichen Massnahmen gehen dabei über die reine Erhöhung der Entschädigung oder eine Anhebung des Anstellungsgrads hinaus (Dlabac et al. 2014: 48). Mindestens ebenso vielversprechend scheinen klar umrissene Tätigkeitsstrukturen und Ansätze zu sein, die den Miliztätigen diverse Zusatzleistungen im Amt zukommen lassen und dem Milizprinzip die Laienseele weniger stark entreissen als tief greifende Professionalisierungsbemühungen. Zudem sollten sich die Gemeinden aus Sicht der Beteiligten ernsthaft überlegen, die Milizarbeit einem bislang weitgehend ausgeschlossenen Teil der Bevölkerung zu öffnen. Wird den Ausländerinnen und Ausländern der Zugang zur politischen Arbeit in den Gemeinden ermöglicht, könnte nicht nur das Rekrutierungsproblem im Milizwesen entschärft werden. Grosse Teile der Bevölkerung könnten auch in den lokalen Schulen der Demokratie politisch integriert und ausgebildet werden. Es muss allerdings festgehalten werden, dass die verschiedenen Reformansätze und Vorlieben mitunter erheblich zwischen den verschiedenen Milizbehörden, Regionen und Gemeinden variieren. Aus diesem Grund erscheinen eher individuell und dezentral zugeschnittene Anpassungen angeraten, als mit der grossen Kelle nationale oder kantonale Reformen anzurühren.

Freilich darf nicht unerwähnt bleiben, dass die hier präsentierten Befunde auf Beurteilungen einer Gruppe beteiligungsfreudiger Miliztätiger beruhen, bei denen der Aspekt des uneigennützigen Engagements für die Gemeinschaft einen überragenden Stellenwert einnimmt (siehe Kapitel 4). Mitunter liessen sich andere Empfehlungen gewinnen, wenn die Meinungen von Miliztätigen eingeholt werden könnten, die sich nicht auf derartige Befragungen einlassen. Darüber hinaus liesse sich spekulieren, dass Personen ausserhalb des Milizwesens noch einmal andere Vorlieben äussern würden. Die vorgelegten Ansichten sind demnach auch vor diesem Hintergrund zu bewerten.

7 Zentrale Befunde und mögliche Handlungsfelder

Das Milizsystem der Schweiz ist unter Druck. Prophezeiungen vom zeitnahen Einsatz professioneller Behörden machen die Runde.[109] Derlei Weissagungen sind zweifellos nicht unbegründet. Der Wandel vom Minimal- zum Leistungsstaat und die damit einhergehende Zunahme an vielschichtigen öffentlichen Aufgaben und Erwartungshaltungen bedingen immer mehr spezifische Qualifikationen und eine hohe zeitliche Beanspruchung der Laienpolitikerinnen und Laienpolitiker.[110] Globalisierung, vermehrter Wohlstand und Mobilität eröffnen zudem eine Vielzahl an Optionen individueller Lebensgestaltung. Freizeitangebote sind bezahlbarer, erreichbarer und verlockender geworden. Dazu tritt das Verlangen nach Ruhepausen und Abwechslung von den Herausforderungen und Belastungen der Arbeitswelt: «Der freiwillige Dienst an der Gemeinschaft rangiert weit hinter der Selbstverwirklichung, dem beruflichen Vorwärtsstrampeln und dem Freizeitvergnügen.»[111] Diese Entwicklungen untergraben unsere Motivationen zur Teilhabe an langfristigen Aktivitäten, die Regelmässigkeit und Verpflichtungen statt Ungebundenheit und Flexibilität reklamieren. Zeit ist in unserer 24-Stunden-Gesellschaft zu einem raren Gut geworden, und wir überlegen uns sehr genau, wofür wir sie einsetzen.

Vor diesem Hintergrund widmet sich die vorliegende Studie der Miliztätigkeit als einer Form des politischen Engagements, die wie keine zweite

---

109 Jörg Kündig, Präsident des Gemeindepräsidentenverbands, im Interview mit der *Limmattaler Zeitung:* «Ich denke, 2040 haben wir nur noch Profi-Behörden, ja» (4. Januar 2018, Onlineversion).
110 Diese Tendenz wurde bereits in den 1980er-Jahren von Riklin (1982a: 56) bemerkt.
111 Siehe *Aargauer Zeitung,* 22. November 2018 (Onlineversion).

ein hohes Mass an Verbindlichkeit, Dauerhaftigkeit und Verantwortung einfordert. Die landauf, landab beobachtbaren Ermüdungsanzeichen in der Beteiligungsbereitschaft der Schweizerinnen und Schweizer dienen als Ausgangspunkt unserer Analysen. Wir untersuchen die Rahmenbedingungen der Miliztätigkeit in 75 ausgewählten Schweizer Gemeinden zwischen 2000 und 30 000 Einwohnerinnen und Einwohnern und interessieren uns für die soziodemografischen wie charakterlichen Profile der Behördenmitglieder ebenso wie für ihre Motive, Unzufriedenheiten und Verbesserungsvorschläge im Spannungsfeld zwischen Ehrenamtlichkeit und Professionalisierung der Miliztätigkeit.

Die wesentlichen Befunde unserer Untersuchung lassen sich wie folgt zusammenfassen: Bei der Beurteilung ihrer Tätigkeit anerkennen die Befragten zwar eine ausgeprägte Kollegialität unter den Miliztätigen und eine reibungslose Zusammenarbeit mit der Verwaltung. Allerdings klagen sie über Zeitdruck, fehlende Anerkennung des gesellschaftlichen und medialen Umfelds und über Probleme bei der Vereinbarkeit von Beruf, Amt und Familie. Dies gilt in besonderem Mass für die Exekutivmitglieder. Aber auch die Mitglieder lokaler Parlamente und Kommissionen teilen diese Einschätzungen. Nahezu die Hälfte der befragten Miliztätigen kann für ihren Dienst an der Gemeinschaft zudem nicht mit einem Entgegenkommen ihres Arbeitgebers rechnen. Hier zeigt sich zudem ein deutlicher sprachregionaler Unterschied, da in der lateinischen Schweiz fast 60 Prozent der Miliztätigen ohne unterstützende oder anerkennende Massnahmen aus der Chefetage ihres beruflichen Umfelds auskommen müssen, während dies in der Deutschschweiz nur auf 40 Prozent der Befragten zutrifft.

Betrachtet man den mit der Amtsausübung verbundenen Aufwand, zeigen sich deutliche Unterschiede zwischen den Behörden. Im Vergleich zu ihren Kolleginnen und Kollegen aus den Parlamenten oder Kommissionen investieren die Exekutivmitglieder im Durchschnitt mehr als doppelt so viel Zeit in ihr Amt. Zudem müssen sie sich häufiger Termine während des Tages einrichten, während Legislativen und Kommissionen praktisch nur abends zu Sitzungen zusammenkommen. Die Exekutivmitglieder berichten auch häufiger von einem markanten Anstieg der zeitlichen und inhaltlichen Belastung seit ihrem Amtsantritt. Mit Blick auf die Entschädigungen lässt sich für die Exekutivmitglieder im Lauf der letzten 20 Jahre ein Anstieg feststellen, wobei die absoluten Beträge der Vergütungen stark von der Gemeindegrösse abhängen. Besonders deutlich fällt der Anstieg in Gemeinden mit weniger als 5000 Einwohnerinnen und Einwohnern aus, allerdings ausgehend von einem sehr niedrigen Niveau.

Welche Merkmale weisen Personen, die ein Milizamt übernehmen, typischerweise auf? Zusammengefasst handelt es beim typischen Miliztätigen um einen verheirateten Mann im Alter von 40 bis 64 Jahren, der einen hohen sozialen Status aufweist, in der Gemeinde verwurzelt und gut vernetzt ist, einer Konfession und Partei angehört und eher aus dem bürgerlichen Lager stammt. Fast die Hälfte der Befragten berichtet darüber hinaus von mindestens einem Familienmitglied, das ebenfalls im Milizwesen engagiert war oder ist. Hinsichtlich der Charaktermerkmale finden sich unter den Miliztätigen im Vergleich zur Schweizer Gesamtbevölkerung mehr gewissenhafte, verträgliche, extrovertierte und offene Personen. In den Exekutiven begegnen wir häufiger Extrovertierten als in den beiden anderen Behörden, während sich in Kommissionen vergleichsweise mehr Gewissenhafte aufhalten. In den Gemeindeparlamenten wiederum sitzen deutlich weniger verträgliche Personen als in den beiden anderen Behörden.

Nach eigenem Bekunden der Befragten stellt das uneigennützige Engagement für die Gemeinschaft das wichtigste Motiv für die Aufnahme einer Miliztätigkeit dar. Von grosser Bedeutung sind ausserdem die mit dem Amt verbundene Gestaltungs- oder Erfahrungsfunktion, also die Möglichkeit, die Gemeindepolitik mitzubestimmen und die eigenen Talente und Kenntnisse einzusetzen. Wenig relevant scheinen dagegen die Aussichten auf materielle Vorteile in Form eines Zuverdiensts oder die instrumentelle Nutzung der Miliztätigkeit als Schubkraft für die eigene (politische) Karriere. Die Beweggründe unterscheiden sich mitunter entlang der Behörden und soziodemografischer Merkmale. Jüngere Miliztätige messen beispielsweise dem Einsatz ihrer Talente und Kenntnisse, der persönlichen Weiterentwicklung, dem Nutzen für die berufliche Tätigkeit sowie der möglichen Lancierung einer politischen Karriere durch die Miliztätigkeit durchaus eine gewisse Bedeutung bei. Ältere Miliztätige halten dagegen tendenziell Aspekte der Integration und Mitbestimmung in der Gemeinde für wichtiger als ihre jüngeren Kolleginnen und Kollegen. Die meisten unserer Befragten entscheiden sich nach Absprachen mit der eigenen politischen Partei oder Gruppierung, infolge einer Rekrutierung durch amtierende Behördenmitglieder oder anderer Persönlichkeiten aus der Gemeinde oder aus eigenem Antrieb für eine Kandidatur. Weniger bedeutend sind der Vollzug des Amtszwangs, Anfragen von Vereinen und Verbänden oder die Bewerbung auf Ausschreibungen.

Alles in allem fällt die Zufriedenheit der Befragten mit ihrer Miliztätigkeit relativ hoch aus, wobei die Werte für die Exekutivmitglieder noch etwas höher liegen als jene der Gemeindeparlaments- und Kommissionsangehörigen. Zufriedene Miliztätige zeichnen sich vereinfacht dadurch aus, dass sie in der Regel einer Konfession angehören, in der Deutschschweiz leben und eine vergleichsweise hohe Jahrespauschale für ihre Tätigkeit erhalten. Sie empfinden ihr Amt zwar als zeitintensiv, aber auch als vielfältig, kreativ und eigenverantwortlich. Darüber hinaus steht die Zufriedenheit quer durch die Behörden in Zusammenhang mit der Anerkennung seitens des nahen und fernen Umfelds. Wertschätzung erfahren die Miliztätigen vor allem durch das nahe persönliche Umfeld, durch Parteikolleginnen und Parteikollegen, durch andere Mitglieder der Behörde und durch Verwaltungsmitarbeitende in den Gemeinden. Im Gegensatz dazu wird insbesondere die geringe Anerkennung der Milizarbeit durch die Einwohnerschaft und die Medien beklagt. Schwierigkeiten sehen die Befragten am ehesten in der zeitlichen Belastung, in den Konflikten mit dem persönlichen Umfeld und in der problematischen Zusammenarbeit im Kollegium. Es fällt auch auf, dass die tatsächlich wahrgenommenen Sorgen über die vor dem Amtsantritt gehegten Befürchtungen hinausgehen.

Um die Attraktivität der Miliztätigkeit zu steigern, wurden in den letzten Jahren verstärkt Massnahmen auf organisatorischer Ebene diskutiert. Hierzu zählt unter anderem die Frage nach der Kompetenzverteilung zwischen der Exekutive und der Verwaltung, die in Form von unterschiedlichen Gemeindeführungsmodellen verwirklicht werden kann. Es wird argumentiert, dass Führungsmodelle, die zur zeitlichen Entlastung der Miliztätigen beitragen, ein Behördenamt attraktiver erscheinen lassen und damit das Interesse möglicher Kandidatinnen und Kandidaten wecken. In den Schweizer Gemeinden können grob vier Gemeindeführungsmodelle unterschieden werden: das operative Modell, das Delegiertenmodell, das Geschäftsleitungsmodell und das CEO-Modell. Die zentralen Punkte zur Differenzierung dieser Modelle sind das Ausmass an operativ-ausführender Tätigkeit der Gemeinderätinnen und Gemeinderäte einerseits und die Zuteilung der Personalführungsaufgaben andererseits. In den von uns analysierten Gemeinden ist das CEO-Modell am stärksten verbreitet, dies gilt sowohl für die Deutschschweiz wie auch für die lateinische Schweiz. Deutlich weniger umgesetzt werden das operative und das Geschäftsleitungsmodell, wobei Letzteres in unserer Stichprobe nur in Deutschschweizer Gemeinden praktiziert wird. Unseren Auswertungen zufolge finden sich nur wenige Hinweise, dass die Gemeindeorganisation in systematischer Beziehung mit den Belastungen und der Zufriedenheit der Gemeinderätinnen und Gemeinderäte steht. Tendenziell gehen eine stärkere administrative Belastung und personale Führungsverantwortung der Exekutivmitglieder mit einer geringeren Zufriedenheit, einem Verlangen nach Unterstützung und einem Empfinden des Zeitmangels und -drucks einher. Zudem bringen die Exekutivmitglieder in den Gemeinden mit einem Geschäftsleitungsmodell eine grössere Zufriedenheit zum Ausdruck, berichten weniger oft von Zeitknappheit und verlangen weniger stark nach Hilfeleistungen. Im Gegensatz dazu zeigen sich die Gemeinderätinnen und Gemeinderäte in Gemeinden mit einem Delegiertenmodell tendenziell unzufriedener, beklagen eher terminlichen Druck wie zeitliche Engpässe und fordern eher grössere Unterstützung.

Zum Teil sind diese Ergebnisse aber kulturell überlagert, da sich für die hier untersuchten Aspekte der Problemwahrnehmung und der Zufriedenheit mit der Milizarbeit auffällige Unterschiede in Abhängigkeit von der sprachregionalen Verankerung zeigen. Demnach nehmen Miliztätige in der Deutschschweiz die mit dem Amt verbundene zeitliche Beanspruchung als weniger belastend wahr und wünschen sich weniger häufig Unterstützungsleistungen durch die Gemeinde, als dies bei den Befragten aus der lateinischen Schweiz der Fall ist. Zudem sorgen sich Letztere vermehrt um mangelndes Fachwissen und ihre Präsenz in der Öffentlichkeit, berichten häufiger von Problemen bei der Zusammenarbeit im Kollegium oder von amtsbedingten Konflikten im eigenen Umfeld. Diese Eindrücke gehen mit einer geringeren Zufriedenheit bei den französisch- und italienischsprachigen Miliztätigen einher.

Dieser «Milizgraben» zwischen den Landesteilen lässt sich zum einen auf den geringeren Grad an Gemeindeautonomie und den damit zusammenhängenden Einbussen an lokalen Entscheidungs- und Gestaltungskompetenzen in den lateinischen Gemeinden zurückführen (Mueller 2015). Zum anderen erschwert die stärkere Präsenz lokaler Parlamente mit ihrer anhaftenden Debattier- und Streitkultur und der dafür notwendigen überdurchschnittlichen Anwesenheit entsprechender Charaktere (siehe Kapitel 3) den Findungsprozess einvernehmlicher Lösungen in der Westschweiz, worin gewisse Unzufriedenheitspotenziale angelegt sind. Mitunter dürften die Gemeinden in der lateinischen Schweiz allgemein auch grösseren Belastungen ausgesetzt sein. Dies mag zum einen auf die geringere Grösse der Gemeinden in der lateinischen Schweiz zurückzuführen sein.[112] Zum anderen sind dort mehr Behördenämter zu besetzen, was sich auf die Rekrutierungsproblematik und ihre negativen Begleiterscheinungen durchschlagen könnte (durchschnittlich 50 Ämter im Vergleich zu 41 in der deutschsprachigen Schweiz; Ladner 2018; eigene Auswertungen). Der stärkere Wunsch nach öffentlicher Unterstützung der Miliztätigkeit steht wiederum im Einklang mit der Idee des helfenden Staats lateinischer Prägung (Freitag et al. 2016: 71).

Mögliche Reformen zur Steigerung der Attraktivität von Behördenämtern auf Gemeindeebene sollten nach Ansicht der betroffenen Miliztätigen in erster Linie auf eine klare Trennung zwischen strategischen und operativen Aufgaben sowie einen Ausbau der Entscheidungskompetenzen abzielen. Zudem reklamieren die Befragten eine bezahlte Schulung für Amtsneulinge. Weiterhin steht die Professionalisierung der Milizarbeit in Form eines vollamtlichen Gemeindepräsidiums oder einer entsprechend aufgewerteten Geschäftsführung in der Gunst der Miliztätigen. Eine Mehrheit der Befragten glaubt auch, auftretende Rekrutierungsprobleme durch Gemeindefusionen und höhere Entschädigungen lösen zu können. Allerdings hängen die präferierten Reformvorschläge stark vom ausgeübten Amt und teilweise auch vom Alter der Befragten ab. Als Gegenleistungen für das Behördenengagement favorisiert eine Mehrzahl der Befragten einen steuerlichen Abzug für die Milizarbeit oder den Vorschlag, die Miliztätigkeit als Weiterbildung anzuerkennen.

Geht es um Aspekte der Teilnahmebereitschaft (Entschädigung), der Rekrutierungspraxis (Besetzungsmodus und Aufnahmeverfahren) und der Teilnahmeberechtigung (Wohnsitz, Bürgerrecht), ziehen die Miliztätigen eine Tätigkeit vor, die nicht in einem Anstellungsverhältnis mit fixem Salär, sondern als Ehrenamt mit Spesenentschädigung ausgeführt wird. Die Amtsträgerinnen und Amtsträger sollen auch durch Wahlen und nicht durch Losverfahren oder Ernennung rekrutiert werden. Der Zugang zu den Ämtern müsste schliesslich auch niedergelassenen Ausländerinnen

---

112 Im Vergleich zu den Gemeinden in der Deutschschweiz mit durchschnittlich 4135 Einwohnerinnen und Einwohnern liegt die Einwohnerzahl in den Gemeinden der lateinischen Schweiz im Schnitt bei nur 3026 Personen (Ladner 2018; eigene Auswertungen).

und Ausländern offenstehen, nicht aber Personen, die ausserhalb der Gemeinde wohnen. Auch diese Vorlieben variieren je nach Behördenzugehörigkeit, Alter, Bildung, Gemeindegrösse und Sprachregion. Beispielsweise wird der prominent diskutierte Amtszwang insbesondere von Parlamentsmitgliedern, von Miliztätigen der lateinischen Schweiz und von jüngeren Behördenmitgliedern abgelehnt. Miliztätige der Deutschschweiz zeigen sich gerade dieser radikalen Rekrutierungspraxis gegenüber aber durchaus aufgeschlossen.

7.1 Mögliche Handlungsfelder zur Belebung des Milizwesens

Wie in den vorliegenden Zeilen vielfach dargelegt, leidet das Schweizer Milizsystem an einer Angebotskrise, die eine Reformdebatte nahezu unerlässlich erscheinen lässt. Welche Perspektiven eröffnen die vorliegenden Analysen, um die offensichtliche Rekrutierungsmalaise im Milizsystem der Schweiz anzugehen oder gar zu beheben? Vor dem Hintergrund der dargestellten Befunde eröffnen sich mindestens fünf Handlungsfelder, die den Verantwortlichen als Folie etwaiger Reformanstrengungen zur Belebung des Milizwesens dienen können. Diese Handlungsfelder sind: *Zwang, Anreiz, Organisation, Information* und *Ausbildung* (vgl. Abbildung 7.1).

Die fünf Bereiche verdichten die in den Diskussionen zur Zukunftsfähigkeit des Milizwesens präsenten Schlagworte mit weiteren Überlegun-

Abbildung 7.1: Handlungsfelder möglicher Reformen des Schweizer Milizsystems

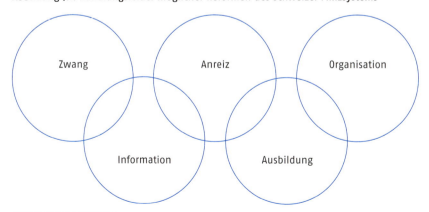

Quelle: eigene Darstellung.

gen und Einsichten aus der vorliegenden Studie. Die jeweiligen Handlungsfelder sind dabei nicht immer trennscharf voneinander abzugrenzen und schliessen sich keineswegs gegenseitig aus. Vielmehr überlappen sie sich teilweise in ihren Inhalten und Stossrichtungen. Handlungsoptionen im Bereich der «Organisation» können bisweilen auch als «Anreize» interpretiert werden, genauso wie Vorschläge im Handlungsfeld «Information» mitunter dem Aufgabenkomplex «Ausbildung» zugeordnet werden könnten.

7.1.1 Handlungsfeld «Zwang»

Das erste Handlungsfeld zielt auf die Möglichkeit des Amtszwangs zur Lösung des Mangels an Laienpolitikerinnen und Laienpolitikern ab. Angeregt vom steten Rückzug der Bevölkerung aus dem Milizwesen als tragender Säule der Schweizer Beteiligungsdemokratie entwirft beispielsweise der liberale Thinktank Avenir Suisse ein Modell vom Dienst an der Gemeinschaft als Bürgerpflicht (Schellenbauer 2015). Im Mittelpunkt steht die Idee einer allgemeinen Dienstpflicht von 200 Tagen zwischen dem 20. und 70. Lebensjahr, die wahlweise in der Armee, in einer Schutztätigkeit (Zivilschutz oder Feuerwehr) oder einem Gemeinschaftsdienst verrichtet werden kann. Zu Letzterem zählen Aktivitäten in Bereichen wie Pflege und Betreuung, Transport, Schule, Vereine oder eben Behörden. Neben Schweizerinnen und Schweizern sollen auch niedergelassene Ausländerinnen und Ausländer verpflichtet werden.

Zweifellos handelt es sich bei diesem radikalen Vorschlag um eine attraktive, da verblüffend simple Idee zur Belebung des schweizerischen Republikanismus, also zur Mobilisierung des Volks – und zwar aller Bevölkerungsschichten – für die Sache des Volks. Vor allem aber erscheint das Konzept einer Bürgerpflicht als ungemein effiziente Strategie, auf einen Schlag Abertausende Milizpolitikerinnen und Milizpolitiker für eine jeweils befristete Zeit auszuheben. Motivationale Defizite und bisherige Hürden zur Aufnahme einer Miliztätigkeit in Form zeitlicher Ressourcen und soziodemografischer wie sozioökonomischer Voraussetzungen (Alter, Bildung, Staatsangehörigkeit) könnten elegant überwunden werden.

Die Etablierung eines derartigen Beteiligungsimperativs ist indes stark umstritten. Die Schlichtheit des Vorschlags provoziert zahlreiche Einwände, die sich hauptsächlich an der praktischen Umsetzung eines solchen Entwurfes reiben. Entgegengebracht werden beispielsweise die fragliche Verträglichkeit der Dienstpflicht mit dem Völkerrecht, die mögliche Aushöhlung von Armeebeständen, die Etablierung staatlicher Konkurrenz zu privaten Anbietern, der bürokratische Mehraufwand, die Anrechnung der Elternschaft und die Finanzierbarkeit eines solchen Systems der allgemeinen Bürgerpflicht (Freitag et al. 2016: 262 f.). Zudem werden inhaltliche Bedenken laut. Lässt sich ein politisches Engagement im Rahmen des Milizsystems überhaupt durch Zwang realisieren? Es mag durchaus sein, dass sich Gemeinsinn über Pflicht entwickeln lässt und «verpflichtete» Miliztätige (auch die, die sich aus freien Stücken nicht engagieren würden) durch ihr gemeinschaftliches Engagement in der langen Frist einen Sinn für Bürgerpflicht und Gemeinwohl entwickeln. Bis dahin ist aber sehr wahrscheinlich mit empfindlichen Einbussen in der Qualität der dringend benötigten Leistungen zu rechnen. Die als Dienstpflicht getarnte Miliztätigkeit verkäme in vielen Fällen wohl zu einem Dienst nach Vorschrift. Diesbezügliche Einschätzungen und Erfahrungen liessen sich vor einer allfälligen allgemeinen Einführung von den politisch Verantwortlichen in den Gemeinden der Kantone Appenzell Innerrhoden, Bern, Luzern, Nidwalden, Solothurn, Uri, Wallis und Zürich einholen, in denen diese Praxis unterschiedlich ausgestaltet und mehr oder minder strikt verfolgt wird (Leuzinger 2017).[113]

Gespalten sind auch die Meinungen unserer Befragten. Klare Ablehnung schlägt dieser Rekrutierungspraxis vor allem von den Miliztätigen aus der lateinischen Schweiz entgegen. Bei den Miliztätigen der Deutschschweiz ist hingegen durchaus eine gewisse Sympathie für das Verpflichtungsmodell zu erkennen.[114] Derartige Stimmungslagen könnten in der

---

113 Der Kanton Schaffhausen kennt darüber hinaus die gesetzliche Pflicht, an Wahlen und Abstimmungen teilzunehmen, und sanktioniert das Fernbleiben von der Urne mit 6 Franken (Fatke und Freitag 2015: 117). Trotz dieser vergleichsweise moderaten Busse erzielt der Kanton mit die höchsten Partizipationsraten im interkantonalen Vergleich. Analysiert man die eidgenössischen Abstimmungen der letzten zehn Jahre (2008–2017), fällt allerdings auf, dass die Stimmberechtigten in Schaffhausen vergleichsweise häufig leere oder ungültige Stimmzettel einlegen.

114 Auch wenn die jüngeren Miliztätigen sich eher gegen einen gesetzlich verordneten Amtszwang aussprechen, würde jeder Fünfte von ihnen die Anrechnung der Milizarbeit als Dienstpflicht begrüssen.

einen oder anderen Gemeinde zu politischen Vorstössen auf diesem Handlungsfeld führen und den Amtszwang als Gestaltungsoption zur Diskussion stellen. Auch wenn dieser in der Praxis der Schweizer Gemeinden bislang eher selten eingesetzt wird, entfaltet seine Gegenwart durchaus auch eine indirekte Wirkung: In vorauseilendem Gehorsam wird die Milizarbeit mancherorts im Wissen um die mögliche Verpflichtung immer wieder einmal präventiv aufgenommen (Leuzinger 2017).

7.1.2 Handlungsfeld «Anreiz»

In diesem Handlungsfeld kommt der Einsatz unterschiedlicher Stimulanzen zur Sprache, die die Bürgerinnen und Bürger zur Miliztätigkeit animieren sollen. Als Zielgruppe dienen dabei insbesondere Personen, die über eine unzureichende intrinsische Motivation verfügen, sich jedoch empfänglich für extrinsische Anreize zeigen (Musick und Wilson 2008). Ein probates Mittel zur Überwindung der Angebotskrise im Milizwesen wird deshalb zunächst einmal in der Erhöhung der Entschädigung für die geleisteten Arbeiten gesehen (Dlabac et al. 2015). Getreu dem Motto: Wenn ein Job wirklich etwas wert ist, dann wird er auch bezahlt (Musick und Wilson 2008: 3). Diese Massnahme mag besonders in einem materialistischen Umfeld ihre Wirkung erzielen: «In a highly materialized country devoted to the pursuit of economic gain, working for nothing is devalued, even stigmatized […]. In the cash economy, actions are driven by self-interest, where interest is usually defined in terms of material comfort» (Musick und Wilson 2008: 86). Der Einsatz monetärer Impulse vermag unter Umständen aber auch charakterliche Umschichtungen im Milizpersonal herbeizuführen, sodass die Uneigennützigkeit und Gemeinwohlorientierung des Engagements sukzessive durch Profitstreben abgelöst werden könnte: «As volunteers, people operate in a moral economy where the rules of exchange are dictated by values, social relationships, and group identities […]. But as employees, […] they operate in a market economy where the rules of exchange are dictated by calculations and profit» (Musick und Wilson 2008: 86). Bisherige Anpassungen der Stundenansätze haben das Rekrutierungsproblem in den Augen der Betrachter jedoch nicht entscheidend entschärft (Ladner 2015: 122). Die befragten Miliztätigen, insbesondere jene, die ein Exekutivamt besetzen, sprechen sich indes mehrheitlich für diese Massnahme aus. Auch die Möglichkeit eines steuerlichen Abzugs der Miliztätigkeit wird von allen untersuchten

Behördengruppen grösstenteils unterstützt. Eher zurückhaltend werden von den Miliztätigen hingegen Vorschläge zur Finanzierung von Versicherungsleistungen (Unfall-, Haft- oder Sozialversicherung) seitens der Gemeinde bewertet.[115]

Eine erfolgreiche Steuerung über Anreize muss die spezifischen Belange und Motivationen der Zielgruppen ins Visier nehmen. Daher sollte eine Einführung von Teilämtern nicht zuletzt für die in der Milizpolitik stark unterrepräsentierten Frauen und jüngeren Alterskohorten interessant sein (Ladner 2015: 123). Die Ablösung alternativer Abfindungspraktiken in Form von Jahrespauschalen und Spesenentschädigungen durch eine teilzeitliche Beschäftigung im Milizwesen liesse sich eher in deren Lebensbiografie integrieren und würde ihren Platz als klar umrissene Tätigkeit neben einer reduzierten Hauptbeschäftigung finden. Allerdings können die befragten Miliztätigen, insbesondere die Parlamentsmitglieder, dieser Art der Verberuflichung der Milizarbeit nur wenig abgewinnen. Vielmehr präferieren die Befragten Jahrespauschalen in einer angemessenen Höhe.

Mit Blick auf die Motivationen zeigt sich, dass jüngere Miliztätige mit ihrem Engagement durchaus eigennützige Grundüberlegungen verbinden. Sie möchten in der Milizarbeit unter anderem ihre Talente und Kenntnisse einsetzen und die persönliche Weiterentwicklung vorantreiben. Dazu koppeln sie an die Milizarbeit einen Nutzen für ihre berufliche Tätigkeit. Vor diesem Hintergrund sollte gerade diese Personengruppe durch eine stärkere Zertifizierung und arbeitsmarktrelevante Anerkennung ihrer milizförmigen Leistungen angezogen werden. Denkbar wäre auch die Anrechnung der Miliztätigkeit an (bezahlte) Weiterbildungs- und Führungslehrgänge, um die Arbeitsmarktposition der engagierten Personen zu garantieren oder gar zu verbessern. Unsere Auswertungen bestätigen die Beliebtheit dieser nicht direkt monetären Anreizmechanismen unter den jüngeren Miliztätigen.

Schliesslich sind auch Wertschätzung und Anerkennung des Engagements als Stimulanzen einer Behördenarbeit zu werten. Mitunter zeigen sich gerade im fehlenden gesellschaftlichen Rückhalt und im mangelnden öffentlichen Zuspruch die grössten Herausforderungen der Milizarbeit.

---

115 Vereinzelt wird in der Literatur auch die Einführung einer Erwerbsersatzordnung für die Miliztätigkeit auf Kantons-, Bezirks- oder Gemeindeebene diskutiert (Müller 2015b: 183).

Nur ein Viertel unserer Befragten nimmt seine Arbeit als von der örtlichen Gemeinschaft wertgeschätzt wahr, und nicht einmal jeder Zehnte berichtet von einer Anerkennung durch die Medien. Angesichts dieser Zahlen darf es auf lokaler Ebene nicht erstaunen, wenn sich die anspruchsvolle Beteiligungsdemokratie zur bequemen Zuschauerdemokratie verändert.

7.1.3 Handlungsfeld «Organisation»

In dieses Handlungsfeld lassen sich Reformen verorten, die abseits des Amtszwangs auf Veränderungen der Inhalte, Abläufe oder Strukturen der Milizarbeit zielen. Vor dem Hintergrund unserer Befragungsergebnisse sollten sich derartige Anpassungen auf die klare und sichtbare Trennung zwischen operativen und strategischen Aufgaben verlegen. Beinahe drei Viertel der Miliztätigen sehen hier offenbar Nachbesserungspotenzial in ihren Behörden. Mitunter könnte eine Teilung der Funktionen durch die Etablierung einer neuen Gemeindeorganisation vorangetrieben werden, die zusätzlich eine zeitliche Entlastung der Miliztätigen verspricht. Die Mehrheit der Miliztätigen gibt nämlich an, dass die zeitliche Inanspruchnahme in den letzten Jahren zugenommen hat. Neben dem klassischen operativen Modell, das operative und strategische Aufgaben zusammenlegt, bieten sich zur Abhilfe das CEO-, das Delegierten- oder das Geschäftsleitungsmodell an. Diese drei Führungstypen beschneiden das Ausmass an operativ-ausführenden Tätigkeiten der Gemeinderätinnen und Gemeinderäte einerseits und entlasten sie von Personalführungsaufgaben andererseits.

Wir entnehmen unseren Analysen eine vorsichtige Tendenz, dass die Exekutivmitglieder in den Gemeinden mit einem Geschäftsleitungsmodell etwas zufriedener sind, weniger Zeitmangel verspüren und weniger stark den Wunsch nach Unterstützungen äussern.[116] Der mögliche Zeitgewinn durch organisatorische Neuorientierungen wird allerdings durch den Verlust von Informationen und Handlungskompetenzen erkauft, die an die Verwaltung abgegeben werden. Letzteres kollidiert wiederum mit dem Wunsch nach mehr Verantwortung, der von über zwei Dritteln der

---

116 Gemäss Dlabac et al. (2015: 52 ff.) sehen sich Gemeinden mit einem Geschäftsleitungsmodell auch weniger Rekrutierungsproblemen ausgesetzt.

7.1 Mögliche Handlungsfelder zur Belebung des Milizwesens | 205

Miliztätigen unserer Befragung geäussert wird.[117] Mit anderen Worten: Organisatorische Umstrukturierungen zur Steigerung der Attraktivität der Milizarbeit stossen nicht selten auf einen «trade-off» zwischen Entlastung und Kompetenzverlust, den es im Sinn der Betroffenen aufzulösen gilt. Entsprechende Austauschbeziehungen gelten auch für andere Reformideen wie den Ausbau der Verwaltung oder die Verkleinerung beziehungsweise Vergrösserung der Milizbehörde. Während beispielsweise eine Reduzierung der Milizbehörde das Rekrutierungsproblem ent- und die Belastung verschärft, verhält es sich bei einem Ausbau der Laienorganisation gerade umgekehrt. Generell unterstützen die befragten Miliztätigen die Verkleinerung ihrer Milizbehörde eher als deren Ausweitung.

Angesichts der mehrheitlich berichteten Zunahme zeitlicher und inhaltlicher Belastungen könnten auch diverse Hilfestellungen seitens der Gemeinde (Haushaltshilfe, Kindertagesstätten) oder der Ausbau von Verwaltung und Gemeindesekretariat Abhilfe schaffen.[118] Nur wenig Anklang finden hingegen auferlegte Rücktrittsverbote während der Amtszeit oder die Kandidatur professioneller Dienstleistungsunternehmen, die Fachspezialistinnen und Fachspezialisten in die Gremien delegieren könnten.[119] Letztere zeigen sich durchaus artverwandt mit nicht gewählten kantonalen Sachverwalterinnen und Sachverwaltern, deren Einsatzkosten ebenfalls von der Gemeinde beglichen werden müssen.

Als vielfach erprobter Ausweg aus der Angebotskrise des Milizwesens hat sich in den letzten Jahren die Verschmelzung zweier oder mehrerer voneinander unabhängiger Gemeinden durchgesetzt. Von ehemals 2899 Gemeinden im Jahr 2000 existieren Anfang 2019 noch 2212. Allerdings ist ein derartiger Einschnitt in das politische Leben einer Gemeinde höchst umstritten und bedarf sensibler Vorabklärungen des lokalen Ge-

---

117 Unterdessen liegt der Anteil an gebundenen Ausgaben aufgrund bundesrechtlicher und kantonaler Vorgaben in gewissen Gemeinden bei bis zu 80 Prozent und lässt die Gemeinden zu Vollzugsorganen mutieren (*Neue Zürcher Zeitung*, 13. August 2018). Allerdings variieren diese Einschränkungen von Kanton zu Kanton.

118 Der Ausbau der Verwaltung und des Gemeindesekretariats wird insbesondere von Exekutivmitgliedern gewünscht.

119 Denkbar wäre auch, Rücktrittsverbote der Miliztätigen mit der Möglichkeit bezahlter Weiterbildungen zu verknüpfen. Bei vorzeitigem Rückzug vom Amt müssten der Gemeinde die Kosten der Weiterbildung erstattet werden.

mützustands. Während die Befürworter Einsparungen und Synergien erhoffen, befürchten die Gegner von Zusammenlegungen den Verlust an Mitspracherecht, Selbstbestimmung und Identität. Nach einem Zusammenschluss beteiligen sich beispielsweise deutlich weniger Bürgerinnen und Bürger an Wahlen als noch vor der Fusion (Koch und Rochat 2017). Jüngere Schätzungen kommen darüber hinaus zum Schluss, dass Gemeindefusionen zwar die Verwaltungskosten reduzieren, die Gesamtausgaben der betroffenen Gemeinden aber nicht signifikant zu senken vermögen und der intendierte Spareffekt unter dem Strich ausbleibt (Studerus 2016).[120] Entsprechend zurückhaltend geben sich auch die befragten Miliztätigen bei der Beurteilung einer solch tief greifenden Massnahme: Nur etwas mehr als die Hälfte spricht sich für Gemeindefusionen zur Bewältigung der Milizkrise aus.

Niederschwelliger erscheint die Massnahme, auswärtige Kandidatinnen und Kandidaten zum Milizamt zuzulassen, um die Rekrutierungsprobleme vor Ort zu lösen. Die Ausweitung des Kandidierendenpools auf externe Interessenten vermag zudem noch Qualitätsprobleme zu beheben, da mögliche Bewerberinnen und Bewerber die Lokalpolitik zum einen neutraler und unabhängiger betreiben können. Zum anderen könnte ein Mangel an lokalen Fachpersonen für einzelne Bereiche wirkungsvoll kompensiert werden. Für die befragten Miliztätigen ist die Aufgabe der Wohnsitzpflicht indes keine wirkliche Option. Ein künftiges Milizamt bedarf in ihren Augen nach wie vor der lokalen Ansässigkeit der Laienpolitikerinnen und -politiker.

Eine weitere Gestaltungsoption bezüglich der Teilnahmeberechtigung betrifft die Öffnung kommunaler Ämter für niedergelassene Ausländerinnen und Ausländer. In der Schweiz kennen bisher rund 600 Gemeinden in sechs Kantonen das passive Wahlrecht für Zugewanderte (Adler et al.

---

120 Trotz abweichender Einzelfälle und erheblicher Unterschiede zwischen den Ländern und Reformen zeigt die Durchsicht internationaler Forschungsarbeiten zu den Folgen von Gemeindefusionen, dass sich Kosteneinsparungen infolge von Zusammenschlüssen in erster Linie auf die allgemeinen Verwaltungsausgaben beschränken, dass sich nur geringfügige Veränderungen in der Qualität lokaler Dienstleistungen einstellen und dass Fusionen die lokale Demokratie zersetzen (Tavares 2018).

2015: 21).[121] Zu diskutieren wären kantonale Ausarbeitungen, die es den Gemeinden freistellen, über die lokalpolitischen Rechte ihrer ausländischen Bevölkerung zu entscheiden und diesbezügliche Regelungen einzuführen. Die Teilnahmeberechtigung der ausländischen Mitbürgerinnen und Mitbürger würde nicht nur die Schweizerinnen und Schweizer entlasten. Die Zugewanderten würden auch nachhaltig integriert und mit den Spielregeln der Schweizer Demokratie vertraut werden. Unter den von uns befragten Miliztätigen findet diese Option mehrheitlich Zustimmung. Es gibt nahezu keine Anzeichen, dass sich die Betroffenen gegen den Einsitz von Ausländerinnen und Ausländern in die lokalen Behördenämter aussprechen würden. Und hinsichtlich möglicher Besetzungsverfahren favorisiert der Grossteil der Miliztätigen weiterhin die ordentliche Wahl und lässt anderweitige Bestellungen wie das Losverfahren oder die Ernennung nicht als wirkliche Alternativen erscheinen.

Vielversprechender könnten indes Überlegungen zum Einsatz digitaler Techniken sein. Diese würden es erlauben, die Milizarbeit aus ihren mehr oder weniger starren Abläufen zu lösen und kompatibel mit der individuellen Alltagsplanung und beruflichen Einbindung zu gestalten. Immerhin ein Drittel der Exekutivmitglieder räumt ein, Sitzungstermine im Lauf des Tages einrichten zu müssen. Mitunter wäre ein Milizamt attraktiver, wenn damit ein orts- und präsenzunabhängiger Austausch von Informationen und Rückmeldungen verbunden wäre (Geser 2015: 74; Müller 2018: 80). Schliesslich sollten Ansätze diskutiert werden, die sich dem Schwund der Lokalparteien als massgebliche Mobilisierungs- und Rekrutierungsinstanzen widmen. Unter Umständen ist eine finanzielle Unterstützung kommunaler Parteiarbeit anzudenken.

7.1.4 Handlungsfeld «Information»

Das Handlungsfeld «Information» beschreibt Aktivitäten, die die Aufmerksamkeit auf die Probleme des Milizwesens lenken und die Öffentlichkeit für Fragen der lokalen Laiendemokratie sensibilisieren. In den Mittel-

---

121 Das passive Wahlrecht für Ausländerinnen und Ausländer besteht in allen Gemeinden der Kantone Freiburg, Jura, Neuenburg und Waadt. Appenzell Ausserrhoden, Graubünden und Basel-Stadt stellen es ihren Gemeinden frei, das Ausländerstimmrecht einzuführen. Davon machten bislang in Appenzell Ausserrhoden 3 und in Graubünden 23 Gemeinden Gebrauch.

punkt rücken hier nicht zuletzt Informationsveranstaltungen über das Wesen des Milizamts mitsamt seinen Vor- und Nachteilen durch die politischen Entscheidungsträger vor Ort, unter anderem auch bei den lokalen Parteien, Verbänden und Organisationen. Aufklärende öffentliche Debatten über die Relevanz der lokalen Milizarbeit könnten deren Wertschätzung fördern und potenzielle Kandidatinnen und Kandidaten überzeugen. Als Beispiel dient das vom Schweizerischen Gemeindeverband ausgerufene Jahr der Milizarbeit (2019) mit seinen vielfältigen Aktionen, Veranstaltungen, Plattformen und Diskussionen zum Wesen und zur Zukunftsfähigkeit des Milizsystems.[122] Direkte Adressatinnen und Adressaten informativer Aufklärung könnten neben potenziell Kandidierenden auch die Arbeitgeber sein. Knapp die Hälfte der Befragten erhält heute keine besondere Unterstützung durch die Vorgesetzten. Ein Viertel der Exekutivmitglieder beklagt die fehlende Rückendeckung seitens des Unternehmens. Dies obwohl auch die Arbeitgeberschaft in vielfältiger Weise von der Miliztätigkeit ihrer Beschäftigten profitieren würde. Zum einen erweitern die Mitarbeitenden ihren Erfahrungshorizont, erhöhen ihre Auftritts-, Kommunikations- und Konfliktlösungskompetenz, erwerben Führungserfahrung, erleben die Zusammenarbeit in einer heterogenen Umgebung und erlernen damit den Umgang mit Vielfalt. Zum anderen könnten Unternehmen Vorteile daraus ziehen, wenn in Gemeindegremien praxisnahe Entscheidungen getroffen werden, die ein wirtschaftlich attraktives Umfeld gewährleisten.[123]

Auch in diesem Handlungsfeld könnte die Digitalisierung zur Aufwertung des Milizwesens beitragen, indem niederschwellige Beteiligungen an politischen Diskussionen etabliert oder die Bewohnerinnen und Bewohner der Gemeinde über die lokale Politik und diesbezügliche Positionen über digitale Kanäle aufgeklärt werden. Verbunden damit ist die Hoffnung, dass eine derartig speditive Versorgung mit Informationen bei den Bürgerinnen und Bürgern zur Entwicklung einer lokalen Identität beiträgt, die das politische Interesse an der örtlichen Beteiligungsdemokratie weckt (Müller 2018: 80).

---

122 Siehe: http://chgemeinden.ch/milizsystem/ (22. Januar 2019).
123 Siehe: http://www.chgemeinden.ch/milizsystem/fuer-unternehmen/vorteile-fuer-unternehmen/ (22. Januar 2019).

Milizverwaltungen könnten sich darüber hinaus durch den Einsatz von Crowdsourcing der Qualifikationen, Kompetenzen und Ideen der Einwohnerinnen und Einwohner bedienen und diese zur Lösung auftretender Probleme nutzbar machen (Geser 2015: 79). Das Beispiel von Wikipedia macht deutlich, dass Expertinnen und Experten auch ohne Aussicht auf Bezahlung gerne bereit sind, ihr Wissen und ihre Kenntnisse für die Allgemeinheit einzubringen. Dies gilt umso mehr, je eher die Angefragten ihren lokalen Lebensalltag durch die Unterstützung verbessern können. Zusätzlich wird die Einwohnerschaft für örtliche Angelegenheiten sensibilisiert.

Forschungen zur allgemeinen Freiwilligenarbeit legen schliesslich nahe, dass ein Engagement oft nicht in Eigeninitiative unternommen wird, sondern häufig durch einen äusseren Anstoss erfolgt (Freitag et al. 2016: 104). Insofern sind die persönliche Ansprache und damit verbundene Informationen für die Aufnahme eines Ehrenamts von besonderer Bedeutung. Über ein Drittel der Miliztätigen in den lokalen Exekutiven, Legislativen und Kommissionen gibt an, das politische Engagement in Absprache mit der eigenen politischen Partei oder Gruppierung aufgenommen zu haben. Ähnlich viele nennen Anfragen durch amtierende Behördenmitglieder oder andere Persönlichkeiten aus der Gemeinde als Initialzündung ihrer Miliztätigkeit.

Aufklärungen über das Milizamt können aber auch Ängste bei potenziellen Kandidatinnen und Kandidaten verringern oder vor überzogenen Erwartungen oder unterschätzten Problemen schützen, die sich während der Behördentätigkeit einstellen.[124] Zudem würden Vorabinformationen das Feld der Interessenten entsprechend selektionieren. Nach unseren Analysen werden die mit dem Amt verbundenen Schwierigkeiten im Vorfeld der Amtsübernahme besonders von Miliztätigen in grösseren Gemeinden unterschätzt und hinterlassen bei den Gewählten einen allzu negativen Gesamteindruck der Milizarbeit, der auf kompetente Bewerberinnen und Bewerber abschreckend wirken kann.

---

124 Nationalratspräsidentin Marina Carobbio (SP, TI) hat unlängst die Website «Politfrauen» aufgeschaltet, um Frauen über die politische Arbeit in Parlamenten zu informieren und zu ermutigen: https://www.parlament.ch/politfrauen

7.1.5 Handlungsfeld «Ausbildung»

Das abschliessende Handlungsfeld richtet den Blick auf erforderliche Qualifikationen und Kompetenzen zur Ausübung der Miliztätigkeit und diskutiert mögliche Optionen, die sich belebend auf die Entwicklung des Milizwesens auswirken könnten. Beinahe ein Viertel der Miliztätigen treibt zu Beginn der Miliztätigkeit die Sorge über mangelndes Fachwissen um. Über 40 Prozent attestieren sich mangelnde Sachkenntnis während der Ausführung der Milizarbeit. Ideen zu (bezahlten) Schulungen für interessierte Bürgerinnen und Bürger oder Amtsneulinge könnten hier wirkungsvoll Abhilfe schaffen und werden von über zwei Dritteln der Befragten in den lokalen Exekutiven, Legislativen und Kommissionen unterstützt. Nach den vorliegenden Erkenntnissen würden entsprechende Angebote vor allem Frauen zugutekommen und deren Partizipationsbereitschaft unter Umständen stärken. Mehr noch als die Männer hegen sie unseren Auswertungen zufolge bei Amtsantritt die Befürchtung, ungenügend qualifiziert zu sein (siehe auch Lawless und Fox 2010).

Eine besondere Bedeutung in der Vermittlung und Ausbildung beteiligungsrelevanter Normen kommt zweifelsfrei dem Elternhaus und der Schule zu. Schon Tocqueville (1969: 304 f.) verwies auf die grundlegende Bedeutung der staatsbürgerlichen Erziehung junger Bürgerinnen und Bürger für deren politisches Engagement. Während die staatsbürgerliche Erziehung («civic education») im US-Schulsystem weitverbreitet ist und darauf abzielt, demokratisches Denken und Handeln systematisch einzuüben, gleicht das entsprechende Angebot in der Schweiz einem sprachregionalen und kantonalen Flickenteppich (Koller 2017). Ohne Zweifel sind in den vergangenen zwei Dekaden bildungspolitische Anstrengungen in diesem Bereich festzustellen. Auch ruft die Mehrheit der Kantons- und Schullehrpläne die Staatskunde explizit als Ziel aus. Nichtsdestotrotz fordern kritische Beobachterinnen und Beobachter Nachbesserungen in der Vermittlung politikrelevanter Inhalte (Odermatt 2018) und verweisen auf die nach wie vor bestehenden Unterschiede in deren Umsetzung (Stadelmann-Steffen et al. 2015). Während die Schülerinnen und Schüler in einzelnen Kantonen das Schulfach «Politik» besuchen können, erledigen andere die Staatskunde beispielsweise über den Geschichtsunterricht.[125] Dazu ist die Abwicklung des Unterrichtsinhalts angesichts voller

---

125 Im Kanton Aargau wird mit dem neuen Lehrplan ab Sommer 2020 im dritten Oberstufenjahr das neue Fach «Politische Bildung» für alle Schülerinnen

Lehrpläne nicht zuletzt auch von der Initiative einzelner Schulen oder Lehrpersonen abhängig. Gefragt wäre somit weiterhin eine stärkere Gewichtung der politischen Bildung im Schweizer Schulalltag. Dies sollte durch eine systematische Einführung von Mindeststandards in eigenständigen Unterrichtseinheiten geschehen, um Chancengleichheit beim Erwerb politischer Bildung herzustellen. Mit Blick auf das Milizwesen dürfte darüber hinaus die Vermittlung von Strukturen, Prozessen und Inhalten des hiesigen politischen Systems nicht zu kurz kommen. Und um es provokant zuzuspitzen: Was den Befürworterinnen und Befürwortern einer leistungsstarken Schweiz in einer globalisierten Welt mit Frühenglisch recht ist, muss den Anhängerinnen und Anhängern der Schweizer Demokratie und ihres Milizwesens mit Frühpolitik nur billig sein. Was Hänschen nicht lernt, lernt Hans nimmermehr.

Selbstverständlich werden einzelne Aktivitäten der dargestellten Handlungsfelder die gegenwärtige Malaise im Schweizer Milizwesen für sich allein nicht beheben können. Die lokale Laiendemokratie wird höchstens durch das Drehen an mehreren Stellschrauben eine Belebung erfahren (vgl. Tabelle 7.1).[126] Mögliche Reformen sollten zudem spezifisch auf die Behörden ausgerichtet und auf das Umfeld abgestimmt sein. Unsere Analysen haben aufgezeigt, dass sich die Wünsche und Vorstellungen nicht nur zwischen den Miliztätigen der Exekutive, Legislative und den Kommissionen unterscheiden. Differenzierungen finden sich auch zwischen den Geschlechtern, zwischen Alters-, Bildungs- und Berufsgruppen sowie entlang der Gemeindegrössen und Sprachregionen. Etwaige Zäsuren und Einschnitte sind also eher mit der feinen Klinge statt der Machete auszuführen.

Das Milizsystem der Schweiz steht ohne Zweifel mehr denn je auf dem Prüfstand. Eine Belebung tut Not. Die präsentierten Befunde und Handlungsoptionen sollen behilflich sein, wenn es um die Beurteilung der Zukunft und der Überlebenschancen der lokalen Beteiligungsdemokratie geht. Der kantonale Sachverwalter kann auf Dauer keine Lösung sein.

---

und Schüler verbindlich eingeführt. Es ist mit einer Lektion pro Woche dotiert (Medienmitteilung Regierungsrat Aargau, 3. Juli 2018). Nichtsdestotrotz ist das Schulfach «Politische Bildung» in der Deutschschweiz eine Randerscheinung.

126 Eine Auslegung der vorgestellten Handlungsfelder in über 80 Massnahmen zur Gewinnung junger Miliztätiger findet sich unter: www.promo35.ch

7 Zentrale Befunde und mögliche Handlungsfelder

Tabelle 7.1: 30 mögliche Massnahmen zur Belebung des Milizwesens

Handlungsfeld	Massnahmen
Zwang	– Einführung einer gesetzlichen Verpflichtung zur Ausübung von Milizarbeit (Amtszwang)
Anreiz	– Erhöhung der Entschädigungen (Jahrespauschalen, Spesenentschädigungen usw.)
	– Steuerbefreiung der Milizarbeit
	– Finanzierung von Versicherungsleistungen durch die Gemeinde
	– Einführung einer Erwerbsersatzordnung
	– Einführung fixer teilzeitlicher Milizarbeit (Teilamt)
	– Arbeitsmarktrelevante Zertifizierung der Milizarbeit
	– Anrechnung der Miliztätigkeit an (bezahlte) Weiterbildungs- und Führungslehrgänge
	– Anrechnung der Miliztätigkeit als Dienstpflicht
	– Erhöhte Wertschätzung durch Öffentlichkeit und Medien
Organisation	– Einführung neuer Führungsmodelle zur besseren Trennung von strategischen und operativen Aufgaben
	– Ausweitung der Entscheidungskompetenzen in der Milizarbeit
	– Ausbau der Verwaltung
	– Ausbau der Gemeindesekretariate
	– Persönliche Hilfestellungen für Miliztätige (Kinderbetreuung, Infrastruktur usw.)
	– Verkleinerung der Milizbehörde
	– Rücktrittsverbot
	– Kandidatur von Dienstleitungsunternehmen
	– Gemeindefusion
	– Lockerung der Wohnsitzpflicht
	– Öffnung der Milizarbeit für Ausländerinnen und Ausländer
	– Unterstützung von Lokalparteien
	– Einsatz digitaler Techniken zur Flexibilisierung der Milizarbeit
Information	– Durchführung von Informations- und Werbeveranstaltungen
	– Aufklärung der Arbeitgeberinnen und Arbeitgeber
	– Einsatz digitaler Techniken zur Vermittlung lokaler Politik
	– Crowdsourcing
	– Persönliche Ansprache und Aufklärung interessierter Kandidatinnen und Kandidaten
Ausbildung	– Einführung (bezahlter) Schulungen für interessierte Bürgerinnen und Bürger und Amtsneulinge
	– Einführung der politischen Bildung als eigenständiges Schulfach

Anhang

Abbildungsverzeichnis

Abbildung 1.1: Entwicklung der Freiwilligenarbeit in der
Schweiz im Zeitraum von 1997 bis 2016 (ausführende Tätig-
keiten und Führungsaufgaben) 34
Abbildung 2.1: Zeitlicher Aufwand der Mandatswahrnehmung
in den lokalen Behörden 44
Abbildung 2.2: Zeitaufwand in den lokalen Behörden 45
Abbildung 2.3: Veränderung der mit der Amtstätigkeit verbun-
denen zeitlichen Belastung in den lokalen Behörden 47
Abbildung 2.4: Veränderung der mit der Amtstätigkeit verbun-
denen inhaltlichen Belastung in den lokalen Behörden 47
Abbildung 2.5: Sitzungsrhythmus in den lokalen Behörden 48
Abbildung 2.6: Sitzungshäufigkeit der Exekutiven nach
Gemeindegrösse 49
Abbildung 2.7: Sitzungshäufigkeit der Legislativen nach
Gemeindegrösse 50
Abbildung 2.8: Sitzungszeitpunkt in den lokalen Behörden 50
Abbildung 2.9: Durchschnittliche Sitzungsdauer in den lokalen
Behörden in Stunden 51
Abbildung 2.10: Amtsdauer der Miliztätigen in den lokalen
Behörden 52
Abbildung 2.11: Entwicklungen der jährlichen Entschädigung
von Exekutivmitgliedern auf Gemeindeebene 1994–2017 53
Abbildung 2.12: Entschädigungsarten in den lokalen Behörden ... 55
Abbildung 2.13: Höhe der Gesamtentschädigung in den
lokalen Behörden 56
Abbildung 2.14: Beurteilung der finanziellen Entschädigung
in den lokalen Behörden 57
Abbildung 2.15: Als angemessen erachtete Entschädigungshöhe
in den lokalen Behörden 58

Abbildungsverzeichnis

Abbildung 2.16: Unterstützung der Befragten durch ihre Arbeitgeber 60
Abbildung 2.17: Unterstützung durch die Befragten für mitarbeitende Miliztätige 61
Abbildung 2.18: Bewertung des Umfelds der Miliztätigkeit in den lokalen Behörden 63
Abbildung 3.1: Anteil Frauen in den lokalen Milizbehörden 69
Abbildung 3.2: Alter der Miliztätigen in den lokalen Milizbehörden 71
Abbildung 3.3: Konfessionszugehörigkeit der Miliztätigen in den lokalen Milizbehörden 73
Abbildung 3.4: Formaler Bildungsgrad der Miliztätigen in den lokalen Milizbehörden 74
Abbildung 3.5: Beschäftigungssituation der Miliztätigen in den lokalen Milizbehörden 75
Abbildung 3.6: Berufsklassen der Miliztätigen in den lokalen Milizbehörden 78
Abbildung 3.7: Berufliche Stellung der erwerbstätigen Miliztätigen in den lokalen Milizbehörden 79
Abbildung 3.8: Monatliches Haushaltseinkommen der Miliztätigen in den lokalen Milizbehörden 80
Abbildung 3.9: Zivilstand der Miliztätigen in den lokalen Milizbehörden 82
Abbildung 3.10: Haushaltsgrösse der Miliztätigen in den lokalen Milizbehörden 83
Abbildung 3.11: Wohndauer in der Gemeinde der Miliztätigen in den lokalen Milizbehörden 84
Abbildung 3.12: Miliztätige mit Familienmitglied mit Milizamt in den lokalen Milizbehörden 85
Abbildung 3.13: Einbindung der Miliztätigen in das Vereinsleben im Vergleich der lokalen Milizbehörden I ... 86
Abbildung 3.14: Einbindung der Miliztätigen in das Vereinsleben im Vergleich der lokalen Milizbehörden II .. 87
Abbildung 3.15: Parteiunabhängige in den lokalen Milizbehörden in Abhängigkeit von der Gemeindegrösse 88
Abbildung 3.16: Parteizugehörigkeit der Miliztätigen in den lokalen Milizbehörden 89

Abbildung 3.17: Links-rechts-Positionierung der Miliztätigen
in den lokalen Milizbehörden 90
Abbildung 3.18: Persönlichkeitseigenschaften der Miliztätigen
in den lokalen Milizbehörden 93
Abbildung 3.19: Persönlichkeitseigenschaften der Miliztätigen
in Abhängigkeit von der Gemeindegrösse 94
Abbildung 3.20: Persönlichkeitseigenschaften der Miliztätigen
entlang der Parteizugehörigkeit I 95
Abbildung 3.21: Persönlichkeitseigenschaften der Miliztätigen
entlang der Parteizugehörigkeit II 96
Abbildung 3.22: Persönlichkeitseigenschaften der Miliztätigen
entlang der Parteizugehörigkeit III 97
Abbildung 4.1: Bedeutung verschiedener Motive der Miliztätigen
in den lokalen Milizbehörden 105
Abbildung 4.2: Bedeutung verschiedener Motive der Miliztätigen
nach Geschlecht 106
Abbildung 4.3: Bedeutung verschiedener Motive der Miliztätigen
nach Alter 108
Abbildung 4.4: Bedeutung verschiedener Motive der Miliztätigen
nach Bildung 109
Abbildung 4.5: Bedeutung verschiedener Motive der Miliztätigen
nach Erwerbsstatus 110
Abbildung 4.6: Bedeutung verschiedener Motive der Miliztätigen
nach Gemeindegrösse 112
Abbildung 4.7: Anstösse für die Miliztätigkeit im Vergleich
der lokalen Milizbehörden 114
Abbildung 4.8: Befürchtungen vor Amtsantritt in den lokalen
Milizbehörden 115
Abbildung 4.9: Tatsächliche Schwierigkeiten bei der Amts-
ausübung in den lokalen Milizbehörden 117
Abbildung 4.10: Tatsächliche Schwierigkeiten bei der Amts-
ausübung in den lokalen Milizbehörden nach Geschlecht
und Alter 118
Abbildung 4.11: Tatsächliche Schwierigkeiten bei der Amts-
ausübung in den lokalen Milizbehörden nach Erwerbsstatus ... 119
Abbildung 4.12: Differenz zwischen erwarteten und tatsächlichen Schwierigkeiten bei der Amtsausübung in den lokalen
Milizbehörden 120

Abbildung 4.13: Anerkennung und Wertschätzung der Milizarbeit
in den lokalen Milizbehörden 122
Abbildung 4.14: Vorzüge der Tätigkeit in den lokalen Milizbehörden 124
Abbildung 4.15: Vorzüge der Tätigkeit in den lokalen Milizbehörden nach Alter 125
Abbildung 4.16: Vorzüge der Tätigkeit in den lokalen Milizbehörden nach Gemeindegrösse 126
Abbildung 4.17: Vorzüge der Tätigkeit in den lokalen Milizbehörden nach Bildung 127
Abbildung 4.18: Vorzüge der Tätigkeit in den lokalen Milizbehörden nach Erwerbstatus 128
Abbildung 4.19: Zufriedenheit mit der Miliztätigkeit in den
lokalen Milizbehörden 130
Abbildung 4.20: Zufriedenheit mit der Miliztätigkeit und
den Rahmenbedingungen I (Präsidium, zeitliche Belastung
und Sitzungszeitpunkt) 132
Abbildung 4.21: Zufriedenheit mit der Miliztätigkeit und
den Rahmenbedingungen II (Art und Höhe der finanziellen
Entschädigung) 133
Abbildung 4.22: Zufriedenheit mit der Miliztätigkeit und
den Rahmenbedingungen III (Zusammenarbeit in der Miliz-
behörde) 134
Abbildung 4.23: Zufriedenheit mit der Miliztätigkeit und
Wertschätzung 135
Abbildung 4.24: Zufriedenheit mit der Miliztätigkeit und
Vorzüge der Milizarbeit 137
Abbildung 4.25: Zufriedenheit mit der Miliztätigkeit und
Karriereaspekte 138
Abbildung 5.1: Organigramm des CEO-Modells 145
Abbildung 5.2: Organigramm des Delegiertenmodells 146
Abbildung 5.3: Organigramm des operativen Modells 148
Abbildung 5.4: Organigramm des Geschäftsleitungsmodells 150
Abbildung 5.5: Gemeindeorganisation und Einstellungen
der Exekutivmitglieder I 154
Abbildung 5.6: Gemeindeorganisation und Einstellungen
der Exekutivmitglieder II 155

Abbildung 5.7: Gemeindeorganisation und Einstellungen
   der Exekutivmitglieder III 156
Abbildung 6.1: Reformvorschläge für das Milizamt nach
   lokalen Behörden 167
Abbildung 6.2: Reformvorschläge für das Milizamt nach
   Geschlecht 168
Abbildung 6.3: Reformvorschläge für das Milizamt nach Alter 169
Abbildung 6.4: Reformvorschläge für das Milizamt nach
   Bildung 170
Abbildung 6.5: Reformvorschläge für das Milizamt nach
   Gemeindegrösse 171
Abbildung 6.6: Bevorzugte Unterstützung für das Milizamt
   nach lokalen Behörden 172
Abbildung 6.7: Einstellungen zu Entschädigungsformen für
   die Milizarbeit nach lokalen Behörden 174
Abbildung 6.8: Einstellungen zu Entschädigungsformen für
   die Milizarbeit nach Alter 175
Abbildung 6.9: Präferenzen für das Milizamt bei Schweizer
   Miliztätigen 178
Abbildung 6.10: Präferenzen für das Milizamt nach lokalen
   Behörden 180
Abbildung 6.11: Präferenzen für das Milizamt nach Sprachregion   183
Abbildung 6.12: Präferenzen für das Milizamt nach Gemeinde-
   grösse 184
Abbildung 6.13: Präferenzen für das Milizamt nach Alter 186
Abbildung 6.14: Präferenzen für das Milizamt nach Bildung 188
Abbildung 7.1: Handlungsfelder möglicher Reformen
   des Schweizer Milizsystems 199

Tabellenverzeichnis

Tabelle 5.1: Verteilung der Gemeindeführungsmodelle auf die
   Sprachregionen der Schweiz 152
Tabelle 5.2: Verteilung der Gemeindeführungsmodelle nach
   Gemeindegrösse 152
Tabelle 6.1: Dimensionen eines Milizamts 177
Tabelle 7.1: 30 mögliche Massnahmen zur Belebung des Miliz-
   wesens 212

Literaturverzeichnis

Ackermann, Maya. 2018. *Stealth Democracy in der Schweiz*. Dissertation. Wiesbaden: Springer VS.

Ackermann, Maya, Kathrin Ackermann und Markus Freitag. 2017a. *Vereins-Monitor. Das ehrenamtliche Engagement in der Schweiz*. Zürich: Migros-Kulturprozent.

Ackermann, Maya, Kathrin Ackermann, Giada Gianola und Markus Freitag. 2017b. *Generationen-Monitor. Das freiwillige Engagement der Generationen*. Zürich: Migros-Kulturprozent.

Adler, Tibère, Hugo Moret, Nicole Pomezny und Tobias Schlegel. 2015. Das passive Wahlrecht von Ausländern in Schweizer Gemeinden. In: Avenir Suisse (Hrsg.), *Passives Wahlrecht für aktive Ausländer. Möglichkeiten für politisches Engagement auf Gemeindeebene*. Zürich: Avenir Suisse, 9–36.

Amstalden, Roger W., Michael Kost, Carsten Nathani und Dieter M. Imboden. 2007. Economic Potential of Energy-Efficient Retrofitting in the Swiss Residential Building Sector: The Effects of Policy Instruments and Energy Price Expectations. *Energy Policy* 35: 1819–1829.

Andermatt, Michael. 2016. Kontext: Zeitgeschichte. In: Ursula Amrein (Hrsg.), *Gottfried-Keller-Handbuch. Leben – Werk – Wirkung*. Stuttgart: J. B. Metzler, 262–313.

Bailer, Stefanie, Peter Meißner, Tamaki Ohmura und Peter Selb. 2013. *Seiteneinsteiger im Deutschen Bundestag*. Wiesbaden: Springer VS.

Bailer, Stefanie und Tamaki Ohmura. 2018. Exploring, Maintaining, and Disengaging – The Three Phases of a Legislator's Life. *Legislative Studies Quarterly* 43: 493–520.

Baumann, Kurt. 2015. *Sirnach: Gemeindeführung: Modelle und Strategien*. Präsentation anlässlich des Seminars für neu gewählte Stadt- und Gemeindepräsident/innen. Lipperswil.

Best, Heinrich. 2011. Does Personality Matter in Politics? Personality Factors as Determinants of Parliamentary Recruitment and Policy Preferences. *Comparative Sociology* 10: 928–948.

Bochsler, Daniel, Sean Mueller und Julian Bernauer. 2016. An Ever Closer Union? The Nationalisation of Political Parties in Switzerland, 1991–2015. *Swiss Political Science Review* 22: 29–40.

Bogumil, Jörg, Benjamin Garske und David H. Gehne. 2017. *Das kommunale Ehrenamt in NRW. Eine repräsentative Analyse unter besonderer Berücksichtigung des Nachteilsausgleichs kommunaler Mandatsträger bei flexiblen Arbeitszeiten.* https://www.mhkbg.nrw/ministerium/presse/pressethemen/20170816_Studie-Ehrenamt/MIK-Kommunales-Ehrenamt-in-NRW.pdf. 5.10.2018.

Bühlmann, Marc. 2014. *Zwischen Anspruch und Wirklichkeit: Beteiligungskultur in der Schweiz.* https://www.buergergesellschaft.de/mitteilen/news/archiv-des-enewsletters/enewsletter-archiv-2014/enewsletter-wegweiser-buergergesellschaft-122014–20062014/#c6849. 13.1.2019.

Bundi, Pirmin, Daniela Eberli und Sarah Bütikofer. 2017. Between Occupation and Politics: Legislative Professionalization in the Swiss Cantons. *Swiss Political Science Review* 23: 1–20.

Bundi, Pirmin, Daniela Eberli und Sarah Bütikofer. 2018a. Zwischen Beruf und Politik: Die Professionalisierung in den Parlamenten. In: Adrian Vatter (Hrsg.), *Das Parlament in der Schweiz. Macht und Ohnmacht der Volksvertretung.* Zürich: NZZ Libro, 315–344.

Bundi, Pirmin, Frédéric Varone, Roy Gava und Thomas Widmer. 2018b. Self-Selection and Misreporting in Legislative Surveys. *Political Science Research and Methods* 6: 771–789.

Bürkler, Paul und Alex Lötscher. 2014. *Gemeindeführungsmodelle im Kanton Luzern. Handlungsempfehlungen.* Luzern: Verlag an der Reuss.

Bütikofer, Sarah. 2014. *Das Schweizer Parlament. Eine Institution auf dem Pfad der Moderne.* Baden-Baden: Nomos.

Bütikofer, Sarah. 2015. Fiktion Milizparlament. In: Andreas Müller (Hrsg.), *Bürgerstaat und Staatsbürger. Milizpolitik zwischen Mythos und Moderne.* Zürich: Verlag Neue Zürcher Zeitung, 83–102.

Butrica, Barbara A., Richard W. Johnson und Sheila R. Zedlewski. 2009. Volunteer Dynamics of Older Americans. *The Journals of Gerontology. Series B, Psychological Sciences and Social Sciences* 64: 644–655.

Clary, E. G., Mark Snyder, Robert D. Ridge, John Copeland, Arthur A. Stukas, Julie Haugen und Peter Miene. 1998. Understanding and Assessing the Motivations of Volunteers: a Functional Approach. *Journal of Personality and Social Psychology* 74: 1516–1530.

Clary, E.G., Mark Snyder und Arthur A. Stukas. 1996. Volunteers' Motivations: Findings from a National Survey. *Nonprofit and Voluntary Sector Quarterly* 25: 485–505.

Dekker, Paul und Loek Halman. 2003. *The Values of Volunteering. Cross-Cultural Perspectives.* Boston, MA: Springer.

Dlabac, Oliver, Andreas Rohner, Thomas Zenger und Daniel Kübler. 2014. *Die Milizorganisation der Gemeindeexekutiven im Kanton Aargau. Rekrutierungsprobleme und Reformvorschläge.* www.zdaarau.ch/dokumente/de/Forschungsberichte/No4_Milizorganisation_Gemeinden-AG_2014.pdf. 2.6.2015.

Dlabac, Oliver, Andreas Rohner, Thomas Zenger und Daniel Kübler. 2015. Probleme der Milizorganisation der Gemeindeexekutiven im Kanton Aargau. In: Daniel Kübler und Oliver Dlabac (Hrsg.), *Demokratie in der Gemeinde. Herausforderungen und mögliche Reformen.* Zürich: Schulthess, 35–57.

Eberli, Daniela, Pirmin Bundi, Kathrin Frey und Thomas Widmer. 2014. *Befragung: Parlamente und Evaluationen. Ergebnisbericht.* https://pirminbundi dotcom.files.wordpress.com/2016/05/ergebnisbericht_parleval.pdf. 21.1.2019.

Eichenberger, Reiner. 2001. Bessere Politik dank Deregulierung des politischen Prozesses. *Analyse und Kritik* 23: 43–60.

Enjolras, Bernard und Kristin Strømsnes (Hrsg.). 2018. *Scandinavian Civil Society and Social Transformations. The Case of Norway.* Cham: Springer International Publishing.

Fatke, Matthias und Markus Freitag. 2015. Wollen sie nicht, können sie nicht, oder werden sie nicht gefragt? Nichtwählertypen in der Schweiz. In: Markus Freitag und Adrian Vatter (Hrsg.), *Wahlen und Wählerschaft in der Schweiz.* Zürich: Verlag Neue Zürcher Zeitung, 95–119.

Feh Widmer, Antoinette. 2015. *Parlamentarische Mitgliederfluktuation auf subnationaler Ebene in der Schweiz.* Baden-Baden: Nomos.

Flick Witzig, Martina. 2017. Gemeindeführungsmodelle im Vergleich. In: VZGV (Hrsg.), *Kompetent in Behörde und Verwaltung.* Zürich: KDMZ, 81–84.

Fox, Richard L. und Jennifer L. Lawless. 2011. Gendered Perceptions and Political Candidacies: A Central Barrier to Women's Equality in Electoral Politics. *American Journal of Political Science* 55: 59–73.

Freitag, Markus. 2005. Labor Schweiz: Vergleichende Wahlbeteiligungsforschung bei kantonalen Parlamentswahlen. *Kölner Zeitschrift für Soziologie und Sozialpsychologie* 57: 667–690.

Freitag, Markus (Hrsg.). 2016. *Das soziale Kapital der Schweiz*. Zürich: Verlag Neue Zürcher Zeitung.
Freitag, Markus. 2017. *Die Psyche des Politischen. Was der Charakter über unser politisches Denken und Handeln verrät*. Zürich: NZZ Libro.
Freitag, Markus und Maya Ackermann. 2016. The Impact of Associational Life on Trust in Local Institutions: A Comparison of 57 Swiss Municipalities. *Local Government Studies* 42: 616–636.
Freitag, Markus, Anita Manatschal, Kathrin Ackermann und Maya Ackermann. 2016. *Freiwilligenmonitor Schweiz 2016*. Zürich: Seismo.
Freitag, Markus und Adrian Vatter (Hrsg.). 2015. *Wahlen und Wählerschaft in der Schweiz*. Zürich: Verlag Neue Zürcher Zeitung.
Gemeindeammännervereinigung des Kantons Aargau. 2016. *Organisation der Gemeindeverwaltung. Mögliche Führungsmodelle. Leitfaden*. https://www.ag.ch/media/kanton_aargau/dvi/dokumente_5/ga_1/projekte_12/milizorganisation/Leitfaden_Fuehrungsmodelle.pdf. 2.10.2018.
Gesellschaft für Sozialforschung (GfS). 2017. *Credit Suisse Identitätsbarometer. Schlussbericht zum Spezialteil des 41. Credit Suisse Sorgenbarometers, November 2017*. GfS: Bern.
Geser, Hans. 1987. Historische und aktuelle Aspekte nebenamtlicher Politik und Verwaltung in Schweizer Gemeinden. In: Hans Geser (Hrsg.), *Gemeindepolitik zwischen Milizorganisation und Berufsverwaltung. Vergleichende Untersuchungen in 223 deutschschweizer Gemeinden*. Bern/Stuttgart: Haupt, 16–33.
Geser, Hans. 1997. *Die politisch-administrative Organisation der Schweizer Gemeinden*. www.socio.ch/gem/t_hgeser2.htm. 12.4.2016.
Geser, Hans. 2007. *Die kommunale Milizverwaltung: Zukunfts- oder Auslaufmodell?* http://geser.net/gem/t_hgeser11.pdf. 18.11.2018.
Geser, Hans. 2009. *Zwischen Ehren- und Nebenamt: Wieviel verdienen kommunale Exekutivmitglieder im Kanton Zürich?* http://geser.net/gem/t_hgeser12.pdf. 17.11.2018.
Geser, Hans. 2015. Rückenwind für Amateure. In: Andreas Müller (Hrsg.), *Bürgerstaat und Staatsbürger. Milizpolitik zwischen Mythos und Moderne*. Zürich: Verlag Neue Zürcher Zeitung, 68–80.
Geser, Hans, Andreas Ladner, Urs Meuli und Roland Schaller. 2003. *Schweizer Lokalparteien im Wandel. Erste Ergebnisse einer Befragung der Präsidentinnen und Präsidenten der Schweizer Lokalparteien 2002/2003*. www.socio.ch/par/. 14.1.2019.

Geser, Hans, Urs Meuli, Andreas Ladner, Reto Steiner und Katia Horber-Papazian. 2009. *Datensatz Exekutivmitgliederbefragung.* www.andreasladner.ch/ueber sicht.htm. 23.7.2018.

Geser, Hans, Urs Meuli, Andreas Ladner, Reto Steiner und Katia Horber-Papazian. 2011. *Die Exekutivmitglieder in den Schweizer Gemeinden. Ergebnisse einer Befragung.* Glarus/Chur: Rüegger.

Giger, Nathalie, Jochen Müller und Marc Debus. 2011. Die Bedeutung des regionalen Kontexts für die programmatische Positionierung von Schweizer Kantonalparteien. *Swiss Political Science Review* 17: 259–285.

Gilardi, Fabrizio. 2015. The Temporary Importance of Role Models for Women's Political Representation. *American Journal of Political Science* 59: 957–970.

Häberle, Peter. 2014. Art. 6. In: Bernhard Ehrenzeller, Benjamin Schindler, Rainer J. Schweizer und Klaus A. Vallender (Hrsg.), *Die schweizerische Bundesverfassung. St. Galler Kommentar.* Zürich/St. Gallen: Schulthess.

Hainmueller, Jens und Daniel J. Hopkins. 2015. The Hidden American Immigration Consensus: A Conjoint Analysis of Attitudes toward Immigrants. *American Journal of Political Science* 59: 529–548.

Hainmueller, Jens, Daniel J. Hopkins und Teppei Yamamoto. 2014. Causal Inference in Conjoint Analysis: Understanding Multidimensional Choices via Stated Preference Experiments. *Political Analysis* 22: 1–30.

Hanania, Richard. 2017. The Personalities of Politicians: A Big Five Survey of American Legislators. *Personality and Individual Differences* 108: 164–167.

Haus, Alexander, Philippe E. Rochat und Daniel Kübler. 2016. *Die Beteiligung an Gemeindeversammlungen. Ergebnisse einer repräsentativen Befragung von Stimmberechtigten in der Gemeinde Richterswil (ZH). Studienberichte des Zentrums für Demokratie Aarau Nr. 8.* Aarau: ZDA.

Interessengemeinschaft Kantonsparlamente. 2017. *Parlamente im Vergleich. Sitzungen.* www.kantonsparlamente.ch/stadlin_tables/6. 17.1.2018.

Jiranek, Patrick, Theo Wehner und Elisabeth Kals. 2015. Soziale Gerechtigkeit – ein eigenständiges Motiv für Freiwilligenarbeit. In: Theo Wehner und Stefan T. Güntert (Hrsg.), *Psychologie der Freiwilligenarbeit. Motivation, Gestaltung und Organisation.* Berlin: Springer, 95–108.

Kanthak, Kristin und Jonathan Woon. 2015. Women Don't Run? Election Aversion and Candidate Entry. *American Journal of Political Science* 59: 595–612.

Kern, Anna, Sofie Marien und Marc Hooghe. 2015. Economic Crisis and Levels of Political Participation in Europe (2002–2010): The Role of Resources and Grievances. *West European Politics* 38: 465–490.

Ketterer, Hanna, Stefan T. Güntert, Jeannette Oostlander und Theo Wehner. 2015a. Das «Schweizer Milizsystem»: Engagement von Bürgern in Schule, Kirche und politischer Gemeinde. In: Theo Wehner und Stefan T. Güntert (Hrsg.), *Psychologie der Freiwilligenarbeit. Motivation, Gestaltung und Organisation.* Berlin: Springer, 221–246.

Ketterer, Hanna, Stefan T. Güntert und Theo Wehner. 2015b. Die Sicht der Beteiligten: Gemeinderäte, Schul- und Kirchenpfleger im Kanton Zürich. In: Andreas Müller (Hrsg.), *Bürgerstaat und Staatsbürger. Milizpolitik zwischen Mythos und Moderne.* Zürich: Verlag Neue Zürcher Zeitung, 125–140.

Kley, Andreas. 2009. *Milizsystem.* www.hls-dhs-dss.ch/textes/d/D43694.php. 24.5.2016.

Koch, Philippe und Philippe E. Rochat. 2017. The Effects of Local Government Consolidation on Turnout: Evidence from a Quasi-Experiment in Switzerland. *Swiss Political Science Review* 23: 215–230.

Koller, Daniela. 2017. *Politische Partizipation und politische Bildung in der Schweiz. Eine empirische Untersuchung des Partizipationsverhaltens junger Erwachsener in der Schweiz.* Dissertation. Bern: Institut für Politikwissenschaft.

Konrath, Sara, Andrea Fuhrel-Forbis, Alina Lou und Stephanie Brown. 2012. Motives for Volunteering Are Associated With Mortality Risk in Older Adults. *Health Psychology* 31: 87–96.

Krook, Mona L. 2010. Women's Representation in Parliament: A Qualitative Comparative Analysis. *Political Studies* 58: 886–908.

Krook, Mona L. und Diana Z. O'Brien. 2010. The Politics of Group Representation: Quotas for Women and Minorities Worldwide. *Comparative Politics* 42: 253–272.

Kündig, Jörg. 2014. *Ist das Milizsystem noch zeitgemäss?* https://www.nzz.ch/zuerich/ist-das-milizsystem-noch-zeitgemaess-1.18249026. 5.10.2018.

Kussau, Jörg, Stefan T. Güntert, Lutz Oertel, Annina Roeck-Padrutt und Theo Wehner. 2007. *Milizsystem zwischen Freiwilligkeit und Erwerbsarbeit. Zürcher Beiträge zur Psychologie der Arbeit 1.* Zürich: ETH.

Ladner, Andreas. 2004. Typologien und Wandel: Die kantonalen Parteiensysteme im letzten Drittel des 20. Jahrhunderts. *Swiss Political Science Review* 10: 3–32.

Ladner, Andreas. 2015. Die Abhängigkeit der Gemeinden von der Milizpolitik. In: Andreas Müller (Hrsg.), *Bürgerstaat und Staatsbürger. Milizpolitik zwischen Mythos und Moderne.* Zürich: Verlag Neue Zürcher Zeitung, 105–123.

Ladner, Andreas. 2016. *Gemeindeversammlung und Gemeindeparlament. Überlegungen und empirische Befunde zur Ausgestaltung der Legislativfunktion in den Schweizer Gemeinden.* Lausanne: IDHEAP.

Ladner, Andreas. 2018. *Gemeindeforschung. Datensätze zu den Gemeindeschreiberbefragungen, 1988 bis 2017.* www.andreasladner.ch/uebersicht.htm. 30.5.2018.

Ladner, Andreas. 2019. *Daten Gemeindeexekutiven 2017 (prov.).* www.andreasladner.ch/uebersicht.htm. 28.1.2019.

Ladner, Andreas und Marc Bühlmann. 2007. *Demokratie in den Gemeinden. Der Einfluss der Gemeindegrösse und anderer Faktoren auf die Qualität der lokalen Demokratie.* Zürich: Rüegger.

Lawless, Jennifer L. und Richard Logan Fox. 2010. *It Still Takes a Candidate. Why Women Don't Run for Office.* New York, NY: Cambridge University Press.

Lee, Young-joo und Jeffrey L. Brudney. 2009. Rational Volunteering: A Benefit-cost Approach. *International Journal of Sociology and Social Policy* 29: 512–530.

Leuzinger, Lukas. 2017. *Amtswürde wider Willen.* https://napoleonsnightmare.ch/2017/01/19/amtswurde-wider-willen/. 10.11.2017.

Linder, Wolf und Sean Mueller. 2017. *Schweizerische Demokratie. Institutionen. Prozesse. Perspektiven.* Bern: Haupt.

Manatschal, Anita und Markus Freitag. 2014. Reciprocity and Volunteering. *Rationality and Society* 26: 208–235.

McBride Murry, Velma, Cady Berkel, Noni K. Gaylord-Harden, Nikeea Copeland-Linder und Maury Nation. 2011. Neighborhood Poverty and Adolescent Development. *Journal of Research on Adolescence* 21: 114–128.

McCrae, Robert R. und Paul T. Costa. 2008. The Five-Factor Theory of Personality. In: Oliver P. John (Hrsg.), *Handbook of Personality. Theory and Research.* New York, NY: Guilford Press, 159–181.

Mondak, Jeffery J. 2010. *Personality and the Foundations of Political Behavior.* Cambridge: Cambridge University Press.

Mueller, Sean. 2015. *Theorising Decentralisation. Comparative Evidence from Sub-National Switzerland.* Colchester: ECPR Press.

Müller, Andreas. 2015a. Staatspolitisches Ideal mit hohen Voraussetzungen. In: Andreas Müller (Hrsg.), *Bürgerstaat und Staatsbürger. Milizpolitik zwischen Mythos und Moderne.* Zürich: Verlag Neue Zürcher Zeitung, 13–25.

Müller, Andreas. 2015b. Schwächen des Milizsystems und Vorschläge zur Revitalisierung. In: Andreas Müller (Hrsg.), *Bürgerstaat und Staatsbürger. Milizpolitik zwischen Mythos und Moderne.* Zürich: NZZ Libro, 165–204.

Müller, Andreas. 2018. Zivilgesellschaftliches politisches Engagement in Richtung «neue Miliztätige»? In: Jakub Samochowiec (Hrsg.), *Die neuen Freiwilligen. Die Zukunft zivilgesellschaftlicher Partizipation*. Zürich: Migros-Kulturprozent, 78–86.

Musick, Marc A. und John Wilson. 2008. *Volunteers. A Social Profile*. Bloomington: Indiana University Press.

Neufeind, Max, Stefan T. Güntert und Theo Wehner. 2015. Neue Formen der Freiwilligenarbeit. In: Theo Wehner und Stefan T. Güntert (Hrsg.), *Psychologie der Freiwilligenarbeit. Motivation, Gestaltung und Organisation*. Berlin: Springer, 195–220.

Neundorf, Anja, Richard G. Niemi und Kaat Smets. 2016. The Compensation Effect of Civic Education on Political Engagement: How Civics Classes Make Up for Missing Parental Socialization. *Political Behavior* 38: 921–949.

Niederer, Arnold. 1956. *Gemeinwerk im Wallis. Bäuerliche Gemeinschaftsarbeit in Vergangenheit und Gegenwart*. Basel: Schweizerische Gesellschaft für Volkskunde.

Nollert, Michael und Christian Huser. 2007. Freiwillig Aktive in der Schweiz: Einflussfaktoren und typische Profile. In: Peter Farago (Hrsg.), *Freiwilliges Engagement in der Schweiz*. Zürich: Seismo, 14–55.

Norris, Pippa. 2013. Women's Legislative Participation in Western Europe. In: Sylvia B. Bashevkin (Hrsg.), *Women and Politics in Western Europe*. London: Routledge, 98–112.

Norris, Pippa und Mark Franklin. 1997. Social Representation. *European Journal of Political Research* 32: 185–210.

Odermatt, Jasmin. 2018. *Politische Bildung fällt nicht einfach vom Himmel*. https://www.swissinfo.ch/ger/direktedemokratie/politische-bildung_-politische-bildung-faellt-nicht-einfach-vom-himmel-/44481978. 22.1.2019.

Oesch, Daniel. 2016. Wandel der Berufsstruktur in Westeuropa seit 1990: Polarisierung oder Aufwertung? In: Axel Franzen (Hrsg.), *Essays on Inequality and Integration*. Zürich: Seismo, 184–210.

Ohmura, Tamaki, Stefanie Bailer, Peter Meißner und Peter Selb. 2018. Party Animals, Career Changers and Other Pathways Into Parliament. *West European Politics* 41: 169–195.

Oostlander, Jeannette, Stefan T. Güntert und Theo Wehner. 2015. Motive für Freiwilligenarbeit – der funktionale Ansatz am Beispiel eines generationenübergreifenden Projekts. In: Theo Wehner und Stefan T. Güntert (Hrsg.), *Psychologie der Freiwilligenarbeit. Motivation, Gestaltung und Organisation*. Berlin: Springer, 59–76.

Parlamentsdienste. 2017a. *Bezüge der Ratsmitglieder. Faktenbericht.* https://www.parlament.ch/centers/documents/de/faktenblatt-bezuege-d.pdf. 14.11.2017.

Parlamentsdienste. 2017b. *Faktenblatt Sessionen.* https://www.parlament.ch/centers/documents/de/faktenblatt-sessionen-d.pdf. 10.11.2017.

Pho, Yvon H. 2008. The Value of Volunteer Labor and the Factors Influencing Participation: Evidence for the United States from 2002 through 2005. *Review of Income and Wealth* 54: 220–236.

Plüss, Larissa und Marisa Rusch. 2012. Der Gender Gap in Schweizer Stadtparlamenten. *Swiss Political Science Review* 18: 54–77.

Ramos, Romualdo und Theo Wehner. 2015. Hält Freiwilligenarbeit gesund? Erklärungsansätze und kontextuelle Faktoren. In: Theo Wehner und Stefan T. Güntert (Hrsg.), *Psychologie der Freiwilligenarbeit. Motivation, Gestaltung und Organisation.* Berlin: Springer, 109–127.

Reiser, Marion. 2010. Ressourcen- oder mitgliederbasiert? Zwei Formen politischer Professionalisierung auf der lokalen Ebene und ihre institutionellen Ursachen. *Politische Vierteljahresschrift* 44: 121–144.

Rhinow, René. 2000. *Die Bundesverfassung 2000. Eine Einführung.* Basel: Helbing & Lichtenhahn.

Riklin, Alois. 1982a. Milizdemokratie. In: Georg Müller (Hrsg.), *Staatsorganisation und Staatsfunktionen im Wandel. Festschrift für Kurt Eichenberger zum 60. Geburtstag.* Basel: Helbing & Lichtenhahn, 41–57.

Riklin, Alois. 1982b. Die Schweizerische Staatsidee. *Zeitschrift für Schweizerisches Recht* 191: 217–246.

Riklin, Alois und Silvano Möckli. 1991. *Milizparlament?* St. Gallen: Hochschule St. Gallen.

Ritz, Adrian und Gene A. Brewer. 2013. Does Societal Culture Affect Public Service Motivation? Evidence of Sub-National Differences in Switzerland. *International Public Management Journal* 16: 224–251.

Ruiter, Stijn und Nan Dirk De Graaf. 2006. National Context, Religiosity, and Volunteering: Results from 53 Countries. *American Sociological Review* 71: 191–210.

Schellenbauer, Patrick. 2015. Wir sind der Staat. In: Andreas Müller (Hrsg.), *Bürgerstaat und Staatsbürger. Milizpolitik zwischen Mythos und Moderne.* Zürich: Verlag Neue Zürcher Zeitung, 143–162.

Schweizerische Bundeskanzlei. 2018. *Der Bund kurz erklärt.* https://www.bk.admin.ch/bk/de/home/dokumentation/der-bund-kurz-erklaert.html. 7.6.2018.

Sciarini, Pascal. 2003. *Étude de la composition du Grand Conseil du canton de Genève et des conditions dans lesquelles les député-e-s exercent leur mandat.* Genf: Grand Conseil de la République et Canton de Genève.

Sciarini, Pascal, Frédéric Varone, Giovanni Ferro-Luzzi, Fabio Cappelletti, Vahan Garibian und Ismael Muller. 2017. *Studie über das Einkommen und den Arbeitsaufwand der Bundesparlamentarierinnen und Bundesparlamentarier.* https://www.parlament.ch/centers/documents/_layouts/15/DocIdRedir.aspx?ID=DOCID-1-8756. 1.2.2019.

Stadelmann-Steffen, Isabelle. 2011. Dimensions of Family Policy and Female Labor Market Participation: Analyzing Group-Specific Policy Effects. *Governance* 24: 331–357.

Stadelmann-Steffen, Isabelle, Daniela Koller und Linda Sulzer. 2015. *Politische Bildung auf Sekundarstufe II. Eine Bilanz. Expertenbericht im Auftrag des Staatssekretariats für Bildung, Forschung und Innovation SBFI.* https://edudoc.ch/record/122677/files/3751_Expertenbericht_d_DEF.pdf. 23.1.2019.

Strebel, Michael A. 2018. Incented Voluntary Municipal Mergers as a Two-Stage Process: Evidence from the Swiss Canton of Fribourg. *Urban Affairs Review* 54: 267–301.

Studerus, Janine. 2016. *Fiscal Effects of Voluntary Municipal Mergers in Switzerland. Unveröffentlichtes Manuskript.* St. Gallen.

Studiengruppe Dienstpflichtsystem. 2016. *Bericht der Studiengruppe Dienstpflichtsystem vom 15. März 2016.* https://www.vbs.admin.ch/content/vbs-internet/de/home/meta-suche/suche.download/vbs-internet/de/documents/wissenswertes/2016/20160630sgdpsberichtde.pdf. 21.1.2019.

Tavares, Antonio F. 2018. Municipal Amalgamations and their Effects: A Literature Review. *Miscellanea Geographica* 22: 5–15.

Tocqueville, Alexis de 1969. *Der alte Staat und die Revolution.* Reinbek bei Hamburg: Rowohlt-Taschenbuch-Verlag.

Traunmüller, Richard. 2009. Individual Religiosity, Religious Context, and the Creation of Social Trust in Germany. *Schmollers Jahrbuch – Journal of Applied Social Science Studies*: 357–365.

Traunmüller, Richard, Isabelle Stadelmann-Steffen, Kathrin Ackermann und Markus Freitag. 2012. *Zivilgesellschaft in der Schweiz. Analysen zum Vereinsengagement auf lokaler Ebene.* Zürich: Seismo.

Van Deth, Jan. 2014. A Conceptual Map of Political Participation. *Acta Politica* 49: 349–367.

Vatter, Adrian. 2016. *Das politische System der Schweiz.* Baden-Baden: Nomos.

Vatter, Adrian (Hrsg.). 2018. *Das Parlament in der Schweiz. Macht und Ohnmacht der Volksvertretung*. Zürich: NZZ Libro.
Verband Luzerner Gemeinden. 2005. *Leitfaden für die Erarbeitung einer Gemeindeordnung*. www.vlg.ch/uploads/media/Leitfaden_Gemeindegesetz.pdf. 2.10.2018.
Widmer, Paul. 2007. *Die Schweiz als Sonderfall. Grundlage, Geschichte, Gestaltung*. Zürich: Verlag Neue Zürcher Zeitung.
Wilson, John. 2000. Volunteering. *Annual Review of Sociology* 26: 215–240.
Wilson, John. 2012. Volunteerism Research. A Review Essay. *Nonprofit and Voluntary Sector Quarterly* 41: 176–212.

Teilnehmende Gemeinden und Rücklaufquoten

Gemeinde	Miliztätige angeschriebene Miliztätige	Miliztätige teilnehmende Miliztätige	Rücklaufquote (%)
Aarau	56	38	67,9
Aarberg	32	5	15,6
Aesch (BL)	45	28	62,2
Aigle	75	37	49,3
Altendorf	88	27	30,7
Avenches	62	38	61,3
Buchs (SG)	62	29	46,8
Büren an der Aare	24	16	66,7
Châtel-Saint-Denis	59	54	91,5
Chiasso	47	32	68,1
Cologny	24	5	20,8
Corminbœuf	41	22	53,7
Disentis/Mustér	23	15	65,2
Düdingen	58	55	94,8
Dürnten	36	18	50,0
Ecublens (VD)	82	36	43,9
Egerkingen	40	31	77,5
Frick	5	4	80,0
Gland	82	51	62,2
Henggart	24	13	54,2
Huttwil	40	12	30,0
Inwil	37	19	51,4
Kloten	106	49	46,2
La Tour-de-Peilz	90	50	55,6
Langnau am Albis	57	26	45,6
Langnau im Emmental	47	22	46,8

Teilnehmende Gemeinden und Rücklaufquoten

Gemeinde	angeschriebene Miliztätige	Miliztätige teilnehmende Miliztätige	Rücklaufquote (%)
Laufenburg	16	8	50,0
Le Chenit	67	25	37,3
Lenzburg	150	62	41,3
Leuggern	14	6	42,9
Lutry	5	4	80,0
Lyss	49	21	42,9
Minusio	47	13	27,7
Montreux	106	43	40,6
Morges	107	36	33,6
Mörschwil	17	10	58,8
Münchenwiler	15	6	40,0
Nebikon	6	4	66,7
Neftenbach	21	16	76,2
Niederhelfenschwil	17	12	70,6
Oberägeri	89	34	38,2
Oberbüren	36	10	27,8
Obersiggenthal	127	56	44,1
Ollon	77	44	57,1
Orpund	13	11	84,6
Poschiavo	38	21	55,3
Prilly	73	21	28,8
Rafz	21	19	90,5
Rapperswil (BE)	33	15	45,5
Renens (VD)	81	17	21,0
Rickenbach (ZH)	28	15	53,6
Romanel-sur-Lausanne	53	31	58,5
Rüti (ZH)	34	17	50,0
Saint-Blaise	46	23	50,0
Satigny	22	9	40,9
Schenkon	46	19	41,3
Spreitenbach	13	5	38,5
St. Margrethen	49	26	53,1
Staufen	5	3	60,0
Sumiswald	58	32	55,2
Thierachern	70	29	41,4
Triengen	72	29	40,3

Gemeinde	angeschriebene Miliztätige	Miliztätige teilnehmende Miliztätige	Rücklaufquote (%)
Trimmis	26	11	42,3
Troinex	20	6	30,0
Troistorrents	10	8	80,0
Urnäsch	46	24	52,2
Vevey	105	50	47,6
Veyrier	28	5	17,9
Wettingen	162	63	38,9
Windisch	80	26	32,5
Wünnewil-Flamatt	99	47	47,5
Yverdon-les-Bains	37	22	59,5
Zermatt	40	20	50,0
Zizers	17	7	41,2
Zumikon	37	19	51,4
Total	3 770	1 792	47,5

Adrian Vatter (Herausgeber)

Das Parlament in der Schweiz

464 Seiten
ISBN 978-3-03810-361-5

70 Jahre nach der Gründung des Bundesstaats stehen die Schweizer Parlamente vor grossen Fragen: Können sie ihre Kernaufgaben der Rechtssetzung, Wahl, Kontrolle und Repräsentation heute noch erfüllen? Über wie viel Macht verfügt die Volksvertretung im Verhältnis zu anderen politischen Akteuren heute noch? Ist die Legislative im Prozess politischer Entscheidungsfindung einflussreich? Oder gerät sie angesichts einer dominierenden Exekutive sowie der Mediatisierung und Internationalisierung politischer Prozesse zunehmend unter Druck? Politikwissenschaftlerinnen und -wissenschaftler geben Antwort.

«Ein neues Standardwerk aus der Parlamentsforschung. Innovativ, informativ, investigativ. Das Nachschlagewerk!» *Claude Longchamp, zoonpoliticon.ch*

NZZ Libro
www.nzz-libro.ch

Markus Freitag, Adrian Vatter
(Herausgeber)

Wahlen und Wählerschaft in der Schweiz

256 Seiten
ISBN 978-3-03810-098-0

Wer wählt in der Schweiz wen und warum? Wählen Reiche heute links und Arbeiter rechts? Wer geht nicht zur Wahl? Beeinflussen Wahlsysteme das Wahlverhalten in der Schweiz? Welche Effekte haben Wahlkampagnen? Entscheiden Themen, Köpfe oder Zuneigungen zur Partei die Wahl? Welchen Einfluss hat Geld tatsächlich?

«Der Sammelband bietet eine lohnende Lektüre für alle, die die eidgenössische Parteienlandschaft in der halbdirekten Demokratie sowie das politische System der Schweiz insgesamt besser verstehen wollen.»
Burkard Steppacher, Portal für Politikwissenschaft

NZZ Libro
www.nzz-libro.ch